本书系国家社会科学基金（教育学）一般项目"知识运用理论视角下高校智库服务政府决策的制约因素及其对策研究"（项目批准号：BIA170197）的研究成果

政策制定体制视角下的高校智库功能研究

Research on the Functions of University Think Tanks from the Perspective of Policymaking Regime

姜尔林 著

人民出版社

目　　录

第一章　高校智库功能生成的历史逻辑

智库与政府决策的关系实质上是现代社会科学与公共政策的关系问题，这也是一个现代性问题。1939 年，美国社会学家林德出版了经典著作《知识是为了什么》①，被认为是对社会科学研究与公共政策之间相关性的最早考察。高校是社会科学研究的核心场所，高校的智库功能是现代社会政策制定的逻辑与知识生产的逻辑共同作用的产物。

第一节　公共问题复杂性视野下西方
高校智库功能的渐进发展

任何社会的治理都必须以一定的知识为基础，以洞察事物的事理、把握其规律、辨析其利害关系，进而采取恰当的手段加以应对，这是有效治理的前提条件，也是权力行使正当性的基础。但是，在社会发展的不同阶段，有效治理对知识的需求程度是不同的，知识的供给方式以及高校在其中所起的作用也不相同。

---

① Lynd, R. S., *Knowledge for What? The Place of Social Science in American Culture*, Princeton: Princeton University Press, 1939.

一、相对静止时代对政策知识的低度需求

在文明社会的早期阶段，由于社会变化相对缓慢，甚至在一定程度上是静止的，且政府事务非常简单，除了从事一般性管理工作所需要的基本知识和技能，对统治者而言，国家治理所需要的知识也较为简单。"当时，在行政方面很少或完全没有遇到麻烦，至少没有什么可以引起行政官员注意的问题。那时候政府的职能很简单，因为生活本身就很简单。"①除了重大社会变革时期会产生对治国理政思想的重大需求之外，常态化的治理所需要的主要是经验性、理念性的知识，对情境性、策略性政策知识的需求，尤其是需要通过外部来满足的需求是有限的。与这种需求状况相对应，古代高等教育机构主要以加工和传授国家治理所需要的知识为主，社会变革时期在产生新的治理思想方面的功能则有所强化，但其主要功能是人才培养。例如，古希腊时期的修辞学校和哲学学校，培养的是社会所需的高级专门人才，学生则以学习为参政作准备，学校的教育和科研的内容则代表了当时社会的最高水平。②

在规模较大且权力较为集中的国家，由于管理事务繁多，形成了规模较大的官僚制组织，作为理性化的组织形态，其管理活动是以知识为基础的，这构成官僚制组织的基本特征。官僚制的发展产生了对专门人才培养的普遍需求，在西方，这是中世纪大学兴起的一个重要因素。13世纪，欧洲各国将尚属简便的国家机器变成极其复杂的官僚机构，导致了对国家治理专门人才，尤其是法律人才的大量需求；同时，君主国家治理需要出谋划策的哲学家，因此支持大学成为国家政治上的需要。③ 这构成中世纪大学合法性的关

---

① Woodrow, W., "The Study of Administration", *Political Science Quarterly*, Vol.2, No.2(1887), pp.197–222.

② 周川：《试论外国古代"高等教育"的萌芽》，《上海高教研究》1989年第3期。

③ [法] 雅克·韦尔热：《中世纪大学》，王晓辉译，上海人民出版社2007年版，第110页。

键来源，尤其是对于前者，"中世纪的大学把它们的合法地位建立在满足当时社会的专业期望上"①。显然，这是国家支持大学发展的重要原因，"如果说国家促进了大学数量的增加，显然是因为大学的增加符合了国家的真实需求，国家期待这些大学为其提供官僚机构发展所需要的仆从"②。

总体来看，由于传统社会结构相对简单、变化缓慢，公共问题的复杂性程度有限，政府职能也相对简单，国家治理对政策知识的需求相对较低。与此相应的是，古代高等教育的发展程度有限，其对国家治理的知识贡献主要在于培养国家管理所需要的专门人才，尤其是在科层制得到发展的国家，这也是大学服务国家治理的最初始形式。

二、现代性问题与社会科学的产生

经历了漫长的中世纪后，欧洲率先开启了现代化进程。现代化是人类历史发展进程中的重大事件，其最直观地体现为生产力的巨大发展。《共产党宣言》指出："资产阶级在它的不到一百年的阶级统治中所创造的生产力，比过去一切世代创造的全部生产力还要多，还要大。"③伴随着生产力发展的是整个社会的变革，旧有的社会结构被破坏，并按新的方式重新组织。在这个过程中，产生了严重的现代性问题，甚至导致了现代性危机。

首先，公共问题不断增多。一方面，随着工业化、城市化、市场化的推进，传统的社会组织与运行方式解体，贫困、失业、环境污染等社会问题增多，政府不得不放弃自由放任政策，对社会进行积极的干预；另一方面，随着生产力的持续发展以及政府财政能力增强，政府有了更多的应对这些问题的资源，整个社会也期待政府承担起更多的责任，以推动社会层面的发展与

---

① 〔美〕约翰·S.布鲁贝克：《高等教育哲学》，王承绪等译，浙江教育出版社1987年版，第4页。

② 〔法〕雅克·韦尔热：《中世纪大学》，王晓辉译，上海人民出版社2007年版，第117页。

③ 《马克思恩格斯选集》第一卷，人民出版社2012年版，第405页。

进步，因而导致了政府职能的扩张。"政府的职能在逐日变得更加复杂和艰难，它们并且在数量上也同样在大大增加。行政管理当局在把它的手伸向每一处地方以执行新的任务。"①

其次，公共问题的变动性。现代化意味着向相对静止的传统社会的彻底告别，随着技术的进步与生产力的发展，经济持续增长的同时，社会各个方面也一直处于变动不居的状态，马克思和恩格斯在那个时代就准确地看到了这一不可逆转的趋势："生产的不断变革，一切社会状况不停的动荡，永远的不安定和变动，这就是资产阶级时代不同于过去一切时代的地方。"② 这种状况导致公共问题的不断变动，也意味着问题的解决不是一劳永逸的，旧的问题没有完全解决，但新的问题仍在不断产生。

再次，公共问题的复杂性。随着民族国家形成以及市场化的推进，社会分工日渐细化，社会乃至世界范围内不同区域、系统、组织和个人之间的普遍联系不断增强，其相互依赖、相互制约的特征越来越明显，不同问题之间因果联系越来越复杂多样，社会运行中出现的各种问题涉及越来越多的因素，深入、准确地认识这些问题成为一项挑战性的工作。

最后，问题后果的严重性。随着不同区域以及社会系统不同组成部分之间联系的增强以及相互依赖程度的提升，发生在地方的、局部的问题往往会产生全局性的后果，整个社会系统的脆弱性增强。局部的危机会引发系统性的危机，经济危机会引发社会危机，进而导致政治危机。这种情况无疑会影响到社会的有序运行乃至政治稳定，需要政府更加积极有效地加以应对。

对于随着现代化进程不断兴起的民族国家来说，如何认识这个日趋复杂的社会，如何对各个领域的事务谨慎地进行干预，是确保社会良性运行的前提条件。而要应对这些问题，除了要具备有效的行政组织、充分的资源，还

---

① Woodrow, W., "The Study of Administration", *Political Science Quarterly*, Vol.2, No.2(1887), pp.197–222.

② 《马克思恩格斯选集》第一卷，人民出版社 2012 年版，第 403 页。

必须具备一个重要条件——知识，即需要通过社会调查，准确把握问题的基本状况；通过发展各种理论，对问题加以解释；将理论和现实进行对照，对问题加以诊断；结合社会各方的期待、可能动用的资源以及政府自身的能力，提出可行的解决方案。而完成这些工作所需要的知识和运用知识的能力，已经并非政府工作人员及官员所能充分具备，更不是抽象的哲学理念所能解决的，这时，原有的知识体系无法解决这些问题，从而呼唤适应现代社会形态的知识体系的产生，这种新的知识体系就是现代社会科学。

"社会科学诞生于一个新的世纪即将到来之际，当时多数人都认为欧洲人生活的方方面面都出现了前所未有的变化、不稳定和危机。"[1]这也注定了社会科学的使命就是对复杂的现代社会系统，包括在政治、经济、社会各个层面运行机理进行阐述的基础上，对各种各样、层出不穷的问题提供具体、准确、有效的解决方案，尤其是对于顺应时代潮流、积极推进变革的政府来说，社会科学显得更加重要。正如美国社会学家华勒斯坦指出的："当时，主权在'民'正迅速地成为一项通则，社会变革似乎已是大势所趋。然而，若要对社会变革进行合理的组织，那就必须首先去研究它，了解支配它的种种规则。这就不仅为我们后来称为社会科学的那一类学科提供了发展空间，而且还对它们产生了深刻的社会需求。"[2]

不同于以往知识体系的是，社会科学不仅意味着学科的进一步分门别类，还从一开始就具有鲜明的特点：（1）强调"精确的"知识，抛弃抽象的、形而上学的思考范式，其早期的代表人物不少都有自然科学的背景，包括生理学、医学、数学等。（2）注重实证研究，借鉴自然科学的方法，开展基于测量、统计的量化研究，尤其注重对具体问题进行实地调查。（3）干预主义倾向，即针

---

① ［美］理查德·奥尔森：《社会科学的兴起：1642—1792》，王凯宁译，科学出版社2018年版，第6页。

② ［美］华勒斯坦等：《开放社会科学》，刘锋译，生活·读书·新知三联书店1997年版，第10页。

对具体"症状"，开出"药方"，通过政府干预的方式克服社会运行中的不足。

作为现代社会科学典型代表的社会学，在产生之初所关注的核心主题是现代化过程中社会持续动荡背景下的普遍追求——"秩序与进步"，尤其是在法国大革命带来的政治动荡和社会分裂的情境下，因而有着强烈的现实取向。社会学早期代表人物圣西门和孔德注重的不仅是运用科学的方法，尽量不偏不倚地观察事实以获得"实证"知识，还期待科学或实证方法的普及能促进人类理性的增长和人类知识的统一，进而减少冲突，增加共识，其学说的根本目的在于确定文明发展的趋势，从而缓和并缩短人们在顺次转入文明状态时遇到的危机。①

美国社会科学的发展也是如此，且其实用倾向更为突出。在工业化不断推进、社会变迁加速、社会冲突加剧的情况下，美国社会科学家努力寻找"更为严苛的技术控制的方式"，进而使历史上"令人沮丧的不确定性"转变为"可控的自然过程"。② 而美国的大学为结合社会改良的理论雄心和实践兴趣提供了机会，这种结合是理解美国社会科学力求实现经验研究和理论相结合的关键。③ 这种情况在19世纪末20世纪初的进步运动中得到充分体现，在社会大转型带来的严重问题的背景下，社会科学研究通过影响政策制定和政府管理，直接促进了各类问题的解决。其具体途径包括：调查事实，应用社会科学知识，委托受过训练的专家去决定应该如何行动，最后是授权政府官员去采取科学所建议的措施。进步主义者认为，通过改造政府和运用社会科学知识，可以有效应对一个异质性的工业社会中存在的不可避免的冲突。因此，现代美国社会科学肇始于19世纪的最后25年，它的兴起直接回应了

① 倪玉珍：《法国大革命与"社会科学"的诞生：19世纪上半叶法国思想家重建社会的努力》，《社会科学》2016年第10期。

② [美]多萝西·罗斯：《美国社会科学的起源》，王楠等译，生活·读书·新知三联书店2019年版，第6页。

③ [美]多萝西·罗斯：《美国社会科学的起源》，王楠等译，生活·读书·新知三联书店2019年版，第365页。

由于城市化和工业化而引起的社会转型。① 实际上，作为专门从事政策研究机构的智库也是产生于美国的进步时代（1890—1920 年），在此期间，这些机构因作为美国政策决策过程中的重要参与方而引人注目。②

在社会科学中处于更加重要位置的经济学，其发展也基本遵循同样的逻辑。经济学必须对复杂的经济现象作出解释，为政府的经济政策提供指引，在面临严重的经济危机时则必须为政府开出"药方"。17 世纪 20 年代，英国经历了严重的经济衰退，粮食歉收、就业率和生产力下降、通货膨胀严重、民众生活水平下降，此时以道德经济为基础的传统认识几乎无法深入了解英国经济出现问题的原因，也提不出什么解决方案。这时，政治体制以及当时的社会环境为关于应对危机的新学说发挥作用提供了条件，或者说更为直接的需求，这些因素包括：皇家权力的弱化和议会权力的日益增长，导致对经济政策进行辩论不仅是可能的，而且是不可避免的；议会中的两个派别分别代表完全不同的经济利益，对于国家对商业活动的监管持有不同的态度；识字率的增长使得人们渴望了解政治经济信息。上述原因导致自这一时期开始的整个 17 世纪关于经济问题的文献量暴增。③

威廉·配第的古典政治经济学正是适应上述需要而产生的。配第和 17 世纪的所有社会科学家一样，都拒绝了亚里士多德在实践知识和理论知识之间所做的区分，而将知识都指向了实践，尤其是国家治理实践的需要，他指出他的建议是为了"消除那些阻碍英格兰成为伟大国家的缺陷"④。配第强调他的研究方法与以往的不同，即它们是量化的、实证的："我做这项研究所

---

① 岳经纶：《社会科学、知识分子与和谐社会：美国进步时代的启示》，《公共行政评论》2008 年第 2 期。

② ［美］詹姆斯·G. 麦甘：《第五阶层：智库·公共政策·治理》，李海东译，中国青年出版社 2018 年版，第 25 页。

③ ［美］理查德·奥尔森：《社会科学的兴起：1642—1792》，王凯宁译，科学出版社 2018 年版，第 65—66 页。

④ ［美］理查德·奥尔森：《社会科学的兴起：1642—1792》，王凯宁译，科学出版社 2018 年版，第 78—79 页。

采用的方法，并不是很常见：因为我不仅仅在语言方面使用一些比较级和最高级的词汇，以及进行理性的论证，我采取的做法是……以数量、重量或度量的方式来表达自己的观点；只使用有意义的论证，并且只考虑那些以自然方式可感知的原因……"①

从这里可以看出，经济危机产生了干预的需求，但如何进行干预，不仅涉及利益集团，也涉及对自己的利益越来越关注的民众，但由于事物的复杂性，这些问题的妥善解决更依赖于客观、细致、深入的分析，因此需要复杂的、具体的、应用性的知识。实际上，这也表明，古典政治经济学在形成之时就履行着现代社会的"智库"功能。但这种出于影响政策动机而进行的研究，由于其客观性、实证性、严谨性而超越了当时的咨政功能，其自成体系因而成为自由经济学说的基础，从而发展成为系统化的理论性知识。因此，"尽管事实上配第和他的追随者们在政治算术及政治经济学方面几乎所有的作品都是为了对政府的政策产生影响……但更多的作用是导致了一种'自由'偏见的形成……"②

从社会科学的产生可以看出，其发展动力并非认识论传统的高等教育哲学所称的基于学者"闲逸的好奇"，而是为新近诞生的现代社会提供系统性认识，并对面临的各种社会痼疾提供解决方案，可以说来自国家治理的现实需要。正如恩格斯所说："社会一旦有技术上的需要，这种需要就会比十所大学更能把科学推向前进。"③自然科学是如此，社会科学的产生遵循的是同样的逻辑。

需要说明的是，现代社会科学与现代大学的产生基本是同步的，尽管在社会科学的初创时期，部分工作是在大学之外进行的，但是，大学提供了有

①　[美] 理查德·奥尔森：《社会科学的兴起：1642—1792》，王凯宁译，科学出版社2018年版，第79页。

②　[美] 理查德·奥尔森：《社会科学的兴起：1642—1792》，王凯宁译，科学出版社2018年版，第80页。

③　《马克思恩格斯选集》第四卷，人民出版社2012年版，第648页。

利于一切高深学问发展的最佳场所。在 19 世纪后半期，随着研究型大学的兴起，研究工作向大学转移达到顶峰，社会科学研究得以制度化。① 在这个背景下，大学所生产的社会科学知识为了解日益复杂的现代社会，诊断其存在的种种问题，应对遇到的各种危机，进而加以有效干预以实现良性运行发挥了不可替代的作用。这也使得其与自然科学一样，成为现代大学合法性来源的重要组成部分。

这一时期在大学之中建立的社会科学具有较为强烈的实践导向，其不仅传授各种普遍性知识，还身体力行，以自身的知识为基础，推动社会问题的解决，甚至直接参与社会改革。例如，1892 年创办的芝加哥大学社会学系坚持"从实用主义出发，促使社会学研究进入城市问题、种族关系、集体行为模式等实际领域，其目的是明确导致社会秩序混乱的根源，从而改善其功能的发挥"，在它的示范作用下，美国很多大学陆续建立社会学系，"由工业化、城市化和移民所导致的一系列实际问题是这些高校社会科学教学与研究的焦点所在"②。到 20 世纪初期，美国主要的研究型大学都承担起了培养能够参与政府政策制定的社会科学家的责任。③ 此后，随着"知识产业"的出现，学术知识，特别是占优势地位的研究型大学所提供的知识，不但催生了工业生产上的奇迹，还被用来减少发展生产时所引起的弊端，其政治上的有用性更加凸显，这进一步强化了高等教育的政治论哲学，以威斯康星思想为代表，大学的纯理论研究被用于确定政治目标，并被用于指导如何有效地实现这些目标，使得大学的社会服务职能得以产生并被确认。④

① ［德］彼得·瓦格纳：《社会科学与西欧大陆的国家观念：学科论说的政治结构化》，《国际社会科学杂志（中文版）》1990 年第 4 期。

② ［瑞士］瓦尔特·吕埃格：《欧洲大学史》第四卷，贺国庆等译，河北大学出版社 2019 年版，第 394 页。

③ ［美］罗伯特·海涅曼等：《政策分析师的世界：理性、价值观念和政治》，李玲玲译，北京大学出版社 2011 年版，第 10 页。

④ ［美］约翰·S. 布鲁贝克：《高等教育哲学》，王承绪等译，浙江教育出版社 1987 年版，第 17 页。

作为威斯康星思想付诸实践的一部分，大学与州政府的合作关系得以加强，他们之间还发展出双方共同参与的混合指导机构（interlocking directorate），社会科学家更为直接地参与政府管理，到1910年，有35位大学教授在州的各委员会兼职，其中政治科学家帮助起草法案，大学成了全州发展的"智囊"。①

因此，在现代化引起的各种社会问题增多，尤其是出现现代性危机的背景下，社会科学正式兴起，并在一些国家形成了明确"政策导向"的社会科学形式，社会科学家的工作直接关联到国家的关注。② 所以，现代社会的复杂性导致知识成为有效治理越来越重要的条件。"知识一方面规范和约束权力的运行，更重要的是另一方面，知识为现代国家权力运行提供正当性证明。"③ 在这个背景下，大学不仅培养了管理日趋复杂的现代社会所需要的大量人才，更是直接提供了解决社会问题所需要的知识，在国家权力突出的社会中，大学中的社会科学研究则更加直接地服务于国家管理的需要。布鲁贝克对大学的这种作用进行了准确阐述："如果没有学院和大学，那么，想理解我们复杂社会的复杂问题就几乎是不可能的了，更不用说解决问题了。过去根据经验就可以解决的政府、企业、农业、原料、国际关系、教育、卫生等等问题，现在则需要极度深奥的知识才能解决。而解决这些问题所需要的知识和人才的最好场所是高等学府。"④

三、公共政策时代政策取向研究的兴起

第二次世界大战之后，历史发展进入新的阶段，国家治理对于专业知识

---

① 陈学飞：《美国高等教育发展史》，四川大学出版社1989年版，第65页。

② ［德］彼得·瓦格纳：《并非一切坚固的东西都烟消云散了：社会科学的历史与理论一探》，李康译，北京大学出版社2011年版，第54页。

③ 强世功：《从"知识／权力"的角度看政治学的重建》，《国际政治研究》2013年第1期。

④ ［美］约翰·S.布鲁贝克：《高等教育哲学》，王承绪等译，浙江教育出版社1987年版，第15页。

的需求进一步增长，主要是受到以下几个因素的驱动：一是科技的进步以及社会分工的发展，社会系统的复杂性进一步增强，公共问题的复杂性相应不断提高，这是导致国家治理对专业知识需求不断增长的根本原因，也是现代社会不可逆转的趋势。二是受凯恩斯主义以及福利社会等思想影响，各国对经济社会事务的干预程度加深，各国政府纷纷推出雄心勃勃的计划，不仅干预经济，还着力于解决包括贫困、失业、不平等在内的各种社会问题，政府的这些计划是以各种各样的公共政策的形式出现的。三是民主化的推进，导致民众的政治参与热情提高，对公共问题的关注程度提升，这对政府的能力以及公共政策的质量提出了更高的要求，在政府科层体系内部的知识无法有效应对这些日趋复杂的问题的情况下，对来自外部的专业知识的需求得以强化。"专业科学知识在政策形成与评估中的作用应该是确保政策过程的责任性与透明性……对专业科学知识的需求还有一个原因，那就是管理无力对就业、教育一类的社会问题作出长期的决断。"① 在此背景下，美国社会学家希尔斯认为："把社会科学研究纳入政策制定过程的趋势'很可能不可逆转'，尽管各国因为政治和行政风格不同，可能差异很大。"②

　　这种趋势导致社会科学研究的政策取向日渐增强，并随着政府角色的扩张出现了越来越多的"政策领域"。所谓政策取向，首先是指把主要的注意力集中于政策和行政管理领域。③ 作为这种取向不断强化的结果，20 世纪60 年代政策研究应运而兴。社会科学家们在约翰逊政府的"伟大社会"计划鼓舞下，收集了大量成套的纵贯数据，在诸如住房、反贫困与保健等政策

---

① ［法］阿里·卡赞西吉尔：《治理和科学：治理社会与生产知识的市场式模式》，《国际社会科学杂志（中文版）》1999 年第 1 期。

② Shils, E., "The Calling of Sociology", in *Theories of Society: Foundations of Modern Sociological Theory*, Parsons, T., Shils, E., Naegele, K. D., & Pitts, J. R.(eds.), NewYork: Free Press, 1961, p.1435.

③ ［德］彼得·瓦格纳：《社会科学与西欧大陆的国家观念：学科论说的政治结构化》，《国际社会科学杂志（中文版）》1990 年第 4 期。

领域内进行了大规模的社会实验，评价各项政策的成效，为各大学制定公共政策分析方面的教学大纲，开始出版专门杂志，并在已有的几个研究机构之外建立了许多新的政策研究机构。① 这一时期大量政策专家涌入白宫，承担起了政策制定的任务，他们信奉医学式的实验方法，并"自视为社会的医生，随时准备治疗一个病态的社会"②。这一时期也迎来了美国和西欧智库数量的爆发式增长。毫无疑问，发生在社会科学研究领域的这种转变，其动力并非社会科学自身发展的结果，而是政府扩张背景下政策制定过程对于社会科学知识需求增长的产物，"整个政策分析的发展主要是源于美国政府的巨大发展，而不是社会科学知识的发展"③。在欧洲大陆也是如此，这种研究取向成为推动社会科学发展的重要动力，在第二次世界大战之后，"通过社会科学实现社会更新这一迷思性承诺"已然成为当一名社会科学家的最重要动机之一，在法国和德国，在社会科学家与政策制定者密切互动的阶段，社会科学在大学里迅速扩张，实现了充分建制化。④

事实上，不仅和平时期来自大学的社会科学知识对于国家的社会经济发展发挥了重要作用，战争时期更是如此，国家出于战胜敌国的需要，对社会科学知识的动员力度更强。例如，在第二次世界大战期间，美国的战略情报局（中央情报局的前身）成立后，以专业水平为考量标准，从学术界招募了大量工作人员，包括不同社会科学领域的知名学者，如美国史专家施莱辛格、法国史专家布林顿、俄国史专家罗宾逊、汉学家费正清、心理史学专家休斯、经济学家罗斯托、社会学家希尔斯、政治理论家马尔库塞等，作为战

---

① ［美］肯尼斯·普鲁伊特：《社会科学与第三世界：美国的局限性》，《国际社会科学杂志（中文版）》1985 年第 2 期。

② Horowitz, I. L., "Social Science Mandarins: Policymaking as a Political Formula", *Policy Sciences*, Vol.1, No.1(1970), pp.339–360.

③ Schick, A., "Beyond Analysis", *Public Administration Review*, Vol.37, No.3(1977), pp.258–263.

④ ［德］彼得·瓦格纳：《并非一切坚固的东西都烟消云散了：社会科学的历史与理论一探》，李康译，北京大学出版社 2011 年版，第 89 页。

时智力资源的高地，战略情报局最多时聚集了大约 900 名分属各社会科学领域的专家。①

在冷战以及国际竞争中，美国延续了这种利用社会科学研究服务国家利益的做法。在冷战背景下，美国联邦政府出于国家利益的考虑，通过美国国家科学基金会，以资助应用研究的方式介入社会科学领域，改变了第二次世界大战结束初期美国社会科学研究因意识形态因素和研究主题及方法方面的因素而备受争议的局面，并显著提高了社会科学研究的地位。② 一份 1952 年的报告显示，当时联邦政府为社会科学研究提供的资金额度为 1800 万美元，到 1962 年，仅行政机构内部至少有 25 个部门与社会科学组织或个人有合同研究项目，每年花费大约 6500 万美元；1961—1964 年，美国国防部仅用于心理学研究的项目花费就从 1720 万美元增至 3110 万美元（这些数字不包括美国中情局数额巨大的灰色投入）。冷战时期，几乎每一所美国"名校"都在政府资助下建立起一个或几个区域问题研究中心，与行政机构进行密切的合作；几乎每一位社会科学家都或多或少受到冷战意识形态影响，参与到冷战知识的生产中；几乎所有大的社会科学理论构建和学科研究的转向都打上了冷战的烙印，与广义上的美国国家安全相关联。③

美国出于国际竞争的需要而利用社会科学知识，在"苏联学"研究的兴起中体现得尤为突出。出于开展冷战的需要，斯拉夫研究联席委员会为进一步在全国推广"苏联学"，进行了为期两年的全面调查，调查报告定位"苏联学"在美国存在和发展的理由是：为应对冷战的全面对抗而向当局提供了解敌人的途径和制定策略的依据。此后，联邦政府、私人基金会扩大了对

① 王子晖：《二战期间美国"官智合流"现象探析——以战略情报局研究分析处为中心》，《军事历史研究》2021 年第 4 期。

② 商丽浩、谢佳璐：《美国国家科学基金会社会科学研究资助政策：酝酿、启动和影响》，《高等教育研究》2021 年第 9 期。

③ 张杨：《官智合流：冷战时期美国"政治—学术复合体"初探》，《社会科学战线》2012 年第 6 期。

"苏联学"的资助范围，提高了资金投入。以此为契机，相关学术机构在全美各地高校广泛设立，可供政府吸纳和利用的苏联问题专家数量得以成倍增长，冷战所赋予的强烈政策取向使得"苏联学"发展成为一门规模巨大的学科专业，包括哈佛大学、哥伦比亚大学在内的众多高校参与其中。"苏联学"的发展体现了美国政府与学界在第二次世界大战期间形成的合作关系的进一步强化，国家权力对学者参与冷战的动员力度持续加大。[①]

在这个背景下，学术和政治之间的联系非常紧密，学者对决策的影响力也前所未有，这些影响方式主要表现为：学者直接出任政府相关部门要职参与高层决策，如基辛格、布热津斯基先后出任总统国家安全事务助理；为各类政府机构提供咨询服务，尤其是服务于以国务院为代表的外交部门和以中央情报局为代表的情报部门；出席国会的各类听证会；等等。[②] 所以，社会科学对冷战政治的影响比表面看到的要深刻得多，其知识成果构成了美国冷战战略的核心部分，社会科学家在某种程度上主导了美国的冷战进程，其作用主要包括通过"认识你的敌人"提供决策的知识基础、作为冷战项目的设计者直接参与决策、作为维持美国冷战共识并保证美国冷战政策推行的主要社会力量，社会科学的这种作用导致了冷战危机下"政治—学术复合体"的形成，迄今仍是主导美国国家安全决策的主要力量。[③]

从总体上来看，由于公共事务的复杂性以及社会科学知识有用性的增强，社会科学研究无论在国内政策还是对外政策中，都发挥着越来越重要的作用，更加直接地服务于国家的需要成了社会科学的重要使命。这一点在美国体现得尤为突出，这也是美国的实用主义传统所决定的。"研究为政策服务，知识分子为当权者服务，知识为行动服务，这是美国历史上根深蒂固的

---

① 王子晖：《20世纪五六十年代美国苏联学的发展及其影响》，《世界历史》2014年第4期。

② 王子晖：《论冷战时期美国苏联学与政府决策的关系》，《史学月刊》2014年第6期。

③ 张杨：《官智合流：冷战时期美国"政治—学术复合体"初探》，《社会科学战线》2012年第6期。

结构模式。"①实际上，美国社会科学的发展及其范式在世界范围内的扩张也表明，这种实用主义哲学促进了社会科学研究的繁荣，更重要的是，其提升了政策制定的合理化，从而有效增进了国家利益。这种状况也意味着来自大学社会科学研究的政策相关性进一步增强，大学告别了"象牙塔"，更加直接地服务于国家和社会的利益。大学"不仅是美国教育的中心，而且是美国生活的中心。它仅次于政府成为社会的主要服务者和社会变革的工具……它是新思想的源泉、倡导者、推动者和交流中心"②。对于相关学科而言，服务于政策制定甚至是其存在的合法性前提，在外交、国际关系等学科领域尤其如此。"如果承认社会科学的研究完全与本国的外交、防务及援外政策无涉，就等于承认这种研究毫无作用，否则就得承认它是与政策密切相关的"，因而对"国家利益"的阐述仍是国际问题研究的主要目的，"学术研究是外交政策的职能和组织机构的一部分"。③

直接服务于政府决策的对策研究需求的不断增长，导致了政策相关研究组织的分化，除了大学中的应用取向以及政策取向的社会科学研究得到充分发展，在大学之外出现了专门化的政策研究机构，它们以影响和服务政策制定为直接目标，在美国、英国为代表的英语世界中，体现为所谓"独立性、非政府性"为基本特征的"智库"的发展，有的国家则是政府内部研究机构或准公共机构得到充分发展，而在相当多的国家，大学仍在政策研究中占据重要地位。由于不同国家的政策知识需求结构以及知识生产体系的差异性，这类机构的发展程度和作用并不相同，因而大学在直接提供政策制定所需的知识方面的作用也不尽相同。例如，原联邦德国的大部分大学系统在 20 世

---

① ［美］肯尼斯·普鲁伊特：《社会科学与第三世界：美国的局限性》，《国际社会科学杂志（中文版）》1985 年第 2 期。

② ［美］约翰·S.布鲁贝克：《高等教育哲学》，王承绪等译，浙江教育出版社 1987 年版，第 21 页。

③ ［美］肯尼斯·普鲁伊特：《社会科学与第三世界：美国的局限性》，《国际社会科学杂志（中文版）》1985 年第 2 期。

纪 70 年代成了政府机构资助的"部门"研究基地，而法国的政策研究主要是在新成立的政府研究机构体系中进行，意大利的政策研究任务则由大学之外出现的越来越多的专门化政策研究机构承担。①

总体而言，随着各国政府大规模地通过公共政策的方式干预经济与社会运行，在社会科学研究的实用价值进一步凸显的背景下，直接服务于政策制定的政策取向的社会科学研究出现了一定的分化，大学在其中所发挥的直接作用则体现出一定的国家之间的差异性。

四、不确定性时代政策知识生产的多样化

20 世纪 90 年代以来，随着苏联的解体、市场化的推进、信息技术的发展，全球化作为一种不可阻挡的趋势在世界范围内迅速推进，也使得各类公共事务的复杂性进一步增强。

首先，世界各个部分之间的联系进一步强化。从最直观的意义上，全球化可被定义为："世界范围内的社会关系的强化，这种关系以这样一种方式将彼此相距遥远的地域连接起来，即此地所发生的事件可能是由许多英里以外的异地事件而引起，反之亦然。"② 从这个角度看，全球化使公共问题超越了国家的界限，并出现了越来越多的全球性公共问题，这些问题仅仅依靠单个国家政府，无法有效解决，需要在世界范围内不同的国家政府，乃至非政府主体的共同合作才能应对。

其次，社会变化的加速。现代性是时间的加速以及因此与之相联系的牢固空间的瓦解。③ 全球化更是如此，全球化本身就意味着时间与空间的压缩，如"地球村"就是对这种变化后果的形象描述。"伴随着功能分化所带来的

---

① ［德］彼得·瓦格纳：《社会科学与西欧大陆的国家观念：学科论说的政治结构化》，《国际社会科学杂志（中文版）》1990 年第 4 期。

② ［英］安东尼·吉登斯：《现代性的后果》，田禾译，译林出版社 2000 版，第 57 页。

③ ［德］哈尔特穆特·罗萨：《加速：现代社会中时间结构的改变》，董璐译，北京大学出版社 2015 年版，第 44 页。

复杂性的增加的后果和复杂性时间化的后果",社会系统也处于"加速压力"之下。①

再次,不确定性及风险的增长。社会系统的复杂性增强以及时间的加速,导致不确定性的增长以及"全球风险社会"的到来。著名社会学家齐格蒙特·鲍曼对此有精辟的阐述:"全球化代表了基本上不可预测的进展和发展;代表了降临在我们身上的事物,而不是我们所作所为。'全球力'在'超区域的空间'内发挥作用,它摆脱了所有的羁绊,不再受传统的和迄今为止有目的的行动和理性的管理这种不可替代的手段的束缚。因此,'进步'不再是人类控制命运的一次显现,不再是人类有能力理性地控制人类历史的方向,并确定其目标的一个经典案例。伴随着所有引人注目的'进步'进入人类沟通,并成为'在远方发挥作用'的工具,控制手段似乎无法跟上需要被控制的诸多力量,它不能再像从前那样控制它们。当前的社会状况表明,我们似乎无法逐渐限制并最终消除风险,无法减少人类方程式中的求知变量。未来不可能再像从前那样变成一个确定性的王国。未来的确是失控的;可信的猜测是,它注定依旧是失控的——至少在预见的未来是这样。"②

最后,权力结构的变化。全球化导致的权力结构的变化是双重的,一方面,全球化带来的全球市场的一体化,导致国家之间的竞争越来越激烈,而国家之间的竞争,尤其是经济竞争在相当大的程度上是政府及其政策的竞争,如何在全球化的竞争中居于优势地位,成为每个国家政府必须认真对待的优先事项;另一方面,全球化导致了权力结构的去中心化,使得国家的权力在一定程度上受到削弱,国际组织、跨国公司、非政府组织、利益群体乃至普通公众等获得了更大的影响力。这种变化不仅对政策制定的质量及责任

---

① [德]哈尔特穆特·罗萨:《加速:现代社会中时间结构的改变》,董璐译,北京大学出版社2015年版,第221页。

② [英]齐格蒙特·鲍曼:《被围困的社会》,郇建立译,江苏人民出版社2006年版,第129—130页。

性提出了更高的要求，也使得政府在制定政策时必须更多地考虑不同主体的立场，并与之进行有效的合作。

总之，全球化导致了人类历史上前所未有的复杂性，对全球以及国家层面的治理提出了新的要求。"与此相对应的一个问题是：人们怎样用一种民主而有效的方式来管理具有动态性、复杂性和多样性的社会政治系统呢？第一位的答案就在于管理和治理本身就应该是动态的、复杂而多变的。""不能洞察到这一点很可能是那么多治理似乎都归于无效的主要原因之一。"① 这种状况导致了对治理相关的知识的需求发生了变化：(1) 各类公共问题不断增多，导致了政策知识需求的大量增加。且这种状况没有改变的迹象，"伴随着技术的进步，需要解决的人类问题不是在减少，而是在增加。……未被解决的问题和全面的不确定性也不会随着时间的推移而逐渐减少。"② (2) 社会变化的速度加快，要求对问题的应对以及政策知识的生产也必须是快速的。"在变化速度越来越快的环境中……对应做决定的推迟也因而会变得越来越有风险。"③ 及时发现问题并有效地加以应对，要求政府必须具有快速的知识动员与知识集成能力，对各国政府来说是越来越大的挑战。"在大加速的作用下，世界变得更快，不仅如此，世界也变得更加动荡。政府对这种新的世界形势既欠缺了解又欠缺应对能力，因此工作的展开越来越艰难。"④ (3) 市场化以及权力结构的去中心化，导致政策知识需求主体的多样化，尤其是来自政府之外的需求大量增加，包括利益群体、普通公众乃至大型企业等，政策知识生产越来越多地服务于不同主体的利益与需要。

---

① 俞可平主编：《治理与善治》，社会科学文献出版社 2000 年版，第 220 页。

② ［英］齐格蒙特·鲍曼：《被围困的社会》，郇建立译，江苏人民出版社 2006 年版，第 131 页。

③ ［德］哈尔特穆特·罗萨：《加速：现代社会中时间结构的改变》，董璐译，北京大学出版社 2015 年版，第 225 页。

④ ［英］罗伯特·科尔维尔：《大加速：为什么我们的生活变得越来越快？》，张佩译，北京联合出版公司 2018 年版，第 220 页。

在上述背景下，政策制定对政策知识的数量、质量、多样性以及时效性提出了更高的要求。"在科学家和政策制定者之间建立起新型的伙伴关系，其必要性不难阐明。这种伙伴关系的目的也非常清楚，手段已经具备，时机正在成熟，洪波正在涌起，社会科学家正躬逢天翻地覆的变化。"① 这导致政策知识生产系统进一步扩张，并进一步分化，在大学之外出现了越来越多的从事政策知识生产的专业机构，除了政府系统的研究机构，还有政党性研究机构、民间研究机构甚至企业研究机构，并出现了全球性的智库发展浪潮。实际上，这种分化并非始于全球化时代，而是自社会科学在大学中实现制度化之后就开始了，部分原因在于制度化本身不可避免地导致其与实践的相对脱离，因而难以满足政策制定和行政管理对相关知识日益增长的需要。因此，纵观 20 世纪，对非学院研究的要求有了巨大的增长，在绝大多数的社会里，除了某些时期大学的可观扩张，非学院的研究者在数量上都远远超出其学院内同行。② 因此，从总体情况来看，尽管大学之外的政策研究机构一直存在且稳步发展，包括政府系统内外的，但全球化导致这一趋势加剧，全球化的深入发展导致了政策知识需求的根本性变化，进而强化了政策知识供给多元化的趋势。

尽管如此，除了在培养国家治理所需要的人才方面仍然几乎处于垄断地位，大学在政策相关知识的生产中也发挥着重要作用，尤其是在提供高度复杂性、启迪性、真理性的政策知识方面，其作用是其他类型的研究机构所难以替代的。"决策者和媒体巨头都依赖它们来帮助理解现代社会的复杂性，并在政治迷宫中导航。"③ 正如牛津大学社会科学部在自己的网站中这样阐述

---

① ［澳］肯尼思·威尔特希尔：《科学家与政策制定者的新型伙伴关系》，《国际社会科学杂志（中文版）》2002 年第 4 期。

② ［德］彼得·瓦格纳：《并非一切坚固的东西都烟消云散了：社会科学的历史与理论一探》，李康译，北京大学出版社 2011 年版，第 26 页。

③ McGann, J. G., *The Competition for Dollars, Scholars and Influence in the Public Policy Research Industry*, Lanham: University Press of America, 1995, p.44.

其使命："对社会科学家工作的需要比以往任何时候都更迫切。环境变化、贫困、网络犯罪、经济和政治动荡、不平等、人口流动和社会发展等问题需要以研究为基础的全球应对措施。我们为应对这些挑战的新政策提供了严格的知识基础和灵感。"①

综上所述，在现代社会，随着社会的发展以及国家治理对知识的需求不断增长，在培养国家治理所需要的人才、发展系统化的理论理解现代社会、通过应用性的知识分析社会问题、为应对各类社会问题提供政策建议方面，大学所承担的功能不断拓展，所发挥的作用在诸多方面是不可替代的。

第二节　国家治理现代化背景下我国高校智库的功能演进

由于历史传统等因素的影响，不同国家的治理方式及其对政策知识的需求在具有共通性的同时，也有着各个国家自身的特点。就我国来说，无论是历史上还是现在，在这方面都有着自己的特色，这也导致高等教育系统在提供国家治理所需要的知识包括履行智库功能方面具有自身的特点。

一、新中国成立后高校智库功能的低度发展（1949—1978年）

（一）决策对咨询机构的依赖程度较低

新中国成立后，受历史传统以及革命战争时期做法的遗留、国际国内形势以及当时的领导体制决定，我国决策权高度集中，凭经验决策的特点比较明显，党和国家领导人在决策中的作用非常突出。与此同时，我国逐步走上了计划经济体制的轨道。计划经济体制下的社会异质化程度低，在经济社会运行上是以简单代替复杂，即国家治理的方式是对整个社会经济

---

① *Social Sciences Division*,2023-05-08,https://www.socsci.ox.ac.uk/.

实行自上而下的集中统一管理，各种社会问题的解决从根本看是借助结构性、革命性的变革与一揽子解决方案，并通过行政的方式付诸实施，这一点在新中国成立之初的经济社会改造中得到明显体现。

这两个原因导致决策过程中对外部政策知识的实际需求较为有限，决策咨询发展程度比较低，尽管有的机构具有决策咨询功能，如 1949 年 11 月设立的政务院参事室，但其兼具统战性和咨询性，尚不属于专门的决策咨询机构。对政策知识的需求在内参的使用方面得到充分体现，有研究者认为，毛泽东时代的内参模式有三个特点：发挥作用的领域主要与国家安全有关；主要来自参谋和情报收集机构；往往是个别"智囊"的作品。[①] 这说明内参的属性主要是信息，而非知识；就内容来看，仅限于最为敏感、重要的领域，而非所有的政策领域；同时，内参的提供者是个人，而不是机构。这意味着当时决策对于咨询机构的依赖程度很低，决策咨询的制度化程度也较低。

（二）高校服务决策功能有限

计划经济体制下对社会科学知识需求不高还有一个重要原因是，源自西方市场经济体制下，尤其是"市场社会"导致社会问题丛生背景下，通过局部的、渐进的社会改良以医治社会疾病为核心使命的社会科学范式，与计划经济体制明显不相适应，即社会科学的学说体系与国家政治经济体制不适应。"社会科学的这种学科结构，是与建立在标准的自由主义民族国家基础上的理性化资本主义工业社会相关和对应的。"[②] 这种不适应是 1952 年院系调整中政治学、社会学等学科专业被取消的重要原因，这不仅导致社会科学领域人才培养的缺位，在相当大的程度上也导致了一些关键领域社会科学研

---

① 王绍光：《中国公共政策议程设置的模式》，《中国社会科学》2006 年第 5 期。

② ［德］彼得·瓦格纳：《社会科学与西欧大陆的国家观念：学科论说的政治结构化》，《国际社会科学杂志（中文版）》1990 年第 4 期。

究的中断，因而在客观上难以发挥决策咨询的功能。

但国际关系领域的学术研究相对较少受到上述因素影响，原因是对国际问题与国内问题的处理是遵从不同的逻辑，处理国内问题时的革命性的、行政性的手段在应对外部问题时显然是无效的，且当时国际问题受到高度重视且必须妥善处理，因而对政策知识的需求程度比较高，作为社会科学专家资源比较集中的高校可以在这一领域发挥一定作用。1963年，中共中央外事小组、中共中央宣传部提交《关于加强研究外国工作的报告》，认为"随着国际外交活动的开展，研究外国问题的工作远远不能适应形势的需要"。该报告经毛泽东批示并发文，要求"在有条件的高等学校内建立研究外国的机构"[1]。据此，1964年在高校设立了一批实体性的国别研究机构，如中国人民大学的苏联东欧研究室、北京大学的亚非研究所、吉林大学的日本研究所与朝鲜研究所、厦门大学的南洋研究所等。由于这些研究所是中央文件批准建立的研究机构，其功能是利用高校的人才和科研优势为国家外交工作建言献策，实际上肩负着国家"智库"的任务。[2] 这些研究所的职能与一般的教学工作完全不同，其研究工作直接服务于外交工作的需要，从职能定位上看属于典型的智库，可以说是高校智库的最早形态。尽管由于当时的外部环境因素，这些研究所的发展经历了曲折，实际发挥的作用有限。

从总体上看，由于决策体制以及经济体制等因素的影响，在计划经济时期，我国对政策知识的需求，尤其是政府系统之外的政策知识需求较低，高校社会科学在服务国家治理和政策制定方面的影响比较小，所承担的智库功能非常有限。

---

① 赵宝煦：《关于加强外国问题研究的一点史料》，《国际政治研究》2004年第3期。

② 张保生、朱盛文：《高校人文社科重点研究基地建设的基本经验》，《重庆大学学报（社会科学版）》2008年第5期。

二、改革开放背景下高校智库功能的渐进发展（1978—2001 年）

（一）改革开放对决策科学化民主化的需要

改革开放意味着经济社会组织方式的根本变化，其核心是市场机制在经济领域重新发挥重要作用。这不仅意味着经济运行方式发生变化，也意味着社会由高度的同质性走向异质性，各种公共问题增多，对问题的处理所采取的手段也有更多的要求，即不能像过去那样高度依赖行政手段，而是综合运用法律、经济、教育、行政等多种手段。

改革开放也意味着我国现代化进程的加速，而现代化的过程是一个充满矛盾与风险的阶段。亨廷顿认为："现代性产生稳定，现代化带来不稳定。"①我国改革开放的过程也是如此，除了体制转换，更有现代化过程中产生的各类问题，包括贫富差距拉大、社会保障问题、流动人口问题等，随着改革的推进，各类问题进一步凸显，这对决策的质量提出了更高的要求。在这个背景下，1986 年 7 月，在国家科委召开的全国软科学研究工作座谈会上，时任国务院副总理万里第一次明确提出了决策民主化、科学化的主张。他在题为《决策民主化和科学化是政治体制改革的一个重要课题》的讲话中，就民主化与科学化的关系进行了系统论述，阐述了加快决策民主化和科学化制度建设的重要性："我国是一个经济文化落后而发展又极不平衡的大国，现代化建设任务之繁重，是过去任何历史时期所不能比拟的。这大大增加了决策工作的复杂性和困难性。稍有不慎，就会失之毫厘，差之千里，造成难以挽回的损失。"②

从历次党代会报告来看，不仅将决策民主化和科学化作为政治体制改革

---

① 〔美〕塞缪尔·亨廷顿、〔美〕琼·纳尔逊：《难以抉择——发展中国家的政治参与》，汪晓寿等译，华夏出版社 1989 年版，第 1 页。

② 万里：《决策民主化核科学化是政治体制改革的一个重要课题：在全国软科学研究工作座谈会上的讲话》，《软科学研究》1986 年第 2 期。

的重要内容，对作为其具体实现途径的决策咨询制度的重视程度也不断提高，要求更加充分地发挥决策咨询专家和专业化的决策咨询机构的作用。正如有研究者指出，发展现代经济涉及广泛的领域，其复杂性超越了任何个人的能力，这就要求对决策辅助机制加以改造，过去那种依靠个别智囊的体制已经很难适应现代决策需要，必须代之以决策咨询群体。①

表 1-1　党的历次全国代表大会报告中关于决策科学化民主化的相关表述

党的十三大报告	切实加强党的制度建设，对于党的正确路线的巩固和发展，对于党的决策的民主化和科学化，对于充分发挥各级党组织和党员的积极性、创造性，十分重要
党的十四大报告	决策的科学化、民主化是实行民主集中制的重要环节，是社会主义民主政治建设的重要任务。……充分发挥各类专家和研究咨询机构的作用，加速建立一套民主的科学的决策机制
党的十五大报告	逐步形成深入了解民情、充分反映民意、广泛集中民智的决策机制，推进决策科学化、民主化，提高决策水平和工作效率
党的十六大报告	完善专家咨询制度，实行决策的论证制和责任制，防止决策的随意性
党的十七大报告	推进决策科学化、民主化，完善决策信息和智力支持系统
党的十八大报告	坚持科学决策、民主决策、依法决策，健全决策机制和程序，发挥思想库作用，建立健全决策问责和纠错制度
党的十九大报告	健全依法决策机制，构建决策科学、执行坚决、监督有力的权力运行机制 深化马克思主义理论研究和建设，加快构建中国特色哲学社会科学，加强中国特色新型智库建设
党的二十大报告	坚持科学决策、民主决策、依法决策，全面落实重大决策程序制度 坚持科学执政、民主执政、依法执政，贯彻民主集中制，创新和改进领导方式，提高党把方向、谋大局、定政策、促改革能力，调动各方面积极性

资料来源：作者汇总整理。

---

① 王绍光：《中国公共政策议程设置的模式》，《中国社会科学》2006 年第 5 期。

这种状况意味着，不仅国家管理需要具备社会科学知识的各类人才，政府决策尤其需要社会科学专业知识的参与，这导致国家治理对社会科学知识的需求快速增长，加上整个改革的市场化导向以及意识形态上的转变，社会科学重新获得了存在的合法性。对于哲学社会科学的重要作用，胡乔木于1978年在全国哲学社会科学规划会议预备会上的讲话即作出了明确的阐述，在论及"社会科学是不是有用，是不是迫切需要"这个问题时，指出"它是非常需要的，它的任务是非常繁重的"。①

（二）对高校服务政府决策功能提出要求

在上述背景下，我国的社会科学的人才培养、科学研究开始恢复和发展。高校除了培养国家治理所需要的人才，还被希望在科学研究的基础上进一步发挥决策咨询功能。在改革开放启动之初，邓小平就充分认识到社会科学在现代化建设中的作用，并就社会科学教育与研究的恢复和发展工作作出相关部署安排。他认为要强化高等学校的科研功能，提出"文科也要有理论研究……重点大学都要逐步加重科研的分量，逐步增加科研的任务"②。1978年4月，他在全国教育工作会议上发表讲话，会议根据他的指示，要求"高等学校的文、史、哲、社会科学各科，也应该认真制定规划，恢复并新建一批研究所（室），积极开展社会科学研究，造就一支高水平的马克思主义理论队伍和学术队伍"③。胡乔木在全国哲学社会科学规划会议预备会上的讲话也指出高校在社会科学研究中的重要地位："这多方面的力量中，特别是专业机构和高等院校这两支力量是主要的。应该说，高等学校的力量在全国更

---

① 胡乔木：《在全国哲学社会科学规划会议预备会上的讲话》，《经济学动态》1978年第12期。

② 《邓小平文选》第二卷，人民出版社1994年版，第53页。

③ 吴树青主编：《中国高校哲学社会科学发展报告2005》，高等教育出版社2006年版，第5页。

重要。"①20 世纪 90 年代，改革开放进入新的阶段。在这个背景下，国家教委于 1994 年出台了《关于加强和改进高等学校人文社会科学研究工作的若干意见》，要求高校人文社会科学树立"主战场"意识，全面发挥高校人文社会科学的功能，为各层次的科学决策提供强有力的智力支持和信息服务。

这一时期，高校的智库功能也得以初步显现。1978 年 5 月 11 日，《光明日报》发表特约评论员文章《实践是检验真理的唯一标准》，引发了关于真理标准问题的大讨论，推动了整个社会的思想解放。以南京大学为例，在改革开放后至 90 年代初，不同领域的专家学者通过在报纸期刊发表学术论文，对重要的思想理论问题阐述观点，产生了广泛的影响，对推动思想的进一步解放起到了重要作用，这也体现了重点大学的文科学者，通过贡献思想进而推动社会发展的功能，发挥了整个社会的"思想库"的功能。②20 世纪 90 年代之后，在"主战场"意识的引领和科研体制改革的推动下，高校社会科学研究更多地发挥了"思想库"的作用。例如，在经济学领域，厉以宁等高校学者对股份制理论与实践的研究、中国人民大学对市场化改革整体推进下的中国经济研究、复旦大学对上海经济发展战略的研究等，为推动我国经济体制改革和社会主义市场经济体制的建立作出了贡献。③ 同时，来自高校的学者越来越多地参与了决策咨询。在对高校的决策咨询需求不断增长的背景下，20 世纪 80 年代中期，一些高水平大学率先成立了一批具有智库功能的研究机构，如北京大学国际关系研究所（1985 年）、复旦大学美国研究中心(1985 年)；90 年代之后则有北京大学中国经济研究中心（1994 年）等。④

---

① 胡乔木：《在全国哲学社会科学规划会议预备会上的讲话》，《经济学动态》1978 年第 12 期。

② 童星、任利剑：《论重点大学文科的社会功能与历史使命：改革开放以来南京大学文科部分有重大影响的科研成果回顾》，《南京大学学报（哲学·人文科学·社会科学)》2000 年第 1 期。

③ 张保生、朱盛文：《高校社会科学研究三十年发展历程和动力》，《北京大学学报（哲学社会科学版)》2008 年第 5 期。

④ 任晓：《第五种权力：论智库》，北京大学出版社 2015 年版，第 281 页。

这样，高校逐渐成为中国决策咨询体系的重要组成部分。

三、深度参与经济全球化背景下高校智库功能的深入发展（2001—2012 年）

（一）深度参与经济全球化对国家治理带来的影响

随着改革开放的不断推进，2001 年中国正式加入世界贸易组织，这是中国深度参与经济全球化的里程碑，标志着中国改革开放进入历史新阶段。中国同世界进一步接轨，给国家治理带来了直接挑战。

首先，深度参与经济全球化意味着与外部世界联系普遍增强，以前纯粹属于国内政策领域的问题，现在必须放在新的背景下加以考虑和应对。其次，深度参与经济全球化导致政府职能及其行使方式的变化，尤其是政府的经济管理职能，必须受到签订的相关国际协定的约束，所以对经济的干预必须以非常谨慎而有效的方式进行。再次，深度参与经济全球化使我国的经济直面激烈的国际竞争，在这种情况下，如何通过有效的政策与管理，提高整个国家的竞争力显得越来越重要，甚至是获得竞争优势的关键所在，经济全球化"使得政府的作用更为重要，它不仅体现在应对这些冲击，而且体现在帮助人民和企业抓住全球市场的机遇上"[①]。最后，深度参与经济全球化导致面临的全球性公共问题增多，环境问题、经济问题等，都超出了国家的边界，如何参与全球性公共事务，提供全球性公共产品，这对经济不断发展、国际影响力不断增强、所承担的全球责任不断增多的我国来说，是一个挑战。

因此，深度参与经济全球化既是机遇，也是挑战，若能有效应对，可以大大地促进我国的经济社会发展，若应对不当，可能导致比较消极的后果。同时，在融入经济全球化进程的背景下，我国现代化进程加速推进，现代化过程中容易出现的各类经济社会问题也进一步显现，如何处理好这些问题，

---

① 世界银行：《1997 年世界发展报告：变革世界中的政府》，蔡秋生译，中国财政经济出版社 1997 年版，第 12 页。

对政府的治理能力，尤其是决策能力提出了更高的要求。正是在这种背景下，2004 年 9 月召开的党的十六届四中全会通过了《中共中央关于加强党的执政能力建设的决定》，提出了将党的决策能力提升为执政能力的重要内容，并对决策科学化的内涵进行了系统而全面的论述。

（二）对高校智库功能的重视程度提高

国家治理所面临的各类问题复杂性的增强，也使得社会科学的重要性不断提高。由于高校是社会科学研究的重心所在，加强高校社会科学研究的决策咨询功能建设变得更为重要。为此，1999 年教育部发布《关于印发普通高等学校人文社会科学重点研究基地建设计划的通知》，计划从 1999 年开始到 2001 年分三年滚动评审确定 100 个左右具有国家级水平的重点研究基地，提出的建设标准包括决策咨询方面的要求，即要提高解决重大实践问题的综合研究能力和参与重大决策的能力，成为全国知名的"思想库"和研究咨询基地，并将研究咨询报告被领导批示、政府部门采用作为评价指标。2004 年 1 月，中共中央发出《关于进一步繁荣发展哲学社会科学的意见》，明确提出要使哲学社会科学界成为党和政府工作的思想库和智囊团。教育部于 2006 年 6 月印发《教育部关于大力提高高等学校哲学社会科学研究质量的意见》，指出使高等学校成为哲学社会科学的学术研究中心、文献辐射中心、先进文化孵化中心和决策咨询服务中心。2010 年发布的《国家中长期教育改革和发展规划纲要（2010—2020 年)》要求高校积极参与决策咨询，主动开展前瞻性、对策性研究，充分发挥智囊、思想库作用。

这一时期，高校的智库功能主要是以高等学校人文社科研究重点基地以及各省的人文社科研究基地为载体，即在这些基地的功能中强化决策咨询工作。在教育部的推动下，这些基地具备了越来越强的高校智库的属性。研究基地均建立起官方网站，编辑政策研究内刊、要报或资政参考等智库形态的知识产品，向各级政府及相关部门定期、常态化递送，其运作模式日益成熟，展现出良好的发展势头。① 作为决策咨询功能的直接体现，2008 年至 2013 年，高校人文社科重点研究基地承担了 600 余项国家部委的调研和培训任务，直接参与多部重要法律的起草和修订工作，累计有 1600 余份咨询报告被国家有关部门采纳。②《瞭望》周刊在 2009 年第 4 期刊登了以"中国智库"为专题的系列文章，评选出"中国主要决策咨询研究机构"43 家，其中来自高等院校系统的有 13 家，包括北京大学中国经济研究中心、北京大学光华管理学院、清华大学国情研究中心、厦门大学台湾研究院等。③ 这也充分说明了高校在我国决策咨询系统中的地位在不断提升。

四、新时代背景下高校智库功能的全面发展（2012 年至今）

（一）国内外形势变化带来的治理挑战

党的十八大以来，中国特色社会主义进入新时代，国家发展也进入新的阶段。首先，在经济方面逐渐告别了高速增长的阶段，经济全球化带来的发展动能逐渐减弱，在驱动经济发展方面需要更为积极有效的手段。2013 年 7 月，习近平总书记在中央政治局常委会会议上强调："我国经济正处于增长速度换挡期、结构调整阵痛期、前期刺激政策消化期叠加的阶段，加上世界经济也在深度调整，发展环境十分复杂，要准确认识我国经济发展阶段性特征，实事求是进行改革调整。"④ 其次，随着资源、环境、人口等方面因素的约束，客观上要求转变经济发展方式，从要素驱动转变为创新驱动，从

---

① 朱旭峰、韩万渠：《中国特色新型高校智库的兴起、困境与探索》，《高等教育评论》2015 年第 1 期。

② 《发挥高校优势 打造新型智库——教育部社会科学司负责人就〈中国特色新型高校智库建设推进计划〉答记者问》，2014 年 3 月 7 日，见 http://www.moe.gov.cn/jyb_xwfb/s271/201403/t20140307_165002.html。

③ 《中国主要决策咨询研究机构》，《瞭望》2009 年第 4 期。

④ 《习近平著作选读》第二卷，人民出版社 2023 年版，第 404 页。

注重规模到重视质量，如何挖掘经济增长潜力，提高经济发展质量，也是日渐突出的问题。再次，面临发展起来之后的新问题。尽管一般认为不发展会导致较多的问题，而这些问题会随着经济发展迎刃而解，但是，正如习近平总书记在党的十八届五中全会第二次全体会议上的讲话中所指出的："现在看来，不发展有不发展的问题，发展起来有发展起来的问题，而发展起来后出现的问题并不比发展起来前少，甚至更多更复杂了。"① 最后，国际方面，随着我国的崛起，要面对更大的来自大国竞争的压力，加之世界格局的重组，在复杂的国际形势下，捍卫和增进国家利益，实现自身发展目标，也是前所未有的挑战。

上述因素导致各类问题的复杂性进一步增强、风险增多，且在新的形势下，各种风险也容易传导，导致风险的扩大和叠加。"随着各政策领域联动性的增强，国家治理中的系统性风险增多，局部风险容易引发总体性风险，改革结果好坏难以事先进行准确预料。"② 这些是改革开放以来前所未有的，在这个背景下，加强国家治理体系和治理能力建设成为克服各种困难和挑战，进一步推进现代化的必然选择。2019 年 10 月召开的党的十九届四中全会审议通过了《中共中央关于坚持和完善中国特色社会主义制度 推进国家治理体系和治理能力现代化若干重大问题的决定》。在推进国家治理现代化的举措中，提高决策能力无疑是非常重要的内容，为此，该决定对决策的科学化提出了更高的要求，在"健全提高党的执政能力和领导水平制度"部分，指出要健全决策机制，加强重大决策的调查研究、科学论证、风险评估，强化决策执行、评估、监督。

（二）对高校智库建设提出的需要

国家发展的内外环境的显著变化以及决策科学化要求的进一步提高，对

---

① 《习近平著作选读》第一卷，人民出版社 2023 年版，第 382 页。
② 赵静、薛澜：《探究政策机制的类型匹配与运用》，《中国社会科学》2021 年第 10 期。

决策咨询系统的发展也提出了新的需要。习近平总书记在 2012 年中央经济工作会议上指出，要健全决策咨询机制，按照服务决策、适度超前的原则，建设高质量智库。党的十八大报告提出了"坚持科学决策、民主决策、依法决策，健全决策机制和程序，发挥思想库作用，建立健全决策问责和纠错制度"①的新要求。2013 年 4 月，习近平总书记作出关于加强中国特色新型智库建设的重要批示，指出智库是国家软实力的重要组成部分，随着形势的发展，智库的作用会越来越大。要高度重视、积极探索中国特色新型智库的组织形式和管理形式。2013 年 11 月召开的党的十八届三中全会通过了《中共中央关于全面深化改革若干重大问题的决定》，提出加强中国特色新型智库建设，建立健全决策咨询制度。2014 年 10 月召开的中央全面深化改革领导小组第六次会议审议通过的《关于加强中国特色新型智库建设的意见》。2015 年 11 月召开的中央全面深化改革领导小组第十八次会议通过了《国家高端智库建设试点工作方案》。上述情况意味着，在国内形势与国外形势均非常复杂，且两者交互影响的情况下，决策者对思想产品提出了更高的要求。②除了对决策咨询机构建设的重视，从更大的范围来看，对整个社会科学的发展也提出了更高的要求。2016 年 5 月，习近平总书记在哲学社会科学工作座谈会上强调，"新形势下，我国哲学社会科学地位更加重要、任务更加繁重"，同时指出"我国哲学社会科学领域还存在一些亟待解决的问题……作用没有充分发挥出来"，要求哲学社会科学研究"必须落到研究我国发展和我们党执政面临的重大理论和实践问题上来，落到提出解决问题的正确思路和有效办法上来"。③

在"智库热"不断升温的背景下，高校智库建设被赋予重要地位。2012

---

①　《十八大以来重要文献选编》（上），中央文献出版社 2014 年版，第 22—23 页。

②　国务院发展研究中心公管所课题组、王佩亨、李国强：《需要一流智库提供一流思想产品》，《中国发展观察》2013 年第 3 期。

③　习近平：《在哲学社会科学工作座谈会上的讲话》，人民出版社 2016 年版，第 6、7、14 页。

年教育部《关于全面提高高等教育质量的若干意见》提出，高校要瞄准国家发展战略和重大国际问题，推进大学智库建设。2014年2月，教育部推出《中国特色新型高校智库建设推进计划》，该计划标志着我国由政府主导的高校智库建设正式启动。2015年1月，中办、国办印发《关于加强中国特色新型智库建设的意见》，提出要充分发挥高校学科和人才密集的优势，推进新型高校智库建设，提升高校智力服务能力。

从开展高校智库建设的原因来看，除了高校社会科学研究实力雄厚、学科门类齐全是一个重要因素外，高校智库自身的独特性也是一个关键因素。从国内发展需求看，在各类矛盾凸显期，社会需要大学智库提供准确信息、专业知识、正确观点与深刻思想。[1] 从国内外环境来看，直接原因是国内外形势复杂，国内决策者对思想产品的要求不仅仅是快速、及时、简要、准确，还有更高的要求：一方面，思想产品要具有较高的公信度，能在持不同意见的群体中比较容易地达成较为一致的共识，从而缓和社会矛盾，有利于解决问题；另一方面，思想产品要具有较大的国际影响力，在不同文化的国家之间能更加容易地促进相互理解和认同，有利于在解决国际问题中把握主导性。[2]

综上所述，在国家现代化的背景下，随着政策问题的复杂性不断增强，高校不仅要培养国家治理所需要的人才，而且逐渐被要求承担起智库功能，高校智库建设正是这一逻辑发展到一定阶段的产物。

---

① 胡鞍钢：《建设中国特色新型智库》，《清华大学教育研究》2013年第5期。
② 国务院发展研究中心公管所课题组、王佩亨、李国强：《需要一流智库提供一流思想产品》，《中国发展观察》2013年第3期。

第二章　我国高校智库建设及其功能问题

在不同的国家，高校承担的智库功能是不同的，这种功能的发展方式也不同。在我国，高校智库的发展并不是在适应外部需要的过程中以渐进、自然的方式实现的，而是国家引导和推动建设的结果，所以体现出明显的"建设"逻辑，这也使得高校智库的发展呈现出明显的特点。

第一节　高校智库建设的政治—科层逻辑

高校智库是高等教育系统的一部分，不同国家高等教育管理体制是不同的，高校智库的发展也体现出这种管理体制的特点。美国学者伯顿·克拉克将高等教育系统的协调模式大致分为三种：国家协调、市场协调和学术协调。他认为三种协调模式的平衡是比较理想的状态，"高等教育的协调发展应是政府、市场及学术寡头三种力量平衡的结果"①。我国无疑是属于较为典型的国家协调模式，且这种协调是通过自上而下的科层体系实现的，所以，可以称之为国家—科层协调模式。在高校智库建设中，也体现出这种协调模式的逻辑，即国家根据需要在政治层面作出决策，由科层体系通过自上而下

---

① ［美］伯顿·克拉克：《高等教育系统——学术组织的跨国研究》，王承绪等译，杭州大学出版社1994年版，第145页。

的方式实施。

一、国家层面的政治动员

我国高等教育发展体现出很强的政治逻辑，其基本驱动力量是国家的需要，高等教育的改革与发展是适应国家需要的产物，高校智库的发展也是如此。

作为一项公共政策，高校智库建设始于 2013 年 4 月党和国家领导人关于"加强中国特色新型智库建设"的系列批示。据不完全统计，2013 年之后较短的时间内，习近平总书记对智库建设作出的重要论述、指示、批示等达 50 次以上。[①]批示是中国政治运行中的关键环节，是制度赋予的决策权行使工具。[②]在中国的政治生活中，高层的批示发挥着重要的作用。就同一问题多次作出批示，说明最高领导层对此事前所未有的重视，也往往预示着政策过程的正式启动。

在上述背景下，2014 年 10 月，中央全面深化改革领导小组第六次会议审议了《关于加强中国特色新型智库建设的意见》（以下简称《意见》）；2015 年 1 月，中共中央办公厅、国务院办公厅印发了《意见》，意味着中国特色新型智库建设被上升为国家战略。此后，2015 年 11 月，《国家高端智库建设试点工作方案》获得通过，当年 12 月选出 25 家国家高端智库建设试点单位（后因国家机构改革缩减为 24 家，第二批公布于 2020 年 3 月，共 5家），在首批入围国家高端智库建设试点单位中，第二类是依托大学和科研机构形成的专业性智库，其中属于高校的有 6 所，包括北京大学国家发展研究院、清华大学国情研究院、中国人民大学国家发展与战略研究院、复旦大

---

① 李国强、徐蕴峰：《学习习近平"智库观"，推动中国智库建设健康发展》，《智库理论与实践》2017 年第 4 期。

② 孟庆国、陈思丞：《中国政治运行中的批示：定义、性质与制度约束》，《政治学研究》2016 年第 5 期。

学中国研究院、武汉大学国际法研究所、中山大学粤港澳发展研究院，这显示出高校在高端智库建设中的重要地位。

中国特色新型智库建设是政治系统的最高层级作出的重大决策，并在较短的时间内转变为具体行动，足见政治上的重视程度之高，这在各国智库发展的历史上非常少见，甚至前所未有。因此，时任布鲁金斯学会约翰·桑顿中国中心研究主任李成在论及此事时认为："中国最高领导层近年来对智库发展特别重视，把智库建设上升到国家软实力建设的高度，世界上还没有一个国家的智库——包括美国在内——获得如此之高的重视程度。"[①]

《意见》是中国特色新型智库建设的纲领性文件。在我国，党和政府的改革决策主要以文件的形式下发，并要求有关方面贯彻执行，进而转化为具体行动，因此，官方文件发挥着"以言行事"的功能。[②] 从言语行为理论的角度看，说话就是做事，言语实际上是一种行为，具体包括"以言表意""以言施事""以言取效"三个方面。[③] 在正式的官方文件中，这一点也得到充分体现。作为纲领性文件，建设中国特色新型智库的政治意志与政策理念在其中得到了充分表达。

在"以言表意"部分，《意见》从科学民主决策、国家治理现代化、国家软实力提高三个方面阐述了新型智库建设的重要意义，这三个方面体现了中国特色新型智库建设逻辑的渐次演进：最初是"科学民主决策"，这一话语持续了相当长的时期；此后是"国家治理现代化"，使新型智库建设的意义得到提升；而"国家软实力"则进一步从国内转向国际，将新型智库建设的意义进一步提升到国际竞争的高度。这三个方面充分表达了将新型智库建设作为国家战略的基本依据。此后，《意见》用判断语句提出了问题的由来，即

---

① 《李成：一流智库如何运作》，2016 年 4 月 18 日，见 http://www.ccg.org.cn/archives/28778。

② 郭毅、王兴、章迪诚、朱熹：《"红头文件"何以以言行事？——中国国有企业改革文件研究（2000～2005）》，《管理世界》2010 第 12 期。

③ 韦森：《言语行为与制度的生成》，《北京大学学报（哲学社会科学版）》2005 年第 6 期。

"智库建设跟不上、不适应的问题也越来越突出",这一语句不仅包括对当下事实的判断,即"跟不上",也包括对发展趋势的判断,即跟不上的问题"越来越突出"。意义语句与判断语句的结合,形成了"问题",并生成了红头文件的"主旨",即必须从党和国家事业发展全局的战略高度,把中国特色新型智库建设作为一项重大而紧迫的任务。从语义和语用的分析来看,文件体现了对中国特色新型智库建设前所未有的重视,且突出了事项的"重大"和"紧迫",因而要采取"有力"措施"抓紧抓好"。

在"以言施事"部分,一方面,《意见》通过目标语句阐述新型智库建设的指导思想、基本原则和总体目标。指导思想方面明确"以服务党和政府决策为宗旨,以政策研究咨询为主攻方向",其最终指向则是"更好地服务党和国家工作大局,为实现中华民族伟大复兴的中国梦提供智力支撑"。在基本原则方面,就智库工作的根本出发点、工作重心、工作方法、管理方法等方面指明方向。在总体目标方面,提出"到2020年,统筹推进党政部门、社科院、党校行政学院、高校、军队、科研院所和企业、社会智库协调发展,形成定位明晰、特色鲜明、规模适度、布局合理的中国特色新型智库体系,重点建设一批具有较大影响力和国际知名度的高端智库,造就一支坚持正确政治方向、德才兼备、富于创新精神的公共政策研究和决策咨询队伍,建立一套治理完善、充满活力、监管有力的智库管理体制和运行机制,充分发挥中国特色新型智库咨政建言、理论创新、舆论引导、社会服务、公共外交等重要功能"。同时,还从八个方面对新型智库应当具备的基本特点进行阐述,从而确立了新型智库的"基本标准"。另一方面,在目标语句之后,通过行动语句指明了具体的建设路径,即构建中国特色新型智库发展新格局、深化管理体制改革、健全制度保障体系。

在"以言取效"部分,直接体现为"组织领导"部分的阐述,因为在我国的政策体制下,这是影响重大政策贯彻落实的最为关键的因素。因此,《意见》强调各级党委和政府要"高度重视",将之列入"重要议事日程",并"切实加强对智库建设工作的领导"。作为强调语句，充分彰显出此项工作的重要性，以确保相关部门和地方政府对此项工作的充分重视。这部分以及关于新型智库建设重要意义的表述均显示出很强的语力。所谓语力，就是在言语交互活动中，讲话者通过话语向听话者实施的、试图克服听话者内在力量趋势的力量；在通常情况下听话者的状态（包括思想、情感、行为等）会因此而改变；听话者内在力量趋势被讲话者的语力所克服从而发生状态的变化，这就是取效行为。①

表 2–1　《关于加强中国特色新型智库建设的意见》的语言学分析

功能指向	语句类型	政策文本	主要作用
以言表意	意义语句	党和政府科学民主依法决策的重要支撑 国家治理体系和治理能力现代化的重要内容 国家软实力的重要组成部分	从正反两个方面阐述必要性
	判断语句	随着形势发展，智库建设跟不上、不适应的问题也越来越突出	
以言施事	目标语句	指导思想、基本原则和总体目标	提出具体的行动方向
	行动语句	构建中国特色新型智库发展新格局 深化管理体制改革 健全制度保障体系	
以言取效	强调语句	必须从党和国家事业发展全局的战略高度，把中国特色新型智库建设作为一项重大而紧迫的任务，采取有力措施，切实抓紧抓好列入重要议事日程。建立健全党委统一领导、有关部门分工负责的工作体制，切实加强对智库建设工作的领导 各地区各有关部门要结合实际，按照本意见精神制定具体办法	语力强度高，使地方政府和相关部门高度重视

资料来源：作者自制。

总之，从基本功能上看，《意见》具有明确意义、指明方向、指导行动的作用；从言语行为的角度看，在以言表意、以言施事、以言取效等方面都

---

① 莫启扬、段芸：《言语行为语力的认知语言学研究》，《外语研究》2012年第3期。

体现出清晰的政治意志；从精神实质上看，体现出非常明显的建构逻辑。这种建构逻辑不仅体现在文件标题中的"建设"二字，还体现在关于重大意义、指导思想、基本原则、总体目标、具体路径、组织领导等的阐述方面，具有鲜明的目标导向的理性行为的特点，作为具体路径的"构建中国特色新型智库发展新格局"则更是集中地体现了这种"建设"逻辑。

二、教育行政部门有力推进

在我国的政策结构下，国家层面的决策作为政治性决策，属于"元政策"，即主要是在宏观层面指出目标、方向、原则和路径等，并作出整体部署安排。而具体的实施，则通过职能部门和地方政府出台的政策来实现。《意见》对此也专门提及，即"各地区各有关部门要结合实际，按照本意见精神制定具体办法"。实际上，这也充分体现了作为党政机关公文种类的"意见"的特点，即突出指导性，而不是执行性，其中并没有详细具体的执行要求，包括对高校智库建设部分的阐述也是如此。《意见》针对高校智库发展方面的表述为："发挥高校学科齐全、人才密集和对外交流广泛的优势，深入实施中国特色新型高校智库建设推进计划，推动高校智力服务能力整体提升。"

由于高校智库建设主要属于教育部的职能范围，且在中国特色新型智库建设中，高校数量多、研究人员多、学术实力强，并且具有多学科的优势，因此是中国特色新型智库建设的重点所在，为此，相对于其他系统，教育部的反应更为迅速，甚至远远早于《意见》出台之前就作出了相关部署。实际上，2011 年召开的党的十七届六中全会，即提出要"建设一批具有专业知识的思想库"，习近平总书记在 2012 年中央经济工作会议上指出，要健全决策咨询机制，建设高质量智库。这说明建设新型智库已经提上议事日程，并已经形成充分的政策共识，这个共识充分体现在后来出台的《意见》之中。因此，在 2013 年 4 月习近平总书记就中国特色新型智库建设作出专门批示后，5月，时任国务院副总理刘延东在北京主持召开"繁荣发展高校哲学社会科学，推动中国特色新型智库建设"座谈会，提出高校作为我国哲学社会科学事业的生力军和各学科人才聚集的高地，是建设中国特色新型智库的重要力量，要以服务决策为导向，以提升能力为核心，以改革创新为动力，以哲学社会科学繁荣发展为依托，努力打造一批在国内外具有重要影响的高端智库。

在上述背景下，2014年2月，教育部正式印发《中国特色新型高校智库建设推进计划》（以下简称《计划》），明确了新型高校智库的建设目标是"服务国家发展"，其主要功能包括战略研究、政策建言、人才培养、舆论引导、公共外交。《计划》要求以2011协同创新中心和人文社会科学重点研究基地建设为抓手，培养高校智库队伍，打造高校智库品牌，为党和政府科学决策提供高水平智力支持。《计划》对中国特色新型高校智库建设的主攻方向、机构建设、队伍建设、报送渠道与发布平台、组织管理、保障机制等方面作了全面部署。从文本来看，《计划》具有明显的"行动"取向，标题中的"推进"也非常准确地体现了政府主管部门的角色。

值得一提的是，该文件出台前教育部进行了深入调研，经过将近一年时间的修改完善，并征求多方意见。教育部社会科学司负责人就《计划》举行答记者问时，认为一方面高校具有建设高水平智库的天然优势，但另一方面高校智库建设还明显滞后，进而针对高校智库发展的制约因素，提出从源头上解决科学研究与决策需求脱节的问题等设想。① 从总体来看，《计划》的内容考虑较为周全，充分体现了教育部对该问题的重视程度，从出台的过程来看，则体现了教育部所持有的积极而又审慎的态度。

---

① 《发挥高校优势 打造新型智库——教育部社会科学司负责人就〈中国特色新型高校智库建设推进计划〉答记者问》，2014年3月7日，见 http://www.moe.gov.cn/jyb_xwfb/s271/201403/t20140307_165002.html。

三、地方政府积极响应

在教育部出台了实施方案，以及此后国家层面的纲领性文件发布后，除了入选国家高端智库建设计划的高校智库外，高校智库建设政策的执行和落地主要取决于地方政府，即使对于教育部直属高校也是如此，尤其是考虑到各个地方的差异性，包括高等教育资源分布以及对高校智库建设需求的不同，两个文件都给地方留出了较大的自主空间，并未提出明确具体的，特别是指标化的执行要求。《意见》中要求"各地区各有关部门要结合实际，按照本意见精神制定具体办法"，《计划》也要求各地"结合实际认真贯彻执行"。

在国家层面的政治动员以及教育行政部门的推动下，地方政府对于高校智库建设普遍持积极的态度，其中一个原因是，除了来自国家层面的需要，地方治理水平的提升，尤其是决策咨询对发展高校智库存在一定的需求。与中央层面有诸多其他类型的智库，尤其是众多的事业单位型综合性智库不同，在地方层面，事业单位型智库总体规模及影响较小，因而在中国特色新型智库建设中，高校智库建设是地方政府的重要抓手。正如研究者所言，如果说在中央层面的国家高端智库建设中，高校还不是主力部队，那么在省区市层面的重点智库建设中，高校可以称之为名副其实的主力军，在各类智库建设中保持着数量上的优势。[①]

地方政府层面的行动者主要是省级人民政府及其教育行政部门，其纷纷根据本地区的情况推动高校智库建设，上海、天津、湖南、浙江、广东、福建、安徽、江苏、辽宁、陕西、甘肃、吉林、宁夏、河南、江西、云南、贵州等地都推出了高校智库建设方案，尽管各地的情况不尽相同，启动的时间上有差异，具体做法也并不完全一致，比如大多数地方政府出台了明确的高

---

① 李刚：《关于进一步加强高校新型智库建设若干问题的思考》，《江苏高教》2019 年第 10 期。

校智库建设计划，对遴选和拟培育的智库进行立项建设，并给予资助，建设力度较大；有的地方则是以在社会科学规划项目中单列研究项目的形式进行建设，其力度较小。在服务目标上，一方面强调为国家服务，尤其是高水平大学比较集中的地区；另一方面，重视为地方政府决策服务。一些省市专门设置了推动新型智库建设的机构，统筹负责包括高校智库在内的新型智库建设工作，如四川省设立了省委智库办公室，并建立了四川省新型智库发展促进中心，福建省成立了新型智库建设工作领导小组，并设立办公室负责日常工作。

在省级政府中，上海的高校智库建设具有重视程度高、发展起步早、资助力度大、具体举措全、建设内容实的特点。可以说，上海的高校智库建设代表了地方政府高校智库建设的最大力度。主要原因是上海的高等教育资源集中，高水平大学较多，且一直重视高校的咨政功能建设。上海高校智库建设的举措包括：（1）完善管理体制。构建四级领导协调机制，具体为：市级智库领导小组—市教卫工作党委、市教委专门管理机构（哲学社会科学规划办公室）—同城协同管理机构（上海高校智库研究和管理中心）—校内智库管理体系。（2）加强制度建设。从 2013 年开始，上海市教委陆续出台诸多文件，对上海高校智库建设的目标、任务、举措、保障、考核、评估等方面进行全方位的制度设计。比如为进一步激发高校智库研究人员的积极性，2014 年 10 月，上海市教委制定了《关于推进上海高等学校科学研究分类评价的指导意见》，积极探索建立包括研究报告、咨询报告在内的科研成果多元化评价体系，完善科研人员的分类考核体系，激励智库研究者产出更多优秀成果。（3）重视机构建设。通过遴选并资助高校智库及培育智库，以固定投入的方式进行资助。2013 年初，上海市教委启动第一轮"上海高校智库"建设，确定立项建设 13 个高校智库、5 个培育智库。2019 年，上海市教委立项资助 22 家高校智库；同年，上海市委宣传部启动了重点智库遴选申报工作，按照"成熟一个，发展一个"的原则，选择一批具有专业优势、研究特长、品牌特色的新型智库作为上海市重点智库或重点培育智库加以扶持，全市共54家智库提交有效申报材料，最终15家研究机构入选，① 其中高校智库7家。② （4）实施专项计划。在对原有智库进行固定性投入的基础上，上海市教委还推出了"高校智库内涵建设计划"，面向全市有一定决策咨询研究基础的机构开放申请。2017年，该计划资助战略研究项目86项、核心数据库项目10项、系列品牌产品项目52项。（5）强化信息报送。例如，上海市委办公厅在市教卫工作党委设立了信息直报点，高校智库成果信息可以直报中央，形成智库成果报送"直通车"。（6）完善成果推介平台。整合全市高校智库的论坛、论文、出版物、权威研究报告并统一发布，依托上海高校智库研究和管理中心编辑《观点快报》《智库建设专报》，编辑出版《全球思想版图》，每年举办"中国大学智库论坛"等，传播智库研究成果，增强上海高校智库在相关领域话语权。③

总之，尽管《意见》和《计划》对各地高校智库建设并未作出明确的目标性要求，各地对于高校智库建设的力度和做法也不尽相同，但从各地的开展情况来看，地方政府是高校智库建设的积极推进者。

四、高校积极参与建设

在高校智库建设中，高校处于自上而下的科层体系的末端，但却是关键行动者，其参与热情非常之高。在各省智库建设以及高校智库建设计划推出之后，高校表现出很高的积极性。例如，2013年3月上海市启动的首批"上

---

① 上海市发展改革研究院：《市发展改革研究院入选上海市首批重点智库》，2020年6月19日，见 https://sghservices.shobserver.com/html/baijiahao/2020/06/19/209593.html。

② 中国（上海）自由贸易试验区协同创新中心：《协同创新中心成功入选首批上海市重点智库》，2020年6月16日，见 https://cicftz.sufe.edu.cn/0a/16/c4474a133654/page.htm。

③ 上海市教育委员会：《上海高校智库建设情况》，2017年7月11日，见 http://www.moe.gov.cn/jyb_xwfb/xw_zt/moe_357/jyzt_2017nztzl/2017_zt03/2017_zt03_shh/17zt03_yw/201707/t20170711_309103.html。

海高校智库"申报工作，尽管最终只正式立项建设了 15 个高校智库，但全市 26 所高校共申报了 149 个智库建设项目，吸引了几乎所有的本科院校参与，且成功立项和申报数量的比例仅为 10%，竞争之激烈在类似的研究基地申报中可谓前所未有。

高校对于参与高校智库建设可谓不遗余力，尤其是对于高水平的研究型大学而言，一些高校采取了诸多措施，甚至"举全校之力"，提升以高校整体为智库品牌的影响力。[①] 这些措施包括：成立领导和管理机构；成立和培育相关研究机构，尤其是跨学科的研究机构；出台智库研究成果认定和奖励方面的文件；积极对接地方相关部门，畅通成果报送渠道；重视与媒体的沟通，强化成果发布力度；等等。

应该看到的是，不同高校的具体情况及发展理念不同，具体做法不尽一致，在实际建设力度方面也是如此，传统综合性大学力度最大，文科类高校次之，传统理工类高校力度较小。在这方面，综合性研究型大学的力度尤为突出，如华东师范大学，形成了上海市高校智库、教育部智库型重点研究基地、学校重点培育智库等 38 家智库单位组成的智库方阵，每年投入智库建设的经费超过 1000 万元。[②]

从高校智库建设的过程可以看出，与一些国外大学的智库功能主要是自发形成的不同，我国高校的智库功能虽然也是一个逐渐发展的过程，但高校智库却是自上而下建构的结果，而不是大学"自为"的产物。正如研究者所言，高校智库由"国家到学校"的时空维度和制度生成方式呈现出一种鲜明的自上而下的政治逻辑。[③]

---

① 朱旭峰、韩万渠：《中国特色新型高校智库的兴起、困境与探索——以中国人民大学智库建设为例》，《高等教育评论》2015 年第 1 期。

② 华东师范大学：《华东师范大学加强中国特色新型智库建设》，2019 年 10 月 23 日，见 http://www.moe.gov.cn/jyb_xwfb/s6192/s133/s169/201910/t20191023_404910.html。

③ 陈丽：《论我国高校智库建设的三重逻辑》，《高教探索》2016 年第 3 期。

第二节　高校智库的发展机制与特征

高校智库建设虽然体现出自上而下的特点，但并非通过传统计划经济体制下那样直接指定具体研究机构的"单位制"形式，而是充分引入了竞争机制，因而这种发展机制更为复杂，在一定程度上呈现出政府管理中普遍施行的"项目制"的特点。实际上，这也体现了21世纪以来高等教育管理体制改革的普遍趋势。

一、高校智库的发展机制

（一）政府发挥引导推动作用

在我国政策知识的供给中，政府的作用一直非常突出，当其认为政策知识供给不足或质量不及预期的时候，就采取措施增加供给，或改革政策知识的生产。但这并不意味着政府直接安排政策知识的生产，而是通过各种途径发挥引导推动作用，在高校智库建设中尤其如此。除了自上而下的政治动员，政府的引导推动作用首先体现为制订相关的计划，《计划》明显地体现了这种作用，从而为高校智库建设明确愿景、指明方向、阐述原则、规定手段、明确路径。其次，还体现为授予基地，如将具体的研究机构命名为"高校智库"或"培育智库"，在新的高等教育管理体制下，各级政府授予的基地也是高校积极争取的目标。再次，体现为资金支持。在高等教育财政拨款增长缓慢，甚至日渐紧张的情况下，高校智库建设经费对于高校有着较强的吸引力，因而也是政府施加影响的有效手段。"提供资金是政府为驾驭高等教育系统和院校可用的最强有力的手段。"① 所以，政府通过给予高校智库物质、精神与信息等方面的权益，引导和支持高校智库在学术研究过程中按照

---

① 　[荷兰] 弗兰斯·F. 范富格特：《国际高等教育政策比较研究》，王承绪等译，浙江教育出版社 2001 年版，第 422 页。

政府预期的方向发展，从而在高校智库的发展中居于主导地位。①

（二）充分引入竞争机制

20 世纪 90 年代以来，全球范围内出现了治道变革的浪潮，即在公共部门引入市场机制，以提高绩效。同时，在不能或不宜直接市场化的部门，如教育、医疗、社会保障等，则引入"准市场"机制——竞争，这是新公共管理的核心所在。在高等教育中，由于其公共产品或准公共产品属性，一般认为不能完全市场化，因而新的管理理念是通过引入竞争机制，从而创造"院校市场"，其具体做法是在资源分配等方面实行更多的竞争，在院校之间是如此，甚至在院校内部也是如此。因此，有研究者认为，由于在高等教育中缺乏有效的市场机制，为了提高效率，"通过国家诱导竞争而产生的替代市场成为新公共管理(NPM) 的核心要素"②。实际上，作为高校智库建设的重要行动者的地方政府之间也是如此，在政绩竞争锦标赛体制下，地方政府之间也在一定程度上存在发展高校智库方面的竞争，这也是促使地方政府在高校智库建设中投入资源的动因之一。

在地方层面，高校智库建设中的竞争机制体现为：首先，纳入高校智库建设的机构并非通过内部指定，而是通过公开遴选的方式，只要具备一定条件的高校、学科都可以申报，且设置的门槛相对低，这样有利于吸引较多的参与者，各类高校的积极参与也充分说明了这一点。其次，入选的高校智库并非永久性的，而是有具体的建设期限，期满后政府主管部门会组织各类检查、验收、评估，根据结果实行动态调整，这种机制使得所有入选的高校智库都面临不同程度的竞争压力，若在智库建设方面投入不足，会面临"出局"的风险，对未能入选的研究机构而言，意味着只要不

---

①　任强：《学术与政治：大学智库与政府的互动逻辑》，《教育评论》2015 年第 9 期。

②　［德］米歇儿·列申斯基：《德国高等教育中的财政和绩效导向预算：竞争激发效率》，《北京大学教育评论》2008 年第 1 期。

放弃，就存在入选的机会，尤其是在政府对入选名额存在扩容可能的情况下。再次，一些地方政府在高校智库建设中还采取分层次的做法，除了区分正式入选和培育类智库，有的地方对正式入选的智库还进一步划分等级，如上海市将立项建设的高校智库分为一类、二类，此后还进行了市级重点智库的遴选与建设，这种等级划分实际上进一步强化了竞争。最后，在资源配置方面，尤其是在经费投入方面，有的地方政府并非设置统一的额度，而是根据智库建设的效果进行差别化对待，这样强化了同等级高校智库之间的竞争。

所以，在这种新的发展管理机制下，高校智库处于无处不在的竞争环境中，在客观上形成了"地位恐慌"，政府则在此过程中获得了比传统管理体制下更为主动的地位。这在一定程度上反映了当代高等教育管理体制改革的趋势，也是21世纪以来政府治理逻辑变革的缩影。

（三）具有明确的绩效导向

绩效导向是新公共管理的基本特点，即从传统行政模式的重视"投入"到重视"产出"，从重视"过程"到重视"结果"。高校智库建设具有非常突出的绩效导向，政府对高校智库的检查、验收、评估都以绩效为中心。再以上海为例，《关于加强上海高校新型智库建设的指导意见》提出，加强智库建设的绩效管理，研究制定智库建设的绩效评价体系，完善以贡献和质量为导向的绩效评估办法。由于高校智库所生产的政策知识产品及其运用的复杂性，客观上很难对其实际效果进行衡量。在这种情况下，政府对高校智库的评价主要是基于产出绩效，即根据高校智库的功能建设，尤其是对政策知识产品的产出及其传播情况进行评价，如对高校智库的中期检查指标中，实际性绩效的权重为60%，主要内容包括政策影响力、社会影响力、国际影响力等。评价的重点则是围绕智库的核心职能，即决策咨询产品，包括决策咨询报告（尤其是受邀提交）、专报提交数量和获得采纳或批示情况、接受政府部门咨询或参与重要文件起草等。① 其中的"重中之重"是提交专报和获得批示数，从各个地方对高校智库评价的指标体系来看，这部分的赋值最高，且赋值根据获得批示的级别，即国家级、省部级、厅局级依次递减。例如，在某省的高校智库评估指标体系中，决策影响力的权重为40%，其中作为二级指标的领导批示部分则按批示领导的级别从高到低依次赋分。因此，总体来看，为了使这种评价更加精确、"科学"，且方便进行横向比较，普遍性地借助定量化的指标体系来实施。

实际上，对高校智库的评价不仅来自政府，在普遍性的竞争文化的影响下，社会上各种智库排名、报告应运而生，其依据则无外乎是各种可以获取的、能够量化的指标，包括决策影响力、学术影响力、媒体影响力等。与高校排名的功能类似，这种排名和报告造就了一个智库领域的声誉市场，对以"声誉最大化"为重要价值取向的高校来说，无疑是非常看重的，并且，这种基于绩效指标的评价结果，在客观上会对智库发展资源的配置产生一定影响，这也是高校智库重视各种排名的重要原因，一般高校智库以进入各种名录为荣，即使高水平高校智库乃至入选国家高端智库的高校智库，也在对外宣传时引用相关机构的排名结果。

（四）卓有成效的实施推进

高校智库建设是各种不同层级、类型主体的行动逻辑共同作用的产物。对教育部来说，由于高校智库建设是中国特色新型智库建设的重点所在，推进高校智库建设是其基本职责，同时，在中国特色新型智库建设成为国家战略的背景下，推进高校智库建设是一项重要的政治任务。除了教育部外，关键行动者包括地方政府、高校，在高校内部除了学校层级，还包括学院学科、学者个人，他们的行动是高校智库建设的最直接的动力来源。在对各类

---

① 上海市教委：《关于开展上海高校智库中期检查的通知》，2016年9月21日，见 https://edu.sh.gov.cn/xxgk2_zdgz_xxkxyj_02/20201015/v2-0015-gw_412032016003.html。

行动者的影响中，固然有政治认同、责任感、使命感等主观方面的因素，然而内在动力无疑是其中的关键因素。"人类奋斗所争取的一切，都与他们的利益有关。"① 在高校智库建设中，内在积极性的调动是推动实施的关键因素。

对地方政府来说，根据国家层面的政治动员及部署安排推进高校智库建设是其主要职责所在。尽管从文本来看，《意见》和《计划》并未对地方层面的实施提出具体要求，而是结合具体情况贯彻执行，但这并不意味着对地方政府没有约束力。在科层体制下，在高校智库建设中若能取得突出成绩，属于显示度高的成果，会成为地方政府的"政绩"；反之，若推行不力，则可能处于相对不利的地位。

高校的积极参与行为在一定程度上也是新时代推进国家治理体系和治理能力现代化背景下，自身改革与发展的内在需要。首先，在中国特色新型智库建设上升为国家战略的情况下，开展智库建设成了高校理所当然的政治任务，高校的积极参与本身也是一种政治态度，尤其是对高校领导而言，会影响到上级对自身的评价与考核。其次，高校之间也存在竞争关系，包括不同高校领导之间的政绩竞争，高校智库建设无疑属于显示度高的政绩指标。再次，高校智库属于重要的研究平台，是高校社会科学研究基地的重要组成部分，且相对于此前其他类型的基地项目，高校智库建设往往意味着相关的课题、资源以及更为便捷的服务决策咨询的渠道，对提升学校社会科学研究水平和影响力非常重要，且这些基地的设置情况往往与各类评估挂钩，如在最新一轮的学科评估中就有体现。这样，在学科竞争日趋激烈的情况下，对于高校的优势学科而言，要在任何一项评估指标要素中都不落后，必然要争取在高校智库建设中有所作为。最后，地方政府对于高校智库建设有一定的经费投入，这对高校无疑也是比较重要的。因此，在利益

---

① 《马克思恩格斯全集》第一卷，人民出版社 1956 年版，第 82 页。

动员结构下，高校对中国特色新型智库建设的回应最为热烈。① 有研究者认为，大部分高校往往把新型智库建设和以往的"重点学科""学位授予权""重大项目""人才项目"一样看待，新型智库建设呈现出项目驱动、资源驱动、品牌驱动等特点。② 实际上，这不能归咎于认识不到位，而是高校在一定制度环境下的理性行为。

高校教师是高校智库建设过程中最微观、最直接的行动者。有研究者在考察高等教育领域项目制的实施逻辑时认为，尽管贯穿这一过程的行动者众多，但最底端的个体行为表现及其行动结果的集合，才是政策效应的最终具象化形态。③ 对于普通高校教师而言，从事智库研究并非基本职责所在，因而如何调动其参与的积极性最为关键。对于这一问题，作为"指挥棒"的学术评价及其相应的激励机制无疑是最为重要的手段。由于在高校的学术评价中，一般是以传统的学术性成果为中心，因而不利于高校智库建设，为此，《计划》提出改进科研评价，"牢固树立质量第一的评价导向，实施科学合理的分类评价标准，把解决国家重大需求的实际贡献作为核心标准，完善以贡献和质量为导向的绩效评估办法"，地方政府出台的政策文件也将改革评价机制作为推进高校智库建设的重要举措，一些纵向课题的管理办法甚至将国家级领导批示增列为直接结题的条件。但要真正调动高校教师从事智库研究的积极性，还必须依靠高校层面推出具体的管理文件。在这个背景下，一些高校纷纷推出智库研究成果的评价和激励机制，特别是将智库类研究成果直接对标学术类成果。

所以，尽管高校智库建设过程中不同类型主体的行动逻辑不尽相同，但

---

① 林辉煌、邓淑宜：《利益动员结构与中国高校智库的兴起》，《经济社会体制比较》2016年第 6 期。

② 李刚：《关于进一步加强高校新型智库建设若干问题的思考》，《江苏高教》2019 年第10 期。

③ 阎光才：《政策情境、组织行动逻辑与个人行为选择——四十年来项目制的政策效应与高校组织变迁》，《高等教育研究》2019 年第 7 期。

把高校自身高质量发展作为激励因素所起的作用非常重要，尤其对于基层的行动者而言。有研究者认为，近年来高校智库之所以风起云涌，是由于在"中国特色新型智库建设"的执行过程中各关键行为者的积极性均被动员起来并达到了一种平衡，只要有政治或政策上的需求，权力主体可以迅速推进各项工作实施，并以此为基础引导所有改革议程的发展。[1]

总之，从高校智库的发展机制来看，其既不是传统的科层式，也不是纯粹的市场驱动式，而是在科层治理的框架内引入了"市场竞争"的逻辑，并辅之以有效的激励机制，在这个特定的制度框架内，各级行动者的积极性被充分调动，进而推动了高校智库建设的迅速开展。

二、高校智库发展的基本特征

加强中国特色新型智库建设是公共事务复杂性的不断强化，以及推进国家治理现代化的紧迫愿望共同作用的产物，政治系统对于智库的功能有着比较高的期待，因而推动智库建设的决心比较强，在自上而下的动员机制的作用下，一度出现了智库建设的"热潮"。高校智库建设更是如此，这使得高校智库的发展呈现出以下明显特点。

（一）智库数量快速增长

高校智库的生成并非适应市场需要的渐进发展过程，而是来自高层的重视和高位推动，即在国家领导人多次批示并持续关注后，通过党中央的会议确定为政治任务并上升为国家战略，之后通过广泛的宣传和思想、利益动员，由自上而下的科层体系推进，因而出现了高校智库建设的"热潮"。由于是在较短时间内通过自上而下的方式实现的快速发展，所以带有较为明显

---

[1] 林辉煌、邓淑宜：《利益动员结构与中国高校智库的兴起》，《经济社会体制比较》2016年第 6 期。

的"运动化"特点，据统计，90%以上的研究型大学智库成立时间少于10年。[1]
给外界的普遍感受是大量的高校智库在较短的时间内如雨后春笋般出现。这
种短时期内的快速发展充分体现了我国高等教育发展的特点，即由于政府在
其中发挥关键作用，当政府重视某一方面工作的时候，往往会推动该领域的
迅速发展，因而政府的政策是高校智库发展的直接动力。

（二）重视实体机构建设

高校智库建设存在采取何种组织形式的问题，尤其是"名"与"实"的
问题。对此，教育部在《计划》中明确，"建立形式多样、结构合理的高校
智库组织形式"，包括以学者为核心的高端智库人才和咨政研究团队、以机
构建设为重点的新型智库机构等。但在具体的实践中，由于相关的动员机制
以及考核评价机制等因素的影响，高校智库建设存在明显的"重建制、重实
体"倾向，尤其非常看重机构及其相关制度建设。例如，在上海高校智库建
设中期检查指标中，三个一级指标均突出"实"，包括实体化建设、实质性
运行、实际性成效，其中排在首位的实体化建设则包括学校的政策以及资金
支持、专职管理团队和研究团队等二级指标。[2]再如教育部语言文字信息管
理司印发的《语言文字智库测评指标体系（试行）》的五个一级指标中，前
面两个指标，即"条件""治理"都充分体现了对建制化、实体化的重视。"条
件"中包括研究人员、行政人员、领军人才、经费支持、财务独立、经费规
模、办公场地；"治理"中包括中心章程或中长期发展规划、年度工作计划、
内部管理制度等。[3]

---

①　王洋：《我国研究型大学智库建设现状研究》，硕士学位论文，大连理工大学，2019年，
第16页。

②　上海市教委：《关于开展上海高校智库中期检查的通知》，2016年9月21日，见http://
edu.sh.gov.cn/xxgk2_zdgz_xxkxyj_02/20201015/v2-0015-gw_412032016003.html。

③　《教育部语言文字信息管理司关于印发〈语言文字智库测评指标体系（试行）〉的通知》，
2019年12月10日，见http://www.moe.gov.cn/s78/A19/tongzhi/201912/t20191224_413251.html。

这种"重实体"现象的根源在于，高校智库建设主要是通过自上而下的行政逻辑，其非常看重短期内取得有"显示度"的成果，导致的一个结果就是重视"有形"的机构建设，进而积极创造条件设立实体研究机构，没有达到条件的则以"培育"的方式推进，这种做法也是"积极"执行上级政策的体现。在这个背景下，尽管各界对于什么是智库、如何定位智库、怎么发展智库等基础性问题尚没有厘清，但都乐于将自身贴上"智库"的标签，甚至出现了"一哄而上做智库"的趋势。① 在中央和地方教育行政部门的推动下，高校管理层也热衷于挂牌成立各类智库，并将此作为政绩，尽管这些机构本身条件有限，有的甚至缺乏明确的发展思路。

这种现象可以称为机构建设先于功能实现，即在智库的功能未能充分发展起来的情况下，先成立机构，然后在机构的基础上充实其功能，这实际上也是"建设"逻辑，而非"演化"逻辑的体现。因此，有研究者将中西方智库形成的差异性作了形象的比较，认为西方智库的发展过程就像种树，是在适宜的环境下"生长"起来，更多的是一个"内生"的自然过程；我国智库的发展过程则像盖楼，更多的是一个外部塑造的过程。"盖楼"虽然更快一些，但若简单地以指标要求短时间内实现数量上的增加，就容易出现"急躁冒进"式的行动偏离。② 因而，这种状况导致的一个结果是急功近利地重视机构建设，而对需要耗费时日的功能建设重视不够。有些高校往往积极对待高校智库的名额争取，而消极对待内容建设。③

（三）指标导向较为明显

在智库建设热潮的背景下，为满足社会对各类智库进行评价的需要，在

---

① 韩方明：《中国智库发展不能大跃进》，《决策探索》2017年第6期。

② 秦惠民、解水青：《我国高校智库建设相关问题及对策研究》，《中国高校科技》2014年第4期。

③ 李刚：《关于进一步加强高校新型智库建设若干问题的思考》，《江苏高教》2019年第10期。

国外智库排名文化，尤其是在美国宾夕法尼亚大学的"智库与公民社会项目"（Think Tanks and Civil Societies Program）推出的《全球智库报告》（*Global Go To Think Tank Index Report*）的影响和示范作用下，国内相关机构也推出了各类智库名录和智库排名。这些名录尤其是排名，在相当大的程度上以各类量化指标为基础。另外，相关主管部门也依赖这些指标对智库进行评价和管理，引导智库建设的过程，如上海高校智库建设的头两年几乎是围绕着考核指标逐项展开。[1] 其结果是这些指标在高校智库建设中发挥着"指挥棒"的作用，并影响高校智库的行为倾向，如由于各类排名都将获得批示数量作为重要的评价指标，这在实践中导致了"批示即政策影响力之根本"的"唯批示论"。[2]

（四）功利倾向比较突出

在高校智库建设具体实施过程中，各级主体，特别是微观主体积极性的调动一定程度地存在利益诱导的倾向，而非主要基于职责与使命。对于高校来说，更多是基于利益诉求，而非基于自身的使命认知。他们主要目的是拥有新型智库品牌，成为国家新型智库建设资源的"收割机"，不断获取新型智库建设的相关研究项目。[3] 对于高校教师来说，从事智库研究主要基于绩效动机，而不是出于学者的使命以及对于公共利益的追求。这种动机也必然对其从事智库研究的行为选择产生影响，包括智库研究成果的形式、内容，乃至其中的价值取向等。这种情况使得一些高校智库发展具有较明显的功利主义倾向，甚至导致高校智库"理性失范"，即过于追求知识产出的数量以

---

[1] 杨沐、邓淑宜：《"智库热"与政策思想市场》，《智库理论与实践》2016 年第 5 期。

[2] 王传奇、李刚、丁炫凯：《智库政策影响力评价中的"唯批示论"迷思：基于政策过程理论视角的研究》，《图书与情报》2019 年第 3 期。

[3] 李刚：《关于进一步加强高校新型智库建设若干问题的思考》，《江苏高教》2019 年第 10 期。

及外在功用，而遗忘了高校智库的本质功能与内在要求。①

第三节　高校智库的功能问题

在我国，服务国家和社会的需要是高校知识生产合法性的基础，也是高校社会科学研究的基本出发点。高校智库建设更是以此为重心，在政治动员、政策出台、制度配套、资源投入等方面的力度前所未有。一度有较为普遍的观点认为，中国智库正迎来历史上最好的发展时期，可以说是"智库的春天"，② 高校智库也是如此。但从实际情况来看，在高校智库建设如火如荼地开展的背景下，尽管取得了一些成就，但在服务政府决策等方面仍然存在较为明显的不足。

一、决策咨询类产品利用率不高

我国社会科学研究一直存在成果"转化难"的问题，成果数量不断增多，但产出绩效不高。开展高校智库建设以来，这一问题仍然存在。

从整个高校系统政策取向研究的发展来看，由于政府的重视以及资源的投入，在高校人文社会科学研究的各类成果中，研究与咨询报告数量实现了快速增长，远远高于传统的著作和学术论文的增速，如 2013—2021 年，著作、学术论文数量分别增长了 9.6%、17.8%，而提交有关部门的研究与咨询报告数量增长了 473.1%，其中被采纳数量增长了 432.9%。但被采纳的比例有所下降，2013 年为 53.5%，2020 年为 46.2%，2021 年为 49.0%。这说明决策咨询类知识产品的数量快速增长，高校人文社会科学研究的政策取向在显著增强，但成果的利用率稍有下降。

---

① 张宏宝：《从"规模扩张"到"内涵提升"：高校智库知识供给范式转型》，《教育发展研究》2017 年第 3 期。

② 《李成：一流智库如何运作》，2016 年 4 月 18 日，见 http://www.ccg.org.cn/archives/28778。

表 2-2　历年高校人文社科研究发展成果情况

年份	著作（部）	学术论文（篇）	研究与咨询报告（份）	
			提交有关部门数	其中：被采纳数
2009	27021	312807	5679	3347
2010	26230	318038	6464	3545
2011	26382	323153	8166	4562
2012	26700	320638	8878	4407
2013	26373	318544	9486	5074
2014	27522	322274	10659	5138
2015	—	—	—	—
2016	15328	349720	14810	6696
2017	17584	350769	17749	8613
2018	30109	363712	22086	9474
2019	29712	364015	25805	11539
2020	29230	373614	33689	15559
2021	28893	375093	44874	21967

资料来源：作者汇总整理。

社会科学研究服务决策咨询的另一种方式是提交内参，这被认为是更加直接的服务方式，其中得到批示的情况一般也被认为能更好地反映政策知识的利用情况。尽管批示并不意味着政策知识真正发挥了作用，但是，由于知识运用过程的高度复杂性，一般情况下很难有准确而清晰的判断标准，因而，领导批示被认为是反映知识运用情况的关键指标，也是政府评估及社会上的智库评价所采用的核心指标。由于关于内参的生产和批示情况缺乏权威而全面的统计数据，所以无法得知其总体增长情况。但基于已有数据的比较发现，2016—2017 年，各类内参数量将近翻了一番，但批示数量仍与 2015年基本持平，不断增加的报送数量导致 2017 年内参批示报送率（18.95%）创历史新低，这还不包括大量被行政决策部门工作人员前期筛选剔除的未作为内参报送的研究成果。[1] 有研究者因此认为："如雪片一样飞向北京的内参

---

[1]　王传奇、李刚、丁炫凯：《智库政策影响力评价中的"唯批示论"迷思：基于政策过程理论视角的研究》，《图书与情报》2019 年第 3 期。

其实大多数是没有必要的。"[1] 其中高校智库由于数量众多且发展迅速，势必构成内参数量增长的主要推动力，批示率的下降意味着供给与需求在数量上的进一步背离，绝大部分的内参无法获得批示，往往意味着其不能发挥任何作用，对高校而言，这是学术资源的浪费。

因此，从上述两个指标来看，开展高校智库建设以来，高校生产的决策咨询类产品数量上升迅速，但其使用效率问题较为突出，尤其是对于直接服务决策咨询类的产品而言。

二、智库成果适用性相对不足

决策咨询产品的适用性是高校智库服务政府决策的关键问题，这也是政策知识运用中的核心问题，这个问题一直存在，且并未随着高校智库建设的进行而有效改善。

与其他类型的政策知识生产机构相比，高校的决策咨询类成果被采纳的比例较低，尤其是明显低于党政部门等其他类型智库。有统计数据显示，就所报送内参的获批示数与报送总数的比例而言，高校智库为 0.205，不到党政部门智库 0.431 的一半，也远不及社科院智库的 0.393 和党校行政学院智库的 0.357。[2] 另一项统计则表明高校智库获得肯定性批示方面与党政部门等其他类型智库的差别更大，数据显示，党政部门智库、社科院智库、党校行政学院智库、社会智库、高校智库、传媒智库报送内参的肯定性批示率依次递减，高校智库虽然由于数量众多，在报送总数上遥遥领先，但获得肯定性批示的比率仅为 20.8%，不及党政部门智库的三分之一（见表 2-3）。这说明高校智库决策咨询产品的适用性远远低于体制内智库。

---

[1] 李刚等主编：《CTTI 智库报告（2018）》，南京大学出版社 2019 年版，第 7 页。

[2] 王传奇、李刚、丁炫凯：《智库政策影响力评价中的"唯批示论"迷思：基于政策过程理论视角的研究》，《图书与情报》2019 年第 3 期。

表 2-3　各类智库内参获得肯定性批示情况

智库类型	肯定	否定	圈阅	（空白）	总计	肯定性批示率（%）
党政部门智库	171	—	—	69	240	71.3
社科院智库	73	1		78	152	48.0
党校行政学院智库	56	—		169	225	24.9
社会智库	32	2	1	96	131	24.5
高校智库	148	—	12	935	1195	20.8
传媒智库				8	8	0

资料来源：黄松菲：《中国智库内参研究——以中国智库索引（CTTI）为参考》，硕士学位论文，南京大学，2017年。

在开展高校智库建设之初，官方的一般性观点是认为高校智库"不了解一线情况"，提出的政策建议"针对性、实效性不强"。这也是各界的普遍评价，如《2015 中国智库年度发展报告》认为，高校智库的产品缺乏政策匹配度，咨政产品与政策制定者的需求有很大差距。高校智库尽管提交的决策咨询产品数量较多，且不断增加，但是，"高质量的、具有真知灼见的研究成果不多，每年提交的咨询报告对重大决策产生影响还不理想"[①]。在高校智库建设开展数年之后，这一情况并未有根本改观，总体来看，相对于其他类型的政策知识生产机构而言，高校智库决策咨询产品的适用性问题仍然非常突出。

三、参与决策咨询程度有限

相对于前述研究与咨询报告和内参，以诸如专家论证会、决策咨询会以及承担决策咨询课题等形式，参与各级政府的公共决策是智库发挥作用的常规形式，也是更为直接的途径，但总体来看，高校智库在这方面的实际参与程度较低，且有比较严重的形式化参与、象征性参与甚至工具性参与现象。

在决策咨询中，政府机构往往更加倚重行政体制内部的专家，来自高

---

① 《发挥高校优势 打造新型智库——教育部社会科学司负责人就〈中国特色新型高校智库建设推进计划〉答记者问》，2014 年 3 月 7 日，见 http://www.moe.gov.cn/jyb_xwfb/s271/201403/t20140307_165002.html。

校的专家则明显处于弱势地位。例如，一项较早的基于天津市政府 344 名局处级领导干部的问卷调查表明，在各类重大决策事项对于专家的选择倾向时，本机构内政策研究部门专家、事业单位研究机构专家、高校专家、民间咨询机构专家的占比分别为 37.9%、29.7%、20.4%、12.0%，其中，针对"时间紧迫的重大决策"这一比例分别为 85.8%、19.5%、4.9%、3.8%。①

近年来，随着对于行政决策过程的专家参与相关的制度性文件不断出台，专家的作用总体来看有所加强，但行政机构外部专家的参与仍存在较为突出的形式化现象，实际参与程度往往非常有限。以地处改革开放前沿阵地，并较早地推进了行政决策体制改革的某市为例，该市建立了作为决策咨询机构和专家参与平台的专家库，共有专家 117 人，参与决策咨询的主要方式为承担课题研究、提交内参报告和参加咨询座谈会等。但在为期 5 年的聘期内，以上述任何一种及以上方式参与政策制定的专家仅为 54 人，占比约46.2%，相当比例的专家在聘期内处于"休眠"状态，这在一定程度上使咨询专家变成了简单挂名，甚至成为荣誉性的头衔，因此也就无所谓决策影响力的发挥。② 这种状况也必然导致高校智库专家的作用难以得到真正实现。

所以，总体来看，正如有研究报告认为，"智库全面参与公共决策的体制机制仍不健全，参与决策咨询缺乏制度性安排，服务决策咨询的作用未能有效发挥"③。高校智库尤其如此，对于高校智库的专家而言，尽管相关制度建设在不断推进，但是在参与公共决策并有效发挥作用方面并没有非常明显的改善。

---

① 朱旭峰：《专家决策咨询在中国地方政府中的实践：对天津市政府 344 名局处级领导干部的问卷分析》，《中国科技论坛》2008 年第 10 期。

② 费久浩：《专家的决策影响力：评价体系、现实状态与优化路径——基于 G 市政府决策咨询专家库的分析》，《智库理论与实践》2022 年第 2 期。

③ 《2015 中国智库年度发展报告：智库的立足点仍在于研究》，2016 年 1 月 25 日，见http://www.china.com.cn/opinion/think/2016-01/25/content_37654116_3.htm。

四、高校智库产品创新性不足

在中国特色新型智库系统中，不同类型智库的功能定位不尽相同。高校是传统的从事学术研究的场所，尤其以理论研究见长，因此，相对于其他类型的政策研究机构而言，对高校智库的期待不仅限于提供决策咨询成果，还有原创性政策思想的生产，即为各种对策类研究提供思想来源，这也是高校智库服务决策咨询的一种间接的，但却是重要的方式，同时被认为是高校智库较为独特的功能。

但是从目前情况来看，高校智库在这方面发挥的作用有限。在世界正经历百年未有之大变局的背景下，高校的学者专家较少提出具有创新性、引导性的政策理念，为最高决策者以及各类对策研究提供思想启迪。大部分高校智库局限于对政府决策作进一步阐释，完全由高校智库独立提出的新概念、新战略很少，这被认为是当前高校智库需要解决的一个根本性问题。[①] 有高校负责人认为，"当前高校智库产品的思想力尚显不足，很多智库成果流于表面"[②]，这与各界的期待有一定的差距，"在巨量的财政投入之后，想象中百花齐放、异说竞起的局面并没有出现"[③]。高校智库热衷于直接服务政策咨询的知识生产，并在一定程度上导致与其他类型智库，尤其是体制内政策研究机构在功能上的趋同，自身的比较优势没有得到发挥。有研究者甚至认为，高校智库花费大量人力、物力，将主要精力过多地放在内参的研制上，却忽略了自身在思想性贡献、理论创新方面的能力禀赋，导致了学术资源的极大浪费。[④]

---

① 邱均平、董西露：《高校智库建设的困境与策略》，《重庆大学学报（社会科学版）》2017年第4期。

② 靳诺：《中国高校智库建设取得了巨大成绩，也面临系列挑战》，《中国教育报》2019年12月2日。

③ 郦菁：《政策研究困境与价值缺失的中国社会科学》，《文化纵横》2016年第2期。

④ 王传奇、李刚、丁炫凯：《智库政策影响力评价中的"唯批示论"迷思：基于政策过程理论视角的研究》，《图书与情报》2019年第3期。

五、高校智库整体影响力不强

高校智库的数量在我国智库系统中占据明显优势地位，且开展中国特色新型智库建设以来，由于地方政府和相关高校的积极响应，高校智库数量一直保持较快增长的势头，在智库总量中所占的比例不断上升。例如，从2018 年 CTTI 来源智库数据的分析来看，高校智库总数为 441 家，占各类智库总量的 62%。[①] 根据上海社会科学院智库研究中心数据库的统计数据，截至 2021 年，我国高校智库共计 419 家，在全部智库中占比 42.7%，其中省级重点智库及培育智库 209 家，占比 57.1%。[②] 从这两项统计数据来看，高校智库远远多于其他类型的智库，可以说在数量上居于绝对优势地位。

但与数量优势形成鲜明对比的是，高校智库总体水平参差不齐，甚至鱼龙混杂，有的高校智库有名无实。且在智库建设的背景下，智库数量的快速发展导致我国智库原本就存在的"散、弱、小"问题进一步加剧。[③] 这种情况在高校智库领域尤为突出。例如，截至 2020 年 4 月，清华大学仅公共管理学院就有校级科研机构 22 家，占全校校级智库的 1/5；国家治理与全球治理研究院首批纳入的 34 家校级智库中，公共管理学院就有 11 家，占 1/3。[④] 从这个数据可以看出此前校内"智库林立"的状况。北京大学也存在类似的情况，各类智库机构不少，存在研究力量和资源比较分散，各自为政、多头组织、课题重复等现象。[⑤]

同时，高校智库的总体建设水平不高，在国内外具有显著影响力的高

---

① 李刚等主编：《CTTI 智库报告（2018）》，南京大学出版社 2019 年版，第 39—40 页。

② 上海社会科学院智库研究中心：《中国智库报告（2020—2021）：迈向高质量发展新阶段》，2021 年。

③ 李刚等主编：《CTTI 智库报告（2018）》，南京大学出版社 2019 年版，第 4 页。

④ 本刊编辑部：《加强中国特色新型智库建设 讲好中国故事——中国公共管理高端讲坛第六讲会议综述》，《公共管理评论》2020 年第 2 期。

⑤ 邱水平：《深入贯彻习近平新时代中国特色社会主义思想 推进高校新型智库建设》，《光明日报》2020 年 2 月 3 日。

校智库数量非常有限。从国际来看，根据美国宾夕法尼亚大学"智库与公民社会项目"研究编写的《全球智库报告 2020》，在世界"大学附属智库"（University-affiliated Think Tank）排名中，我国仅有 4 家高校智库进入前50。从国内来看，根据上海社会科学院智库研究中心发布的《2018 年中国智库报告》，在我国综合影响力排名前 50 的智库中，属于普通高校的仅有12 所（党校和军事院校除外），其中位列前 10 的仅有 1 所；入围决策影响力前 20 名的仅有 1 所（第 19 名）。为此，有研究者认为，高校智库的超常规发展，实质上是一种以数量为核心的"规模扩张型"知识供给范式，内涵建设层面的一些问题被长期忽略和掩盖，大量的所谓高校智库实质上并没有形成影响力。[1] 高校智库的建设水平与外界的期待有一定的差距。从不同类型政策研究机构的比较来看，较为普遍的观点是认为高校智库的影响力明显低于体制内智库，其作用亦未得到充分发挥。对部分高水平高校智库的现状调查也表明，高校智库发展存在规模较小、机构分散、高质量研究成果较少、影响力偏弱、缺少国际话语权的问题。[2] 有观点甚至认为，高校智库是智力资源的"富矿区"，却在智库功能上成为"休眠区"。[3]

综上所述，在高校智库建设的背景下，尽管高校智库在政策知识产出及机构建设方面取得了显著进展，但在功能实现方面存在明显不足。较为普遍的观点认为，高校智库发展存在一定程度的"功能困境"。究其原因，是对于现代智库的知识储备相对不足制约了对智库规律的把握。[4] 实际上，在中国特色新型智库建设启动之初，有学者就提出在全社会智库"热"之际，必

---

① 张宏宝：《从"规模扩张"到"内涵提升"：高校智库知识供给范式转型》，《教育发展研究》2017 年第 3 期。

② 汤红娟：《中国特色新型高校智库发展现状调查》，中国社会科学出版社 2021 年版，第33 页。

③ 汪锋：《我国高校智库参与决策咨询的制度设计研究》，武汉大学出版社 2019 年版，第178 页。

④ 李刚：《关于进一步加强高校新型智库建设若干问题的思考》，《江苏高教》2019 年第10 期。

须对影响智库发展的最基本问题进行"冷"思考,避免由于认识上的误区而影响智库的健康发展。① 对高校智库建设而言更是如此,如何科学认识和发挥高校的智库功能,是高校智库建设中的关键问题。正如金耀基所言:"如何善用,或如何防止误用大学应该是任何社会国家第一等的大事。"② 为此,有必要对高校智库功能及其背后的决定因素进行深入考察。

① 薛澜:《智库热的冷思考:破解中国特色智库发展之道》,《中国行政管理》2014 年第 5 期。

② 金耀基:《大学之理念》,生活·读书·新知三联书店 2001 年版,自序第 1 页。

第三章 知识体制：考察智库功能的有效视角

在高校智库建设的背景下，高校智库研究有一个较为突出的现象，就是脱离政策制定这一政策知识"需求方"的基本特点以及政策知识供给的整体情况，局限于从作为政策知识"供给方"之一的高校智库研究如何加强自身功能建设，研究视角具有明显的狭隘性。之所以存在这种现象，固然与高校智库研究的学科视角紧密相关，更重要的则是由于传统的智库研究在理论方面的欠缺，即在考察智库的功能问题时缺乏整体的视角，对政策知识生产系统及其决定因素关注不足。① 在此背景下，知识体制理论（Knowledge Regime Theory）的出现弥补了这种不足。

第一节 知识体制理论提出的背景

当今世界，由于经济全球化等因素的影响，公共事务的复杂性不断增强，因而政策知识在公共治理中发挥着越来越重要的作用，各国也越来越重视政策知识的生产，全球性的智库发展浪潮也是这个背景下的产物。然而，政策知识是如何生产的？国家之间的差异如何？这种差异背后的决定因素是什么？

---

① 姜尔林：《行政主导政策制定背景下高校智库的功能困境及其超越》，《高等教育研究》2022 年第 4 期。

这些问题无疑有着非常重要的意义，知识体制理论正是在回应上述问题时应运而生的。

知识体制理论的提出者是美国达特茅斯学院的约翰·坎贝尔和丹麦哥本哈根商学院的奥夫·彼得森，二人均从事比较政治经济学及制度分析领域的研究。他们发现尽管比较政治经济学认识到知识体制生产的政策思想被运用于政策制定，进而作用到一个国家生产体制的组织和运行，并最终影响到经济绩效，但只是对"政策思想最初得以生产的组织与制度机制给予了极少的关注"[1]，认为比较政治经济学"错误地忽视了知识体制的重要作用"[2]；而在与此相关的其他领域中，涉及政策思想的研究较多地聚焦于政策知识影响政策制定的条件，对于政策知识如何生产则较少关注；在智库研究领域，则主要集中于对私人机构的研究，对其他类型的政策研究机构涉及不多，且研究对象主要聚焦于美国和英国的智库，有的虽然采用跨国比较的视角，但并未从结构与功能的角度对知识体制进行考察。

坎贝尔与彼得森准确地发现了相关学术领域对该问题研究的不足。第二次世界大战结束后，随着社会科学研究成果广泛运用于公共政策，政策制定中的知识问题引起了学术界的广泛兴趣，并对之开展了大量的研究，但研究重心主要聚焦于社会科学知识的作用，特别是如何促进政策制定过程中的知识运用，从国家层面考察政策知识生产的组织及运行，尤其是通过跨国比较方式进行的研究数量非常有限。其中最具代表性的是德国学者彼得·瓦格纳与赫尔默特·沃尔曼进行的比较研究，他们发现各国政策取向的社会科学知识的生产和组织体系呈现出"迥然不同"的面貌，并从不同的"政策风格"

---

① Campbell, J. L., & Pedersen, O. K., "Policy Ideas, Knowledge Regimes and Comparative Political Economy", *Socio Economic Review*, Vol.12, No.4(2015), pp.679–701.

② Campbell, J. L., & Pedersen, O. K., *The National Origins of Policy Ideas: Knowledge Regimes in the United States, France, Germany and Denmark.* ,Princeton: Princeton University Press, 2014, p.8.

和"行政风格"两个方面对之加以解释，前者包括政治领域历史上形成的相关稳定的标准程序，后者表示以制度上的安排和政治行为传统为基础的行政机构的特点。① 该研究与上述主题最为接近，也极具启发性，但不足之处在于对不同国家特点的描述与解释都过于简单，且没有涉及类型学划分，因而对问题的分析不够深入。

智库研究兴起后，尽管有的研究从机构层面涉及政策知识的生产问题，但从国家层面，特别是通过国际比较研究这一问题的较少。从已有的代表性研究来看，智库研究领域的知名学者斯通和合作者分别概述了不同国家智库系统发展及其参与政策过程的情况，并分析了国家之间的差异性。② 在进一步的研究中，斯通及合作者还对各国智库在经济自由化以及民主化过程中的作用进行国际比较。③ 麦甘等人则尝试用统一的分析框架考察不同国家的相关制度环境对智库发展的影响。④ 这些研究虽然具有一定的启发性，但除了研究主题方面的差异，还存在明显的局限：一方面，受研究传统的影响，智库主要被界定为非政府机构，研究对象未能将所有类型的政策知识生产机构涵盖在内，且研究大多局限于机构层面，没有从一国政策知识生产系统考察其整体结构和功能；另一方面，在进行国际比较时，主要以国别研究为基础，且由于研究对象的狭隘性，没有在比较的基础上对政策知识生产系统进行以国家为分析单位的分类，在解释国家之间的差异性时所运用的分析框架亦不够简洁有力。这也成为困扰比较研究的关键问题，"智库

① ［德］彼得·瓦格纳、［德］赫尔默特·沃尔曼：《从事政策研究和咨询的社会科学家：几个方面的跨国比较》，载中国社会科学杂志社编：《社会科学与公共政策》，社会科学文献出版社 2000 年版，第 223—250 页。

② Stone, D., Denham, A., & Garnett, M. (eds.), *Think Tanks across Nations*, Manchester: Manchester University Press,1998.

③ Stone, D., & Denham, A. (eds)., *Think Tank Traditions: Policy Research and the Politics of Ideas*. Manchester: Manchester University Press, 2004.

④ McGann, J. G., & Erik, C. J., *Comparative Think Tanks, Politics and Public Policy*. Cheltenham and Northampton: Edward Elgar Publishing, 2006.

研究的学术界至今尚未成功地开发出受到广泛接受的用于比较研究的概念和类型学"①。

在上述背景下，由于已有的研究范式未能针对国家之间政策知识生产的差异性及其根源这一重要问题做出有效回答，这在客观上为新理论范式的产生提供了空间。

第二节　知识体制理论的研究聚焦、分析框架与相关命题

知识体制理论是从比较政治经济学的视角，通过国际比较以及对制度变化的动态考察，分析国家之间政策知识生产的组织与运行方面的差异，以及这种差异背后的决定因素。

一、研究聚焦：政策知识生产的国家起源

为深入考察国家之间政策知识生产方面的差异，坎贝尔与彼得森在比较政治经济学的政治体制和经济体制这两个基本范畴的基础上，对知识体制这一概念进行了充分阐释，并将其界定为"生产和传播政策思想的行动者、组织和制度的集合"②。与已有的研究主要聚焦于政策思想如何影响政策制定，以及政策效果如何反馈到政策制定体制和生产体制不同，知识体制理论关注的是一国最基本的制度特征，即政策制定体制和生产体制如何影响知识体制，以及知识体制如何影响政策思想（图3-1中的实线部分）。简单来说，其研究主题是"政策制定和生产体制对知识体制，以及知识体制对其产生思

①　Hart, P., & Vromen, A., "A New Era for Think Tanks in Public Policy? International Trends, Australian Realities", *Australian Journal of Public Administration*, Vol.67, No.2(2008), pp.135–148.

②　Campbell, J. L., & Pedersen, O. K., "Knowledge Regimes and Comparative Political Economy", in *Ideas and Politics in Social Science Research*, Béland, D., & Cox, R. H. (eds.), New York: Oxford University Press.,2011,p.167.

想的初始的国家性独特因果效应"①。

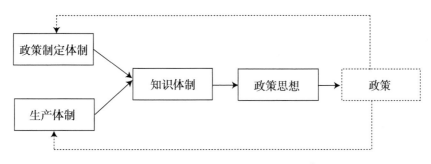

图 3-1　国家知识体制结构及其影响②

二、分析框架：基于制度结构的类型学

坎贝尔与彼得森根据政治体制和经济体制的核心内容，即政策制定体制及生产体制中最为经典的二分法，包括决策体制的分权/集权、开放/封闭，以及生产体制的自由市场经济/协调型市场经济，将知识体制分为四个基本类型，即市场导向型、政治温和型、共识导向型、国家统制—技术官僚型，并将美国、英国、德国、法国分别作为上述四种类型的代表，归纳出每个类型所对应国家知识体制的基本特征。他们认为，由于政治经济体制的不同，政策知识生产体制的组成、结构和生产过程方面的特征也不相同（见表 3-1）。

①　Campbell, J. L., & Pedersen, O. K., *The National Origins of Policy Ideas: Knowledge Regimes in the United States, France, Germany and Denmark.*, Princeton: Princeton University Press, 2014, p.17.

②　Campbell, J. L., & Pedersen, O. K., *The National Origins of Policy Ideas: Knowledge Regimes in the United States, France, Germany and Denmark*, Princeton: Princeton University Press, 2014, p.18.

表 3-1　知识体制类型学

决策体制	自由市场经济	协调市场经济
分权化、开放	市场导向型知识体制（美国） 公民社会领域的大型、私人资助的研究机构 学术与倡导型研究机构主导 高度多样性、党派性以及竞争性的知识生产过程	共识导向型知识体制（德国） 公民社会领域温和的、公共的研究机构 学术、国家与党派研究机构保持平衡 共识导向的、相对无党派性的知识生产过程
集权化、封闭	政治温和型知识体制（英国） 小型的、公共或私人资助的公民社会研究机构 学术性、倡导性与国家研究机构保持平衡 适度多样性、党派性以及竞争性的知识生产过程	国家统制—技术官僚型知识体制（法国） 大型的、公共资助的研究机构 学术型与国家研究机构主导 技术性的、无党派性的知识生产过程

资料来源：Campbell,J.L., &Pedersen, O.K.,"Knowledge Regimes and Comparative Political Economy", in *Ideas and Politics in Social Science Research*, Béland,D.&Cox, R.H.(eds.), New York:Oxford University Press, 2011, p.186.

（一）市场导向型知识体制（market-oriented knowledge regime）

在政策制定体制方面，美国在权力结构上是高度分权化的，这主要由于其联邦制结构以及立法和行政机构之间的分权；存在两党之间"赢家通吃"的选举制度，候选人竞选经费主要来源于私人资金；从外部介入政策制定的节点多，政策过程开放程度高。美国的生产体制是典型的自由市场经济，政府对经济的干预少，商业协会在利益整合方面的作用有限，工会组织比较弱，社团主义甚至是闻所未闻。这决定了知识体制的特点是：研究机构数量多、不同研究机构形成碎片化的结构、私人研究机构作用突出、有竞争性的"思想市场"，这一知识体制最显著的特点就是"竞争"。

（二）政治温和型知识体制（politically tempered knowledge regime）

英国虽然两党之间也是"赢家通吃"，但与美国不同的是，掌握权力的政党同时控制着议会和政府，制定政策的权力主要在行政机构，后者拥有高度专业化、长期任职的公务员队伍，同时，政治权力集中于国家层面。在生产体制方面，政府对经济的规制较少，商业协会并非协调经济行为的中心，工会比美国组织程度高，但比多数欧洲大陆国家弱，因此市场和企业科层（corporate hierarchies）是经济治理的关键机制。这决定了知识体制的特点是：政府研究机构的能力较强、公民社会的研究机构比美国少、倡导型研究机构进入政策过程的节点较少，虽与美国一样有竞争性的"思想市场"，但相对温和。

（三）共识导向型知识体制（consensus-oriented knowledge regime）

德国政治上的联邦制结构及政府权力的有限性，导致并未充分形成专业性及长期任职的公务员队伍；选举制度实行比例代表制，以保障共识的建立。其生产体制则具有明显的社团主义特征，在制定政策时，政府和组织良好的工商、劳工组织协商谈判以达成共识，其中政府发挥协调作用。这决定了知识体制的特点是：直接提供内部专家知识和政策建议的国家研究机构很少，主导性的是学术型研究机构；非党派性研究机构长期由联邦和州政府资助；私人资助的研究机构存在的空间很小，影响力非常有限；国家高度重视政策知识的客观性、科学性，对政策研究机构而言，尤其是学术型机构来说，政策知识的质量至关重要。

（四）国家统制—技术官僚型知识体制（statist-technocratic knowledge regime）

在政治体制方面，法国有纪律严明的政党和实行比例代表制的选举系统，通常会组建联合政府；政策制定的权威在相当大的程度上由中央政府掌握，行政部门对于立法机构具有支配性地位，政策制定过程封闭性强；有长期任职并受过良好训练的公务员队伍，政策制定的技术性强。在生产体制方面，政府拥有很强的干预经济的能力，而不受工会、商业界的影响，在关键领域国有企业的作用较为突出。这决定了知识体制的特点是：国家研究机构居于主导地位、准公共的研究机构发挥一定作用但规模较小、倡导型研究机构少、政策知识生产的技术属性强。

需要说明的是，这种分类是基于比较政治经济学基本概念的理想型划分，选择这四个国家作为代表是由于其接近相应的类型，因而便于展开经验层面的探讨，实际上每个国家的知识体制都是动态变化的，因而对于每种类型知识体制的具体特征不应做绝对、静态的理解。

三、相关命题：知识体制演变的制度规定性

知识体制并非一成不变的，但其演变的动力、过程和结果同样体现了政治和经济体制的决定性作用。坎贝尔和彼得森在《政策思想的国家起源：美国、法国、德国与丹麦的知识体制》一书中，主要聚焦于考察知识体制的演化机理，其主要观点可以概括为如下基本命题。

（一）命题 1：与政治经济体制之间的制度互补性不足导致知识体制的变革

知识体制从根本上决定于政治和经济体制，知识体制变革的动力来自后者所面临的外部挑战以及出现的内部变化。但是，由于知识体制本身的相对独立性等原因，其对于制度环境的变化并非亦步亦趋，也不是自动实现的，只有当人们认识到知识体制适应性不足并采取改革的行动时，这种变化才会发生。20 世纪 70 年代中期之后，随着西方资本主义国家经济发展"黄金时代"结束并陷入长期"滞涨"状态，人们认为知识体制无法提供有效的政策知识解决面临的经济社会问题，进而导致了思想危机（crisis of ideas）。但在不同国家，危机的症结是不同的，美国是政党之间意识形态的对立，法国则源自国家机构对政策思想的过度主导，德国是政策制定中出现的政治意识形态分歧，丹麦是政党分化以及更趋意识形态化。这种危机导致知识体制和政治经济体制之间的制度互补性（institutional complementarity）崩溃。这种情况加之此后经济全球化所带来的政治经济体制的变化，导致了变革知识体制的努力，以重新促进知识体制与制度环境的互补性，主要做法包括建立全新的政策研究机构，或鼓励已有的研究机构以不同的方式运作等（变革的动力机制见图3-2）。"当人们开始认识到，他们的知识体制不再提供所需的分析和建议，无法理解新的政治—经济问题时，就会采取行动改变它们。"[1]

（二）命题 2：知识体制变革的内容与方式深受政治经济体制的影响

不同国家知识体制变革的内容显示出明显的差异，这同样源于各国的政治和经济体制，及其所决定的知识体制本身的特点，后者也是改革的出发点，同时，各国知识体制变革的过程也充满争斗、试验，且并不能确定会成功（变革内容详见图3-2）。此外，知识体制变革的方式也深受政治经济方面的体制特征及知识体制自身特点的影响。比如，美国的做法是发展更多的私人研究机构，施行更加进取好斗的策略，私人资金则在其中发挥了非常重要的作用，这充分体现了过去的特点；法国不仅设立新的国家研究机构，还实施"外部化"战略，向国家研究机构之外寻求新的政策思想来源，包括政府出资设立准公共研究机构和政党智库，但这种战略实际上也是国家主导的，体现了法国的传统；德国是改进研究机构之间的协调方式、强化对研究

---

[1]　Campbell, J. L., & Pedersen, O. K., *The National Origins of Policy Ideas: Knowledge Regimes in the United States, France, Germany and Denmark*, Princeton: Princeton University Press, 2014, p.25.

机构的认证，以及在政策思想来源方面向更多的准公共研究机构开放，这也是基于自身的传统；丹麦则是以研究机构之间协商与合作的方式，不断提升政策研究的科学性，而这也是其政治经济的关键特征所在。"简而言之，每个国家的变化体现了路径依赖——即知识体制是以政治经济的国家特点相一致的方式变化。"①

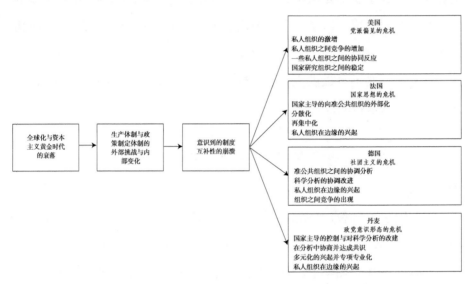

图3-2　美国、法国、德国、丹麦知识体制的主要变化

（三）命题3：全球化背景下知识体制的趋同受到政治经济体制的制约

与比较政治经济学强调国家特定制度特征及其导致的国家之间差异的持久性不同，一些组织理论及经济社会学方面的研究认为，某一领域的组织在施行变革时相互关注、相互影响会导致在结构和行为上的趋同，尤其是在面

---

①　Campbell, J. L., & Pedersen, O. K., *The National Origins of Policy Ideas: Knowledge Regimes in the United States, France, Germany and Denmark*, Princeton: Princeton University Press, 2014, p.223.

临不确定性的情况下，具体来说，这些导致趋同的机制包括规范、模仿、强制和竞争。在"黄金时代"结束和经济全球化的共同背景下，各国知识体制都处在变革中，其是否会导致趋同成为一个非常值得研究的问题。坎贝尔和彼得森研究发现，在20世纪80年代还很少有相同之处的各国知识体制的确存在明显的趋同现象，具体包括：类似的分析实践，即开展更为复杂的技术化研究，包括运用数据库、计量经济学的方法和预测模型；类似的传播手法，即越来越重视"战略营销"，通过互联网、新媒体，并以更简短的方式向政策制定者和公众传播政策研究产品；趋同现象还体现在倡导型研究机构模式的大量繁殖等方面。

　　然而，上述四个趋同机制在国家之间的作用并不是无差异的，不同国家趋同机制的组合情况并不相同，在一国知识体制内部的不同组成部分之间也是如此，而某个国家主导性的趋同机制通常反映了本国知识体制以及更广泛的政治经济体制的特点。比如在美国，不断激化的政治与意识形态方面的党派偏见，及其导致的私人倡导性组织的激增，趋同机制主要是竞争性模仿和政党资助者的强制；在法国，由于国家统制以及知识体制内部彼此孤立的结构，趋同机制的组合是国家强制、国际性模仿以及规范性学习；在德国，受政治经济体制和知识体制的协调特征影响，趋同机制是协调性规范与模仿性学习；在丹麦，受国家统制的影响以及知识体制中包容性的、共识导向的协商所决定，趋同机制是共识导向的规范性学习和国家强制。同时，即使在趋同机制启动后，其结果仍受到国家知识体制以及政治经济体制特点的制约，具体包括资源和制度两个方面，资源方面涉及为政策研究组织提供资金的来源、为私人政策研究组织提供资金的特殊税法，制度方面则包括社团主义和国家集权的遗产、政治制度对政策研究机构公开传播政策知识的限制、官僚机构的规则和程序对成立私人研究组织的限制等。所以，与一些组织理论等方面的研究所预期的不同，这些机制仅仅导致了趋同的"倾向"，而不是趋同的"结果"，即使存在趋同现象，在国家内部以及国家之间都是"非常不平衡和部分的"。① 因而，趋同理论的正确性只是部分地体现在趋势上，而不是在结果上。

趋同问题还存在于政策思想的内容方面，与部分研究者关于政策思想趋同的观点不同，坎贝尔和彼得森基于各国经济政策的考察发现，尽管发源于英美的新自由主义思想在世界范围内迅速扩散，但从各国经济顾问委员会性质的机构所提交政策建议报告的内容来看，并未出现国家之间政策思想范式在新自由主义原则上的趋同，实际情况则是，政策思想的范式及其变化都体现了国家的特点。比如，美国的政策建议报告中体现了党派性和意识形态性；法国体现了通过外部化策略培养新的政策思想的努力以及国家干预的传统；德国体现了协调与妥协，以及平衡自由主义学派与社会市场经济原则的倾向；丹麦的政策建议报告体现了植根于社会民主原则的知识体制的包容性共识导向的特点。由于这类机构离权力中心最近、对政策的影响力最强，且其成员基本由政府首脑任命，基于其政策建议报告内容的考察，能充分说明知识体制直接提交给政策制定者的政策思想的最原初决定因素。坎贝尔和彼得森认为各国之间的这种差异不仅取决于不同的政治与经济体制，知识体制具有相对独立性，也是重要的影响因素。知识体制的结构、与政策制定体制和生产体制的制度化联系，在向政策制定者提供政策思想时发挥"筛选机制"以及"过滤"功能。② 比如在德国，通过莱伯尼兹协会和联合经济报告的方式赋予特定研究机构在政策制定过程中更高的地位，并以此过滤明显具有党派性以及政治偏见的政策思想。

---

① Campbell, J. L., & Pedersen, O. K., *The National Origins of Policy Ideas: Knowledge Regimes in the United States, France, Germany and Denmark,* Princeton: Princeton University Press, 2014, p.327.

② Campbell, J. L., & Pedersen, O. K., *The National Origins of Policy Ideas: Knowledge Regimes in the United States, France, Germany and Denmark,* Princeton: Princeton University Press, 2014, p.320.

（四）命题 4：在政治经济体制多样性视角下并无所谓"最好的"知识体制

比较研究往往涉及对所比较对象的评价，在知识体制的比较中，哪种知识体制是最好的也是受到关注的问题。对此，坎贝尔和彼得森认为，这是难以回答的规范性问题，因为这取决于"最好"如何定义，每种知识体制都有其特定的优点和不足，更关键的是，因为知识体制是决定并适应于政治经济体制的，对于这一问题的回答还取决于哪种政治经济模式是最好的，而资本主义多样性学派（Varieties of Capitalism School）的观点是并没有组织资本主义的"最好"方式，从这个角度看，也没有组织知识体制的"最好"方式。比如，美国知识体制虽然促进了政策分析和政策建议的多样性，但来自私人政策研究机构，尤其是倡导型组织的政策思想过于政治意识形态化，对于理性的政策辩论几乎无用；法国知识体制进行变革的态度值得赞赏，但尽管政府努力从国家研究机构之外寻求新的政策思想来源，其知识体制仍太过封闭而不利于新思想的产生；德国知识体制较受推崇，其准公共政策研究机构通过与高校的紧密联系并参加认证，从而确保高质量的政策分析，同时政策制定者通过制度化的渠道从政府内外的研究机构输入充足而多样化的政策分析与建议；丹麦知识体制的优点是政策思想来源的广泛性、非意识形态化和专业化，以及政策研究机构之间通过合作以提升政策分析质量并达成共识，不足之处是培养经济学家的高校过少，造成分析经济政策问题时思维上的片面性。因此，总体来看，尽管不同国家之间知识体制的优点与缺点并不平衡，但他们仍强调并不存在"最好的"知识体制。[1]

综上所述，知识体制理论的核心观点是，政策知识生产的组织和运行是

---

[1]　Campbell, J. L., & Pedersen, O. K., *The National Origins of Policy Ideas: Knowledge Regimes in the United States, France, Germany and Denmark*, Princeton: Princeton University Press, 2014, p.330.

由国家最基本的特性，即政治体制和经济体制决定的。"我们的主要论点是，政策思想起源于国家，它们的产生方式在很大程度上是由国家特定的制度决定的。"①

第三节　知识体制理论对智库研究的意义

作为一种研究范式，智库研究兴起于美国，最初主要聚焦于对非政府、"独立性"政策分析组织的研究。20世纪90年代以来，智库研究逐渐成为热门研究领域并在全球化的背景下扩散到全世界。但受智库研究自身传统影响，其在研究旨趣、价值取向、理论预设等方面均带有明显的局限，随着其影响力的扩散，其内在缺陷也愈加明显，而知识体制理论则在一定程度上可以弥补这种不足。

一、克服了智库研究中的美国偏见

智库研究的一个重要倾向是将智库界定为私人研究机构，强调其对于政府的"独立性"以及私人资金来源，尽管这类研究机构的繁荣是美国特殊政治环境的产物，且逐渐地被研究者所意识到，但美国在学术领域的话语权使得这一倾向在智库研究中仍然非常明显。为此，艾贝尔森认为，由于大多数概念性工作和开创性研究都是在美国对民主的理解的基础上进行的，智库研究存在"偏见"。② 当研究对象扩展到美国之外时，就产生了概念的适用性问题，从而导致了智库研究中广泛而持久的争议，"美国对智库研究的偏见

---

① Campbell, J. L., & Pedersen, O. K., *The National Origins of Policy Ideas: Knowledge Regimes in the United States, France, Germany and Denmark,* Princeton: Princeton University Press, 2014, p.4.

② Abelson, D. E., "The Business of Ideas: The Think Tank Industry in the USA", in *Think Tank Traditions, Policy Research and the Politics of Ideas,* Stone, D. & Denham, A. (eds.), Manchester: Manchester University Press, 2004, pp.215–231.

构成了跨政治系统智库研究的挑战"①。这种偏见导致对政党研究机构和国家研究机构重视不足，甚至将之排除在外，而在许多国家它们是政策研究机构的重要组成部分，尤其国家研究机构。由于不同国家的非政府研究机构所占比例及其地位有着明显的差异，这种基于美国式界定标准所进行的国际比较存在明显的片面性，得出的结论也往往失之偏颇。与此不同的是，"知识体制"这一概念则涵盖了所有不同类型的政策研究机构，有效地克服了智库界定中的美国偏见。此外，智库研究主要聚焦于对特定类型机构及其影响力的研究，知识体制理论则从整个系统层面考察政策知识生产的组织、结构、运行和功能问题，为智库研究提供了更为开阔的视野和有效的概念工具。

二、通过类型学分析充分呈现了国家之间智库系统的多样性

在对智库的比较研究方面，虽然有研究者注意到国家之间的差异性问题，但主要是通过以国别研究为基础的方式考察，缺乏基于统一分析框架的全面比较，加上在智库界定方面的狭隘性，因而产生的影响有限，所造成的结果是人们对多样性认识不足。在美国的智库研究向全球扩散的背景下，对美国智库的过度关注则进一步遮蔽了客观世界政策知识生产系统的多样性。知识体制理论在深入系统比较的基础上对之科学地加以分类，并准确地概括出不同类型知识体制的基本特征，更加清晰、直观地呈现了智库系统的多样性。这种类型学研究非常具有启发性，受之影响，凯尔斯楚普阐述了西方智库存在的两个不同传统，即国家扮演关键角色的欧洲大陆传统和一个促进市场条件下公共政策互动的英美传统，并分析了其对欧洲智库发展的影响。②一些研究者将研究对象拓展到西方国家之外，如纳希亚潘等人基于这一理论

---

① Kelstrup, J. D., *The Politics of Think Tanks in Europe*, London and New York: Routledge, 2016, p.4.

② Kelstrup, J. D., *The Politics of Think Tanks in Europe*, London and New York: Routledge, 2016.

对东亚国家的智库系统进行考察，进而提出了与西方主流话语不同的智库发展的"东亚叙事"。① 这种努力将推进比较研究的深入发展，进一步丰富不同国家智库系统的多样性叙事。

三、通过国际比较有效阐释了政治经济体制对智库系统的决定性作用

随着智库研究的深入，越来越多的研究者注意到了国家的制度环境对智库发展的影响，如斯通在国际比较的基础上认为，"不同的制度和文化环境影响智库的行动模式，及其政策输入和产生影响的能力或机会"②。但由于缺乏类型学的划分作为支撑，且理论框架不够合理，智库研究中对制度环境决定作用的阐述不够清晰、充分。知识体制理论将整个政策知识生产体系涵盖在内，在区分不同知识体制基本特征的基础上，基于比较政治经济学的核心关注点，从政治、经济体制的角度考察知识体制的最初始影响因素，从而追溯到政策知识的"国家起源"，其解释框架不仅更为简洁，也更具说服力。因此，知识体制理论为考察国家之间智库系统的差异性以及动态演化提供了有效的分析框架。有研究者以此为基础，从制度环境的角度考察德国与美国智库在气候变化政策中作用的不同，并认为知识体制模型为系统地考察政策研究机构运作的背景提供了一个"合适的起点"。③ 凯尔斯楚普在从政治因素的角度对欧洲智库进行系统考察时充分结合了知识体制理论的见解。④ 还

---

① Nachiappan, K., Mendizabal, E. & Datta, A., *Think Tanks in East and Southeast Asia: Bringing Politics Back into the Picture,* London: Overseas Development Institute, 2010.

② Stone, D., "Introduction: Think Tanks, Policy Advice and Governance", in *Think Tank Traditions. Policy Research and the Politics of Ideas,* Stone, D., & Denham, A.(eds.), Manchester: Manchester University Press, 2004, p.5.

③ Ruser, A., *Climate Politics and the Impact of Think Tanks: Scientific Expertise in Germany and the US,* Cham: Springer, 2018, p.53.

④ Kelstrup, J. D., *The Politics of Think Tanks in Europe,* London and New York: Routledge, 2016.

有研究者基于这一理论视角，从政治经济体制变化所带来的影响，分别考察了从发展型国家到后发展型国家转变的韩国和日本知识体制的发展。① 纳希亚潘等人借助该分析框架对东亚智库的研究发现，该地区的智库有着与西方智库截然不同的特征，其根本原因是受到独特的权力政治和生产政治所决定，这说明简单地认为各国政治背景是相同的所谓正统假设是站不住脚的，因而需要"找回政治"；鉴于西方的智库概念长期占据主导地位并形成对其他地区智库性质和特征的遮蔽，提出"东亚智库"作为对西方智库所谓"正统叙事"的替代。②

四、预示了国家之间智库制度移植的限度

在全球化以及在此背景下的全球性智库发展浪潮下，美国智库的繁荣容易对其他国家产生示范效应，美国智库研究的话语权则会强化这一效应，使得美国智库成为其他国家效仿的对象，从而提出了智库发展实践中相关制度的可移植性问题。斯通曾经意识到这个问题，并基于制度环境决定作用的角度发出警告，以防止混淆"智库在世界范围内的蔓延"与政策建议的产生和传播方式的趋同。③ 有研究者更是直接指出，"美国智库的环境是独一无二的，如果不适应其他国家的文化和背景，就不能移植"。④ 由于研究聚焦的不同，坎贝尔和彼得森在著述中并未对这一主题进行专门探讨，但他们关于制度环

① Aymes, J. F. L., "Formation and Evolution of the Knowledge Regime and the Development Process in Korea", *Korean Studies*, 2004, pp.91–123 ; Maslow, S., "Knowledge Regimes in Post-Developmental States: Assessing the Role of Think Tanks in Japan's Policymaking Process", *Pacific Affairs*, Vol.91, No.1(2018), pp.95–117.

② Nachiappan, K., Mendizabal, E., & Datta. A., *Think Tanks in East and Southeast Asia: Bringing Politics Back into the Picture*, London: Overseas Development Institute ,2010.

③ Stone, D., "Introduction: Think Tanks, Policy Advice and Governance", in *Think Tank Traditions. Policy Research and the Politics of Ideas*, Stone, D., & Denham, A.(eds), Manchester: Manchester University Press, 2004, p.5.

④ Nicander, L., "The Role of Think Tanks in the U.S. Security Policy Environment", *International Journal of Intelligence and Counter Intelligence,* Vol.28, No.3(2015), pp.480–515.

境对于知识体制决定作用的充分阐述，以及对国家之间知识体制趋同问题的深入考察，从不同方面为这种论点提供了强有力的支撑，实际上已经对这一问题作出了回答，这也预示了国家之间智库制度移植的内在限度，对智库发展研究具有很强的启示作用。

总之，知识体制理论从比较政治经济学的视角，围绕国家政策知识生产的组织与运行所进行的开创性研究，在诸多方面可以有效克服智库研究的不足，也为智库研究提供了新的路径，有助于推进其深入发展。

第四节　知识体制理论对我国智库研究的启示

自中国特色新型智库建设之后，我国智库研究一度热度空前，但这一研究领域的兴起仍然带有中国社会科学建构中的"知识引进运动"以及"知识移植"的特点，即对西方的理论和观念未经分析和批判就视为理所当然，进而对中国的问题作出非彼即此的判断。[①] 我国智库研究在引进这一产生于美国独特制度环境的理论范式时缺乏充分的学术自觉，导致不少认识上的误区。在这种背景下，知识体制理论由于其研究视野更加开阔，理论上更具包容性，有助于克服我国智库研究存在的不足。

一、从更加宽泛的视角看待智库的内涵

受美国研究范式的影响，我国智库研究存在过分强调智库对于政府的独立性的倾向，这导致在界定智库的范畴时容易将党政军智库，包括政府部门内部研究机构排除在外，而这些是我国政策知识的主要来源，也是中国特色智库系统的重要组成部分。因而，这一倾向与界定标准明显不适合我国的基本国情，一方面，这会引起智库研究的狭隘化，导致对党政军智库重视不

---

① 参见邓正来：《中国社会科学的当下使命》，载邓正来、赫雨凡主编：《中国人文社会科学三十年：回顾与前瞻》，复旦大学出版社 2008 年版，第 3—14 页。

足；另一方面，由于其暗含的价值取向，还在智库是否应该保持对政府的所谓独立性的问题上引起不必要的争议。对我国智库研究来说，知识体制理论在界定政策研究组织时将包括部委内部政策研究机构在内的各种智库均涵盖在内，可以有效克服智库研究的狭隘性，并避免围绕智库界定标准及应然状态所产生的无谓争论。因而，对于与美国制度环境及智库形态存在较大差异的我国来说，知识体制理论的适用性特别强。正是在这个意义上，梅内加齐认为，知识体制这一创新性概念特别适用于中国智库领域，包括其对智库的定义不局限于独立的非国家行为者，而不排除与政府及其部门保持紧密联系的组织，避免了对智库属性的不必要争论等，因而这个概念在应用于中国时"被证明是合适的和非常有用的"。① 纳奇亚潘也认为此范式非常适用于对发展中国家和转型国家智库的研究，能够更好地考察作为不同于传统智库叙事的中国智库发展。② 此外，我国智库研究中也存在局限于具体机构层面，从而导致"只见树木，不见森林"的现象，这时，知识体制这一范畴使得智库研究可以从系统层面考察知识体制的全貌以及不同组成部分的相互关系，为更全面、深入地研究我国政策知识生产提供了非常适用的概念工具。

二、从多样性的角度把握我国智库系统的特色

长期以来，由于对世界范围内智库系统的多样性了解不足，导致认识我国智库时缺乏足够多的参照物，因而无法准确概括出其特色所在；加上对美国智库的过度关注及美国智库研究话语的影响，在我国与美国智库系统存在明显差异的情况下，对这种差异也不能正确地看待。其结果正如有研究者所言，由于在智库发展特色的研究中国际视野的缺失，导致中国智

---

① Menegazzi, S., *Rethinking Think Tanks in Contemporary China*, Cham: Springer, 2017, p.27.

② Nachiappan, K., "Think Tanks and The Knowledge–policy Nexus in China", *Policy and Society*, Vol. 32, No.3(2013), pp.255–265.

库研究时常陷入"身份迷失"的困境而自信不足。① 而知识体制理论的类型学划分，以及在此基础上的相关拓展研究，充分展示了不同国家智库系统的多样性，为更准确地辨析我国智库系统的特色提供了更为全面和明确的参照。

三、从制度背景的角度认识中国智库的基本特点

在我国的智库研究中，比较普遍地存在脱离制度环境"就智库论智库"的现象，将我国智库简单地与其他国家尤其是美国智库进行对比，得出的结论往往失之偏颇，如认为我国体制内研究机构太多、"独立性不足"等。有研究者认为这源于对西方智库研究的"路径依赖"，忽视了中国政治经济和历史文化的差异性对智库发展的影响，② 尤其是来自政治体制的影响，而抛开具体的政治情境来看政策研究的制度安排及政治影响，无异于"缘木求鱼"。③ 有研究者认为，如何运用比较政治经济学理论，从国际比较的视野分析中国政治、经济体制下中国智库发展的复杂性和特殊性，是中国特色新型智库研究的重要议题。④ 在这种情况下，知识体制理论不仅为国际比较提供了有效的分析框架，也为从制度环境的视角研究一国智库系统的组成、结构、运行及影响力提供了有效的理论视角，这有助于克服我国智库研究的上述不足。比如，纳希亚潘基于知识体制理论考察中国的政策—知识联结问题，认为官方和半官方智库在政策建议中发挥主要作用、智库影响力取决于与政府部门的行政联系等特征与集中化的政策体制紧密相关，这一制度背景决定了智库寻求影响力行动的有效性。⑤ 朱旭峰则认为，由于在政治嵌入型

---

① 朱旭峰：《构建中国特色新型智库研究的理论框架》，《中国行政管理》2014 年第 5 期。

② 朱旭峰：《构建中国特色新型智库研究的理论框架》，《中国行政管理》2014 年第 5 期。

③ 郦菁：《政策研究困境与价值缺失的中国社会科学》，《文化纵横》2016 年第 2 期。

④ 朱旭峰：《构建中国特色新型智库研究的理论框架》，《中国行政管理》2014 年第 5 期。

⑤ Nachiappan, K., "Think Tanks and the Knowledge–policy Nexus in China", *Policy and Society*, Vol.32, No.3(2013), pp.255–265.

知识体制中不存在成熟的"思想市场"，智库能够依靠其直接或间接的行政联系以及与决策者的个人网络来实现影响力，而不是依靠参与公开辩论。[①] 梅内加齐认为已有的关于中国智库的研究忽视了制度环境的变化，因而存在中央集权主义的偏见，因为市场化使得分散化治理成为智库系统的重要制度背景，在数量和功能上为智库发展提供了新的空间。[②] 因此，对于考察我国智库系统的具体特征，知识体制理论提供了非常有效的基于制度环境的分析视角。

四、立足中国国情研究智库建设的合理路径

少数研究者由于对我国智库系统特色及制度环境的决定作用认识不足，加上受到西方，尤其是美国智库研究的影响，导致在智库发展研究方面，有脱离制度环境盲目地照抄照搬美国经验的倾向，甚至"言必称美国"，将美国的一些做法简单地转换为对我国智库发展的政策建议，如强化"独立性"、市场化、重视营销、引入"旋转门"机制等。而知识体制理论关于制度环境决定作用的观点，则进一步提醒我们，在中美两国制度环境存在巨大差异的情况下，简单地移植美国智库制度的做法不仅行不通，而且是危险的。比如，被广泛认为是美国智库成功经验和效仿对象的"旋转门"机制，更多的是美国"赢家通吃"的政党制度的产物，在其他许多国家并不存在，如德国的制度环境就决定了并不存在这一美国式的政府和智库之间的人才流动机制。[③] 这一机制也未必适合中国的制度环境，有实证研究发现，在中国的政治嵌入型知识体制下，"旋转门"机制在增加智库影响力方面的作用微不足

---

① Zhu, X., "Think Tanks in Politically Embedded Knowledge Regimes: Does the 'Revolving Door' Matter in China?", *International Review of Administrative Sciences*, Vol.86,No.2(2020), pp.295–315.

② Menegazzi, S., *Rethinking Think Tanks in Contemporary China*, Cham: Springer,2017, p.163.

③ Braml, J., "US and German Think Tanks in Comparative Perspective", *German Policy Studies*, Vol.3, No.2(2006), pp.222–267.

道。① 为此，这些以西方智库尤其是美国智库为标杆，提出的中国智库发展的对策建议经常面临"水土不服"的局面。② 再如，一些研究者主张中国智库建设应该走"市场竞争"的道路，甚至认为体制内智库应该市场化，这也是明显忽视了我国政治经济体制的基本特点，若付诸实践则是非常有害的，"一旦将智库完全推向市场和社会，由市场和社会提供资金来源，智库很容易像美国发生的情景一样被强势利益集团所俘获，成为政策游说的工具"③。因此，在智库建设中，虽然需要借鉴和学习其他国家的做法，但必须以中国智库发展的真实需要和制度环境的适应性为前提。

综上所述，知识体制理论非常适合于对我国智库的研究，④ 通过这一理论，可以进一步深化对我国智库发展相关问题的考察，并为科学地推进中国特色新型智库建设提供智力支持。

---

① Zhu, X., "Think Tanks in Politically Embedded Knowledge Regimes: Does the 'Revolving Door' Matter in China? ", *International Review of Administrative Sciences*, Vol.86,No.2(2020),pp.295–315.

② 朱旭峰：《构建中国特色新型智库研究的理论框架》，《中国行政管理》2014 年第 5 期。

③ 郑永年等：《内部多元主义与中国新型智库建设》，东方出版社 2016 年版，第 52 页。

④ 姜尔林：《国家之间政策知识生产何以不同？——知识体制理论及其对我国智库研究的启示》，《东南学术》2023 年第 2 期。

第四章　我国政策制定体制的基本特征

作为政策知识生产机构，智库直接服务于政策制定的需要，政策制定对政策知识的需求对智库的功能产生直接影响。因此，研究高校智库的功能问题，必须首先从政策制定的基本特征，尤其是其体制特征出发。政策制定体制即政策制定过程中各种主体的权力分配及其运行机制的总称。需要说明的是，政策制定体制不同于决策体制，因为政策制定与决策是两个不同的概念，就两者的关系而言，决策是政策制定的关键环节，相当于政策制定中的"政策决策"（policy decision），相比决策而言，政策制定涉及主体更多、过程更为复杂。不同国家由于基本制度的不同，尤其是政治经济体制的差异，政策制定体制也不尽相同。我国的政策制定体制有着鲜明的特点。

第一节　使命型政党的全面领导

政策制定具有很强的政治属性，由于中国共产党在国家政治生活中的作用，在政策制定中党的领导作用非常突出，正如毛泽东同志所强调的，政策和策略是党的生命。因此在中国，必须理解中国共产党和党的领导体制才能真正理解公共政策的制定过程。[①] 党的领导包括政治、思想和组织领导，

[①]　柴宝勇、石春林：《党的领导体制下的政策制定模式及其特征：基于主体、结构和层级的视角》，《中国行政管理》2022 年第 2 期。

在政策制定过程中，党的领导作用主要体现在这三个方面。

一、为政策制定提供政治领导

党对政策制定的领导首先是政治领导，主要体现为党根据国家发展阶段面临的主要任务或重大问题，提出指导性、纲领性的政策主张，包括政策目标、指导思想、基本原则、基本路径等，这些基本属于元政策的范畴。元政策即第一政策，通常指一定时间跨度内的大政方针和价值取向，或者说"政策之政策"，涉及的主要问题是公共政策的指导思想、价值意蕴等。这类政策具有全局性、根本性，并具有较高的稳定性。作为具有根本性的领导力量和规范力量，元政策在整个政策过程中处于最稳定、最核心的地位。① 党在政策制定中的作用首先体现为"元政策"的提出者乃至制定者。

元政策产生的一个重要体现就是各类规划，包括综合性规划和单项规划，这些规划是数量众多的各类公共政策制定的基础和依据，尤其是国民经济和社会发展五年规划，从其形成过程来看，是党中央经过组织大量的调查研究，并充分听取各个方面的意见，以中共中央的名义形成关于制定国民经济和社会发展五年规划的建议，由国务院编制规划纲要（草案），提交全国人大讨论通过。而诸多重要的专项规划往往是由政治局审议通过，并以中共中央、国务院的名义发文。

党还通过"归口管理"直接领导重大政策的制定。归口管理起源于新中国成立初期的干部分类管理体制，在实践中范围不断拓展，并发展为通过各类"领导小组"得以实现。只要是中共中央认为较为重要的工作领域及相关事务，都会专门设置相应的"领导小组"来负责。② 就其实际运行情

---

① 柴宝勇、石春林：《党的领导体制下的政策制定模式及其特征：基于主体、结构和层级的视角》，《中国行政管理》2022 年第 2 期。

② 周望：《领导小组如何领导？——对中央领导小组的一项整体性分析》，《理论与改革》2015 年第 1 期。

况而言，领导小组实际上是一个包含各种特定性质、特有功能的机构在内的"集合体"，角色远远超过通常所说的"议事"和"协调"，① 其决策功能日渐突出。尤其是作为中央强化顶层设计而成立的中央全面深化改革领导小组（2018 年 3 月改为中央全面深化改革委员会），在会议上通过了大量的政策、规划、报告等，一系列深化改革的重大举措陆续出台，直指那些严重影响我国经济社会健康稳定发展的重大问题，对下一步的改革进行国家层面的顶层设计。② 因此，该领导小组的正式成立标志着归口领导体制发生了实质性变化，即党中央各个领导小组直接领导政府各个"口"的工作；这种以领导小组为标志的归口领导制度在党的十八大之后逐渐从"隐匿"走向"公开"，地方各级党委也对照中央层面设置了相应的小组；党的十九届三中全会通过的《深化党和国家机构改革方案》则进一步加强了"归口管理"制度。③ 根据中共中央 2018 年印发的《深化党和国家机构改革方案》和中共中央、国务院 2023 年印发的《党和国家机构改革方案》，为健全加强党的全面领导制度，加强党对相关领域工作的集中统一领导，部分领导小组改组为委员会，并按照领域组建若干新的委员会，地方层级亦按照要求推行相应的改革。"领导小组"向"委员会"的转变，意味着党在把方向、谋大局、定政策、促改革方面的功能进一步强化，确保党的领导全覆盖而且更加坚强有力，也意味着党对政策制定的政治领导功能的进一步加强。

二、为政策制定提供思想指导

政策制定是政策制定者发挥主观能动性，有意识、有目的地干预经济社会运行的活动，也是社会意识反作用于社会存在的过程。我国政策制定的典

①　周望：《超越议事协调：领导小组的运行逻辑及模式分化》，《中国行政管理》2018 年第 3 期。

②　杨龙、蒋欣然：《中国政策过程中的"双顶层"机制》，《南开学报（哲学社会科学版）》2018 年第 1 期。

③　王敏、冯秋婷：《党的全面领导：理论逻辑与实践机制》，《党政研究》2018 年第 6 期。

型特点是具有明确的、总体性的指导思想，具体的政策在一定程度上是将指导思想运用于应对特定公共问题的产物，因此指导思想可以被认为是政策的精神实质。这种指导思想既有稳定性的一面，如政策制定立场的人民性、方法论上的一切从实际出发、重视调查研究、"从群众中来、到群众中去"等；又有动态性的一面，即结合国内国际状况提出的各个阶段的工作重心、策略、原则与方法，如"以经济建设为中心""稳定压倒一切""摸着石头过河""不争论"等。作为我国改革开放的"总设计师"，邓小平同志在规划我国改革的宏观政策中，坚持从中国的实际出发，勇于探索创新，提出了一系列具有崭新特色的思想原则，从而为我国改革过程中的政策制定提供了重要的理论依据。[①] 且随着实践的发展，这种指导思想不断趋于体系化，内涵日渐丰富。有研究者认为，党中央治国理政的政策思想是一个逻辑严密、结构完整和价值鲜明的体系，体现出浓厚的中国特色、中国风格和中国气派。[②]

政策制定指导思想的体现形式有各种党的会议公报、决议、决定、意见等，也有领导人的正式讲话等。这些指导思想通过层层传达和学习，为不同层级和部门所充分消化吸收，并贯彻于政策制定的具体实践中。其对政策制定的作用是全面的，从政策制定的各个环节看，包括政策问题分析、政策议程提出、政策目标确立、政策方案选择等都受之影响，从政策制定的具体内容看，政策实施范围、政策推进方式、政策工具选择等，也都直接受到这种思想的指导。

三、为政策制定提供组织领导

党在我国的国家治理中居于领导核心地位，党对国家的领导作用是全面

[①] 邢国华：《改革中的政策制定原则——邓小平政策思想研究》，《求实》1992 年第 9 期。

[②] 陈振明：《党中央治国理政政策思想与中国特色政策科学理论构建》，《中国行政管理》2017 年第 2 期。

而系统的，对政府系统也是如此。① 因此，在考察我国行政系统的运行时，必须充分认识到党在其中所发挥的作用。党组织是深深嵌入行政组织之中的，这是我国行政体系的一个鲜明特点。其中一个重要体现就是在政府部门设置党组，功能不仅包括贯彻党的各项政策，还对本单位政策制定发挥领导作用，如党章规定，"党组发挥领导作用"，其任务包括"负责贯彻执行党的路线、方针、政策""做好干部管理工作""讨论和决定本单位的重大问题"等。从实践形态来看，国务院 26 个组成部门都设有党组（党委），在本单位发挥领导作用；公安部、国安部、司法部、应急管理部等设有政治部，负责本部门的思想政治工作和组织人事工作。② 党对政策制定的组织领导还体现在"党管干部"上，因为各级干部是政策制定的关键主体，通过对干部的培养、选拔、任用、考核，确保党的大政方针得到充分的贯彻实施，在具体的政策制定中也得到充分体现。各种规划的执行也是通过与党的干部考核制度相结合的方式得以实施的。③ 为此，白霖认为："任用干部——无论是高层、中层还是基层干部——或许是党最为明显的政治功能。"④ 这样，通过党的组织领导，使行政机构能真正做到"以人民为中心"。

受到在国家政治生活中的地位决定，党对政策制定的领导作用是全面的，从近年来的发展情况来看，这种领导作用有进一步强化的趋势。例如，2019 年 4 月国务院发布的《重大行政决策程序暂行条例》规定，重大行政决策必须坚持和加强党的全面领导，全面贯彻党的路线方针政策和决策部署，发挥党的领导核心作用，把党的领导贯彻到重大行政决策全过程。

---

① 景跃进、陈明明、肖滨：《当代中国政府与政治》，中国人民大学出版社 2016 年版，第 27 页。

② 祝灵君、张博：《人民政府论的建构——党领导政府体制的百年探索与启示》，《中国行政管理》2021 年第 7 期。

③ 韩博天、奥利佛·麦尔敦、石磊：《规划：中国政策过程的核心机制》，《开放时代》2013 年第 6 期。

④ White, L.T., *Local Causes of China's Intellectual, Legal and Government Reforms*, Armonk: Sharpe,1998, p.484.

第二节 行政机构作用突出

在党的全面领导的前提下，行政机构是政策制定的主要责任主体。一方面，行政机构的这种主体地位体现了现代社会发展的普遍趋势，即在公共事务不断增加、政府职能逐渐扩张的背景下，行政机构作为对经济社会领域相关事务负有直接管理责任的机构，或者说第一责任主体，对于具体的政策问题具有知识和信息方面的优势。这使得他们不仅负责政策执行，还越来越多地担负起了政策制定的任务。实际上，这也是现代社会行政权力扩张背景下各国的普遍趋势。因此，在较早关注到这一问题的阿普尔比看来，"公共行政就是制定政策"①。另一方面，行政机构在政策制定中的重要作用，在以"国家为中心"的政治体制中尤为突出。"以国家为中心的政权是以行政机关为中心的政权，而以行政机关为中心的政权是由官僚机构支配的。法国、日本、瑞典、巴西和墨西哥的政府之间不管有多大差别，在把行政管理机构作为官方活动中心这一点上是相同的。相对地不受立法部门或司法部门制约的官僚机构，负责起草法律，颁布条例，分配资金和指导政策制定。"② 例如，在法国，政策制定的权力很大程度上由中央政府掌握，行政部门对于立法机构具有"支配性地位"。③ 在发展型国家时期的日本，在发展战略中"强权政府被认为控制着政策进程所有入口"。④ 尽管 20 世纪 90

---

① Appleby, P. H., *Policy and Administration*, Tuscaloosa: University of Alabama Press, 1949, p.170.

② [美] 詹姆斯·Q. 威尔逊：《美国官僚政治——政府机构的行为及其动因》，张海涛等译，中国社会科学出版社 1995 年版，第 373 页。

③ Campbell, J. L., & Pederson, O. K., "Knowledge Regimes and Comparative Political Economy", in *Ideas and Politics in Social Science Research*, Béland, D., & Cox, R. H.(eds.), New York: Oxford University Press, 2011, p.182.

④ Maslow, S., "Knowledge Regimes in Post-Developmental States: Assessing the Role of Think Tanks in Japan's Policymaking Process", *Pacific Affairs*, Vol.91, No.1(2018), pp.95–117.

年代以来政治经济体制有所变化，但"官僚主导"政策过程的状况并没有实质性改变。[①] 在韩国，官僚机构在政策制定中处于优越地位，决策过程与政府以外的许多利益团体封闭和隔离。[②] 与这种情形正好相反的是以美国为代表的参与主体多、开放程度高、竞争性强的政策制定体制，其对应的权力结构是"去中心化"[③]，从决策的角度看属于"多头玩家决策体制"[④]，笔者称之为"多元竞争型政策制定体制"。

在我国，行政机构在政策制定中的作用也体现了上述两个方面的逻辑，其突出作用的主要内涵包括三个方面。

一、行政主导较为明显

自秦汉以后，古代中国逐渐形成了中央集权的传统，由中央政府对国家事务进行集中统一管理，自上而下的行政权力无疑是国家权力的重心所在，因而，从国家治理的特点来看，"中国历来是一个行政主导的国家"[⑤]。从组织技术的角度看，由于国家疆域辽阔、权力集中程度高、管理事务多，这种管理是通过官僚制的组织与制度形式实现的。帝国体制于是就成了社会中无与伦比的"巨无霸"，它的力量来自高度组织化的官僚机器。[⑥] 这使得我国在两千多年前即形成了成熟的官僚制，并成为国家治理的一个突出特点，也使得官僚制行政成为我国的一个治理传统。有观点认为，秦汉帝国的官僚行

---

①　王屏：《从研究智库的理论与方法看日本智库的作用及影响》，《日本学刊》2017 年第 5 期。

②　Aymes, J. F. L., "Formation and Evolution of the Knowledge Regime and the Development Process in Korea", *Korean Studies*, 2014, pp.91–123.

③　Campbell, J. L., & Pederson, O. K., "Knowledge Regimes and Comparative Political Economy", in *Ideas and Politics in Social Science Research*, Béland, D., & Cox, R. H.(eds.), New York: Oxford University Press, 2011, p.172.

④　王绍光：《"集思广益型"决策：比较视野下的中国智库》，《中国图书评论》2012 年第 8 期。

⑤　燕继荣：《"从行政主导"到"有限政府"：中国政府改革的方向与路径》，《学海》2011 年第 3 期。

⑥　吴宗国：《中国古代官僚政治制度研究》，北京大学出版社 2004 年版，第 29 页。

政水平，远远超过了同期的罗马帝国，并和近代的超级国家具有可比性。①因而，古代中国的国家治理高度依赖官僚制，这不仅与国家规模有关，还与"大一统"的特点直接相关。为此，韦伯认为："这并不是说：所有历史上的（真正的）大国家都有官僚制的行政……有些国家（例如中国）的存在及其文化的统一性，是极度依赖官僚制结构的。"②

在新中国成立以来推进建设、改革的历史过程中，行政机构在经济社会发展以及国家治理过程中的主导地位得以传承并呈现出新的特点。这种主导地位不仅体现在政策制定过程中，行政机构较少受到各种利益群体的影响，具有很强的自主性；还体现在与其他国家机关，尤其是与立法机关的关系上。在各种经济社会问题不断增多、复杂性不断增强的背景下，行政机构还充分参与法律的制定，除了大量具有法律约束力的行政法规、部门规章是由行政部门制定，在我国的法治建设中有一个比较突出的现象，一些重要法律的制定是由行政部门提出法律草案，甚至由全国人大及其常委会授权国务院立法，在体制转型时期这种情况更为突出。之所以如此，是通过对国务院的授权，包括综合授权较好地适应了对外开放与体制改革中不断出现的新情况、新问题亟待法律调整的需要。③

而其根本原因在于行政机构更加熟悉相关事务，相对于立法机构而言具有专业上的优势。例如，近 20 年之内，在全国人大通过的法律中，由国务院各相关部门提交的法律提案占总量的 75% 至 85%；一些立法遇到棘手的或敏感的问题，也授权"国务院另行规定"，进而授权部门进行法律条文的细化和解释。④地方层面也是如此，自 2015 年立法法修订至 2017 年 11 月

---

① Creel, H. G., "The Beginnings of Bureaucracy in China: The Origin of the Hsien", *The Journal of Asian Studies*, Vol.23, No2(1964), pp.155–184.

② [德] 马克斯·韦伯：《韦伯作品集Ⅲ：支配社会学》，康乐、简惠美译，广西师范大学出版社 2004 年版，第 37—38 页。

③ 王春光：《我国授权立法现状之分析》，《中外法学》2009 年第 5 期。

④ 马守敏、曹开庆：《部门利益法律化冲动与遏制》，《人民法院报》2008 年 7 月 27 日。

初，江苏省地方立法起草主体为政府部门的占 75.3%，而在其中的实体法规中，政府部门起草的占 85.1%。[①] 日本也存在类似的情况，在 1960 年 12 月至 1983 年 1 月期间提交国会的所有法案当中，由文官立案的为 3126 件，其中获得通过的为 2519 件，占比高达 80.6%；而由议员立案的 1766 件法案中，获得通过的只有 319 件，占比仅为 18%。[②]

就党与行政机关的关系而言，坚持党的全面领导并不意味着党包揽政策制定。因为党的全面领导不等于直接包办具体事务，党并不直接行使立法和行政功能，也不是用党组织来替代政府、军队和人民团体，而是通过一系列政治、组织机制等方式，从而自然融入国家治理的全过程。[③] 即使在重大政策出台的过程中，政策议程设置及政策决策具有很强的政治性，需要由党的领导机构讨论决定，但是，这些作为"元政策"的重大政策也往往是在政府及其职能部门高度参与的情况下产生的。包括由相关领导小组负责的重大政治决策，其政策方案的制定也往往依赖于政府职能部门，甚至相关领导小组自身的运行也是如此。因而，"中央领导小组"的组织结构上实际上采取了"双层次"构造，即除了"中央领导小组"本身，还设有办事机构，原因是"中央领导小组"是处于非连续性的工作状态中，只在较为重要的时段开展活动，比如召开高层次中央会议，其办事机构则在此前做好相关准备，并完成后续工作，且绝大多数办事机构采取了依托已有常设职能部门的做法，即设置在相应的职能部门之内，或者把日常工作直接交由相应职能部门的某个内设机构来承担，这样无疑有利于迅捷地开展活动。[④] 在"领导小组"转变为"委

---

①　邹卫中、苏建国：《地方立法的政府部门路径依赖及其规范化》，《广东行政学院学报》2018 年第 3 期。

②　胡薇：《社会经济治理视角下日本智库的"独特性"》，《清华大学学报（哲学社会科学版）》2022 年第 1 期。

③　王敏、冯秋婷：《党的全面领导：理论逻辑与实践机制》，《党政研究》2018 年第 6 期。

④　周望：《领导小组如何领导？——对中央领导小组的一项整体性分析》，《理论与改革》2015 年第 1 期。

员会"体制之后，这一情况并未改变，委员会需要设置办公室作为办事机构，或者由已有的政府职能部门承担办事机构的职能。

同时，这些重大政策大多具有"元政策"的性质，其贯彻实施需要通过行政机构制定具体的政策得以实现。所以，有研究者认为，我国的"顶层设计"包括两种含义：一是指中央对国家发展的基本目标和实现路径的总体方案，以及在主要领域对重大问题提出的基本解决方法；二是指政府及其部门或公共机构的最高决策。[①] 因此，行政机构不仅充分参与了"元政策"的制定过程，在"元政策"之外的政策制定中，行政机构更是首要责任主体，因而体现出明显的"政府主导"的特点。[②]

二、职能部门分工负责

在行政机构制定政策的过程中，由于职能分工的原因，具体的职能部门的作用非常突出，这是由于一级政府的管理事务繁多，且具体政策事宜涉及的问题复杂，一级政府的负责人及其组成人员不可能有充分的时间、精力和知识负责所有的政策制定，而相关的职能部门由于具体负责某一领域的具体事务，对之有更加准确的把握。所以，在权力集中而且管理事务较多的体制下，不可避免地会存在"权力部门化"现象，政策制定也是如此。从政策过程的特点来看，尽管重大决策的议程设置和方案选择受到高层政治官员的直接影响，但多数政策的制定和执行都是由行政部门负责的。[③] 其中，主要负责具体政策制定事务的职能部门被称为"决策承办单位"。除了比较重要且涉及面比较广的政策由一级政府直接制定或协调有关部门共同制定外，较多

---

① 杨龙、蒋欣然：《中国政策过程中的"双顶层"机制》，《南开学报（哲学社会科学版）》2018 年第 1 期。

② 柴宝勇、石春林：《党的领导体制下的政策制定模式及其特征——基于主体、结构和层级的视角》，《中国行政管理》2022 年第 2 期。

③ 陈玲、赵静、薛澜：《择优还是折衷？——转型期中国政策过程的一个解释框架和共识决策模型》，《管理世界》2010 年第 8 期。

的政策是由具体的政府职能部门制定并发布，即使有的政策以一级政府的名义发布，其实际制定者仍是具体的行政部门，尤其是作为决策承办单位的主要职能部门。例如，在新医改政策出台的过程中，权威行政部门在该领域的政策经验对政策设计起到了"至关重要"的作用，原因在于其他部委很少能提出关于医疗卫生改革的系统政策方案与论证，也很少能与其就改革方案展开话语权争论。① 同样的原因，政府部门制定政策时，由于涉及内部业务分工，制定政策方案的往往是具体负责某一领域的业务部门，如在中央一级是国务院部委内部的司（局）乃至处级部门。即使是比较重要的政策，也是由基层单位提出政策方案，经过部委乃至国务院讨论决策，最终成为具体的政策。

实际上，甚至包括"元政策"的制定和执行也是如此，如各类规划实际上是依附于行政层级体系得以运行，在制定方面，党和国务院的高层领导以及他们的调研队伍位居整个规划过程的最顶端，但真正办公的地点却在国家发改委各司局里，他们审批和监督到市一级的地方战略规划，管理重大投资项目，几乎对每件宏观经济事务都拥有发言权；在执行方面，在中央文件公布之后，国务院各部门和地方各级政府纷纷开始制定具体实施的子规划。通过制定各种子规划，国家五年规划被一步步细化，出台的各级文件累计超过上千份，形成了一个层层叠叠、相互联系的政策网络。②

三、行政官员作用重要

在行政机构发挥主导作用的背景下，行政官员在政策制定中的作用更加重要。"随着政府职能的扩展，立法机构对行政机构的限制减弱，政府官员

① 赵德余：《主流观念与政策变迁的政治经济学》，复旦大学出版社 2008 年版，第 268—279 页。

② 韩博天、奥利佛·麦尔敦、石磊：《规划：中国政策过程的核心机制》，《开放时代》2013 年第 6 期。

的自由裁量权越来越大。作为政策执行者的政府官员不但影响到政策的执行还直接影响到政策的制定。"之所以如此，这也是由于政府机构内部的专业化分工所决定的，"劳动分工是层级制度控制权的来源"。①

具体来说，在制定政策过程中，职业官员由于在行政部门长期任职，相对于政治家及政务官而言，在对具体政策问题的了解方面具有明显的信息与知识优势，因而在政策制定过程中能发挥重要作用。我国的情况与此接近，如在新医改政策形成的过程中，政策圈内的行政官员扮演了"议题界定者"的角色，原因是他们对医改政策信息的了解程度远远超过体制外人群。② 同时，在具体的政策制定过程中，并不是官员级别越高，所起的作用越大。省部级以上的高层级官员，属于政治任命，他们更关心比较敏感的政治、意识形态或国家安全问题。③ 就一般情况而言，在政策制定过程中，发挥最重要作用的是在部委中起到承上启下作用的司局级官员，因为从纵向分工的角度来看，司局级干部的主要职责就是集中精力思考所主管领域中的各项政策问题，他们在政策问题上分配的时间和精力最多，掌握的信息也最全面；在政策制定过程中，他们负责起草政策文本，并且在由主管领导参加的政策工作汇报会上，他们是这些政策会议的实际操作者，所以他们是最重要的政策决策角色。④ 当然，司局级官员起的作用最大，并不意味更高级别官员的影响力弱，在政策形成过程中，后者往往起着推动者、把关者的角色，同时，对政策制定负有政治指导的责任。可以说，如果更高级别的官员具有权力优势

①　[美] 拉尔夫·P. 赫梅尔：《官僚经验：后现代主义的挑战》，韩红译，中国人民大学出版社 2013 年版，第 146 页。

②　章平、刘婧婷：《公共决策过程中的社会意见表达与政策协商——以新医改政策制定为例》，《政治学研究》2013 年第 3 期。

③　Zhao, S., "The Structure of Authority and Decision-Making : A Theoretical Framework", in *Decision—Making in Deng's China: Perspectives from Insiders*, Hamrin, C. L., & Zhao, S. (eds.), New York : M.E. Sharpe, 1995, pp.233–245.

④　朱旭峰：《"司长策国论"：中国政策决策过程的科层结构与政策专家参与》，《公共管理评论》2008 年第 7 期。

的话，司局级官员无疑具有知识方面的优势，这种优势是政策制定科学化的关键所在，这导致了他们在政策制定过程中具有更大的影响力。

实际上，职业官员在政策制定中的作用并不局限于政策方案的形成过程，还贯穿于整个政策过程，尤其是政策执行环节，后者在一定程度上也是政策"再制定"的过程。"政策的实施是政策制定过程的一个重要内容。官僚在执行政策的任务中也制定着政策——制定规章制度、判决案件、行使他们的裁量权。"①因而，从整个政策过程来看，技术型官员是最为主体的参与者，作为内生性动力持续推动政策方案的上达、政策的执行和反馈。②

因此，总体来看，在我国政策制定过程中，行政机构不仅负责政策的执行，其在政策制定中的作用也是全面的，其重要作用甚至贯穿政策过程始终。

第三节　利益相关方有序参与

现代社会的一个重要特征就是利益的分化与多元，而公共政策作为社会价值的权威性分配方式，不可避免涉及不同的利益，因而存在诸多利益相关者，在政策制定民主化程度不断提高的情况下，利益相关者参与政策制定成为日益普遍的现象。但是，在不同的政治经济体制下，利益相关者对政策过程的参与程度和方式是完全不同的，其中的关键影响因素是政策问题的利益格局以及国家在政策制定中的作用，尤其是国家的自主性程度。所谓利益格局，是指各种利益关系的结构性特点，包括利益主体的组成、不同利益之间的关系及力量对比等；所谓国家自主性，就是"国家被视为对其领土范围与人民具有控制权力，可以形成并追求其政策目标而不是单纯地反映社会团体、

①　[美]托马斯·R.戴伊：《理解公共政策》，谢明译，中国人民大学出版社2011年版，第50—51页。

②　陈玲：《官僚体制与协商网络：中国政策过程的理论建构和案例研究》，《公共管理评论》2006年第2期。

阶级或社会利益或需要的组织"[1]。在我国的政策制定中，由于利益格局以及国家自主性方面的特征，政策制定过程中利益相关方的参与也有自身的特点。

一、公共利益的基础坚实

在一般意义上，人们认为公共政策的出发点是公共利益。公共利益表示构成一个政体的大多数人的共同利益，它基于这样一种思想，即公共政策应该最终提高大多数人的福利，而不只是少数人的福利。[2] 但在现实世界，公共利益实际上是不清晰的，在政策制定过程中，公共利益如何界定、由谁来界定是一个十分复杂的问题。在不同的政治经济体制下，公共利益的内涵及确定机制是不同的。在美国式的自由市场经济体制下，利益分化程度高，资本力量强大、工会力量薄弱，导致国家的自主性弱，缺乏有效的利益调节机制，政策制定是各种力量博弈的过程，不同的利益群体通过选举制度、政治捐款、游说等多种途径影响政策制定，与之相对应的是政策过程开放程度高，进入点、否决点多。在这种情况下，"许多特殊利益会寻求支持而相互竞争，形成了一个大杂烩，而其中几乎没有'公共利益'的位置"[3]。而在社团主义传统深厚的德国，政治的协商性较强，资本、工会及社会的力量相对平衡，社会组织利益表达和综合能力强、决策参与主体相对较少，各方主体通过一定的途径进行协商，决策过程的竞争性不强，公共利益通过稳定的协商机制得以实现。在国家力量强大的法国，政府干预经济的能力强，国家在资本面前体现出较强的自主性，政府在听取多方面意见的基础上制定政策，决策过程比较封闭，较少受到外部利益集团的影响，因而，政府在相当大的

---

① Rueschemeyer, D., Evans, P. B., & Skocpol, T. (eds.), *Bringing the State Back In*, Cambridge: Cambridge University Press, 1985, p.9.

② ［美］E.R. 克鲁斯克、［美］B.M. 杰克逊：《公共政策词典》，唐理斌等译，上海远东出版社 1992 年版，第 30 页。

③ ［美］德怀特·沃尔多：《行政国家：美国公共行政的政治理论研究》，颜昌武译，中央编译出版社 2017 年版，第 116 页。

程度上是公共利益的代表者。而日本在第二次世界大战后的大部分时间里，政策制定也是由一党主导的政府在封闭的情况下进行的，尽管会与大公司和行业协会的领导人进行磋商，但在很大程度上是由政府各部门以与法国类似的技术官僚方式控制的，[1] 因而其公共利益的实现方式与法国较为类似。

在我国，受党的宗旨与使命以及国家根本制度决定，公共利益体现为最广大人民群众的根本利益，正如毛泽东同志所指出："共产党人的一切言论行动，必须以合乎最广大人民群众的最大利益，为最广大人民群众所拥护为最高标准。"[2] 虽然存在诸多不同的利益，但由于根本社会制度决定，不同利益之间的关系并不是冲突性的，作为政策制定出发点的公共利益具有如下特点：(1) 范围广泛。公共利益代表最广大人民群众的根本利益，是国家利益和人民利益的统一，所以，代表了整个社会大多数成员的共同利益。(2) 基础坚实。生产资料的公有制以及公共利益范围的广泛性，决定我国公共利益的基础是非常坚实的，而在较多的国家，公共利益随着政治环境以及各方力量对比的变化而变化，其基础是不稳固的。(3) 内涵明确。我国公共利益的内涵比较清晰，通过理性的分析相对较为容易界定，而较多国家公共利益是通过政策过程中的竞争、博弈和妥协实现的，因而其内涵是模糊不清的，"政策决策涉及许多交易和影响因素，政策分析仅仅是其中的一个因素，公共利益的定义千差万别"[3]。

同时，在我国，国家是不同利益的强有力的协调者和整合者，尽管市场化改革带来了一定的利益分化，但这种分化程度是相对有限的，且受到国家强有力的调控。国家在利益关系处理中的这一定位，是理解我国政策制定过

---

① Campbell, J L., & Pederson.O. K., "Knowledge Regimes and Comparative Political Economy." in *Ideas and Politics in Social Science Research*, Béland, D., & Cox, R. H. (eds.), New York: Oxford University Press, 2011, pp.167–90.

② 《毛泽东选集》第三卷，人民出版社 1991 年版，第 1096 页。

③ [美] 罗伯特·海涅曼等：《政策分析师的世界：理性、价值观念和政治》，李玲玲译，北京大学出版社 2011 年版，第 24—25 页。

程利益相关者参与机制的关键所在。因此，与政策过程竞争性强的政策体制相比，我国政策制定过程中国家保持着更多的自主性，国家在比较超然的情况下对各方利益进行综合，基于公共利益自主地作出决策。

二、利益表达的吸纳性特征明显

在现代社会，不同利益群体或利益相关方的利益表达成了政策制定中越来越重要的环节。一方面，不同的利益相关者需要通过一定的渠道表达进而维护自己的利益，使自身的利益在政策制定中得到充分体现；另一方面，由于利益关系的变动性、复杂性，政策制定者也需要听取不同方面的利益诉求，尤其是各方利益存在一定冲突的时候，并在此基础上对这些利益进行甄别、权衡、整合，进而使得政策制定能更好地兼顾各方的利益。但在不同的政策制定体制下，利益表达的方式和机制是不同的。在多元竞争型体制下，利益表达方式往往是公开的、对抗性的，甚至破坏性的；而注重协商的体制下，不同的利益群体在较为平等、和平的情况下充分表达自身的利益诉求；在行政主导型体制下，行政机构往往通过特定渠道主动听取利益相关者的需要。例如，在日本的行政决策中，政府通过审议会听取学术界、企业界、舆论界、群众团体以及离职的政府官员等各界知名人士的意见，从而在政策形成过程中兼顾各方面利益、调节各方面关系。①

在我国的政策制定中，利益群体或利益相关者的表达并非通过媒体发声、公开游说、公众集会等公开的竞争性乃至对抗性的方式，而是通过有序的、制度化的途径。除了通过党组织直接联系社会有关方面，主动听取不同方面的意见和要求，利益群体或利益相关者还可以通过人大、政协等途径反映问题、表达诉求。此外，行政机构在政策制定过程中会通过听证会等途径主动听取有关方面的意见，在日常管理中也有较多的以个体化的方式反映问题和

---

① 阎宇红：《日本行政决策咨询体系的多层次、多元化及其对我国的借鉴作用》，《国际关系学院学报》1998 年第 1 期。

提出建议的渠道，如信访、市长热线、市长接待日、政府网站、政务公众号等。从总体上看，除了上述政治层面的吸纳，在具体政策的制定方面，利益表达带有很强的行政吸纳性，更多地被纳入行政的框架之内。这也体现了利益表达的"内输入"特点，与"多元主义"和"法团主义"具有明显的区别，即政府通过垄断权威和资源，主动体察民众的利益需求，甚至直接面对群众获取其利益需求信息，并将政府经调查研究体认到的社会利益需求纳入决策当中。①这种方式有助于克服过度参与所造成的效率损失，因为过于强调多元参与的所谓"政策合法性"，会造成决策的社会和政治成本的提高，乃至改革的退却。②

随着社会利益关系的日趋复杂化以及对决策科学化、民主化的重视程度不断提高，我国政策制定过程中的利益表达渠道也在不断拓展。政府在制定政策，尤其是与群众利益密切相关的重大政策时，更为积极地听取社会有关方面的意见。例如，新医改方案的形成过程充分体现了不同主体的充分参与：2008 年 4 月，时任国务院总理温家宝主持召开新医改工作座谈会时，将28 位普通民众请进了中南海；改革方案的征求意见稿向社会公布后，共收到了 36000 多条建议，经过 196 处修改。③对于政策制定中的公众参与，包括利益相关者参与的制度建设也在不断推进，2013 年印发的《国务院工作规则》要求，"涉及重大公共利益和公众权益、容易引发社会稳定问题的，要进行社会稳定风险评估，并采取听证会等多种形式听取各方面意见"。国务院 2019 年发布的《重大行政决策程序暂行条例》要求，"作出重大行政决策应当遵循民主决策原则，充分听取各方面意见，保障人民群众通过多种途径和形式参与决策"，并将"公众参与"作为"决策草案的形成"部分继"决

---

① 刘伟、吴友全：《论中国政治过程中的内输入模式》，《江汉论坛》2013 年第 6 期。

② 赵德余：《政策制定的逻辑：经验与解释》，上海人民出版社 2010 年版，第 224 页。

③ 章平、刘婧婷：《公共决策过程中的社会意见表达与政策协商：以新医改政策制定为例》，《政治学研究》2013 年第 3 期。

策启动"之后的第二个环节专门阐述，规定"决策承办单位应当采取便于社会公众参与的方式充分听取意见"，具体方式包括"座谈会、听证会、实地走访、书面征求意见、向社会公开征求意见、问卷调查、民意调查等"，规定"决策事项直接涉及公民、法人、其他组织切身利益或者存在较大分歧的，可以召开听证会"。此外，还对向社会公开征求意见的途径、召开听证会的程序等作出了规定。通过这些制度建设，利益相关者及公众利益表达渠道更为畅通。这样，政策制定者可以更加充分地了解有关的具体信息、更准确地把握利益相关方的具体诉求，也有助于提高制定的政策被利益群体的接受度，从而有利于政策的实施。

三、利益团体对政策制定影响较弱

在不同的政策制定体制下，利益团体或利益集团影响政策制定的程度是不同的。在以美国为代表的多元竞争型政策制定体制下，由于整个社会高度分化，各种利益群体众多，每个利益群体都试图影响政策制定，并展开充分的竞争，而强势利益集团，通过在政治选举中支持特定的候选人、政治捐款、游说、控制媒体乃至寻租等方式影响政策，由于资源方面的优势，他们的影响力更强，而弱势群体往往缺乏足够的影响政策的途径和资源，因而其利益诉求容易被忽视。"在任何时候，公共政策都反映占支配地位的团体利益。随着各团体力量的增长，公共政策将变得有利于其影响增加的那些团体的利益，而不利于其影响下降的那些团体的利益。"[1]在德国的社会市场经济传统中，资本的利益受到社会力量的平衡，影响政策的能力并不突出。在以法国、日本为代表的行政权力突出的国家中，国家的自主性较强，利益集团的政策影响力较为有限。

在我国，受到历史传统及现实因素影响，尽管在利益分化的情况下，社

---

① ［美］詹姆斯·E.安德森：《公共决策》，唐亮译，华夏出版社1990年版，第22—23页。

会上客观存在各种各样的利益群体，但其政治化程度不高，一般而言，不存在类似美国那样能够公开影响政治的利益集团。从政策过程的实践来看，由于公共利益的明确性和优先地位，即使有的政策涉及明显的利益问题，甚至存在利益冲突，但相关利益团体组织化程度有限，对政策制定的实际影响相对较弱。例如，在新医改政策制定过程中，利益团体的影响是"微弱、分散且缺乏有效组织和正式的意见表达途径"①。尽管一些政策涉及的领域存在行业性组织，但这类组织主动影响政策制定的情况并不明显，更多的是向政策制定者提出利益诉求。所以，即使部分利益团体的确拥有较强的影响公共政策的能力，且具有这样的动机，但在我国的治理体制下，无论是传统还是当代，其影响力是相对有限的。

第四节 通过有效协商达成共识

我国政策制定具有明显的共识倾向，而这种共识是在政府主导的情况下通过各类主体多渠道的协商得以实现的。

一、参与各方是政策共同体

在西方的多元政治体制下，尤其是以美国为代表的"多头玩家"体制下，政策制定参与主体众多、冲突性强。就重大决策而言，不同的政治主体，包括总统、参议院、众议院、联邦最高法院甚至包括不同政党，相互之间存在明显的竞争；同时，在具体政策制定过程中，不同的利益群体之间也是如此，相互更多的是对立的关系，为实现各自利益进行激烈的竞争。

在我国的政策制定体制下，参与各方之间是党领导下的分工合作关系，而不是对立竞争关系。就决策层而言，国务院的决策是经过党中央和全国人

---

① 陈玲、赵静、薛澜：《择优还是折衷？——转型期中国政策过程的一个解释框架和共识决策模型》，《管理世界》2010 年第 8 期。

大授权，不同主体之间的区分在于对重大决策所负责的环节不同，但高度的政治共识和授权关系使各方统一为一个"决策共同体"。在国务院内部，决策权虽然会按职能分工分散到相应的部委，但由于党的全面领导，以及国务院的总理负责制与"谁决策、谁负责"的原则，使得职能分工而产生的协调问题能够得到有效解决。① 在不同层级的政府机构之间也是如此，上级政府及部门制定的政策，下级政府及部门结合本地区的情况贯彻实施。就政策制定参与者而言，包括政府及其部门、学者、公众等，其相互之间是一个共同体，其参与政策制定的目的不是权力及利益最大化，而主要是基于一种合作与共生关系，最终实现公共利益最大化。

正是因为政策过程不同主体结构和行动的高度一致性，有研究者引入了"政策共同体"这个概念来指代我国的政策制定系统。按照科尔巴奇的说法，所谓政策共同体，是指一种相对稳定的结合体，其成员来自范围广泛的组织，他们一起被置于一个共同的持续基础之上来解决政策问题。② 政策共同体由一系列启动、定义、解释问题并寻求解决方案的特定参与者组成，在连接正式议程和非正式议程上扮演着重要角色。③ 在我国，有研究者认为政策决策层和地方政府以及基层官员一起构成了政策共同体，使得决策层完成政策决策和制定之后，可以非常迅速地将之付诸实施。④ 事实上，政策共同体不仅包括国家机构，还可以扩展到政策制定过程中的不同参与者，因为从根本上看，其相互关系是合作性而非竞争性、冲突性的，其参与的目的在于解决共同的政策问题。

---

① 王绍光、樊鹏：《"集思广益型"决策：比较视野下的中国智库》，《中国图书评论》2012年第8期。

② ［英］H.K.科尔巴奇：《政策》，张毅、韩志明译，吉林大学出版社2005年版，第44页。

③ 吴逊等：《公共政策过程：制定、实施与管理》，叶林等译，格致出版社、上海人民出版社2016年版，第30页。

④ 赵德余：《政策共同体、政策响应与政策工具的选择性使用——中国校园公共安全事件的经验》，《公共行政评论》2012年第3期。

之所以如此，这是由于在我国，整个社会是一个大的共同体，就个体而言，尽管存在出身、阶层、民族、性别、区域方面的差异，但这种差异性都是存在于共同体的框架之内，其利益诉求可以在共同利益的基础上得以有效解决。在经济社会保持较快发展的情况下，即使部分群体暂时在利益上得到满足的程度有限，相对落后于其他群体，甚至做出了一些牺牲，但是可以通过经济发展做大社会利益这个"蛋糕"，并通过政府主动进行利益调节的方式使不同的利益达到均衡，使部分做出牺牲者的利益得到补偿、落后者的利益得到照顾。

二、基于公共利益的有效协商

在我国传统管理体制下，政策制定往往采取自上而下的方式进行，相关的利益问题也由政府直接分配和调节，其过程开放程度低、公众参与较少，公众及利益相关者主要是被动接受者的角色。但随着社会利益分化程度的提高与公共问题复杂性的增强，以及决策民主化与科学化的推进，政策制定方式及政府在政策制定中的角色也发生了变化，不仅强调政策过程中的参与，也开始重视政策过程的协商，其中包括价值协商、利益协商、知识协商等。

实际上，政策协商兴起的一个重要背景就是在传统的官僚制行政下，公众的参与要求得不到有效满足，甚至造成了科层制与民主之间的冲突，进而提出了民主行政的要求，并发展成为一种全球性的趋势。政策协商强调的是加强不同主体之间的横向合作，而不是通过自上而下的方式做出政策安排，在协商的过程中，"最大限度地降低层级关系而发展平行合作关系，促进交往行动和主体间的相互理解是极其关键的一步"①。在新的背景下，这种协商民主赋予政策制定理性化以新的内涵，"协商民主"由于兼具价值理性（其倡导"自由、平等、理性"等价值理念）和工具理性（有效化解矛盾和冲突）

---

① ［美］全钟燮：《公共行政的社会建构：解释与批判》，孙柏瑛等译，北京大学出版社2008年版，第10页。

的优势，而备受理论界和实践界的推崇。① 对此，全钟燮指出，"随着公民社会能力、网络化合作沟通结构的扩展，科层统治的观念已经逐渐转变成为公共领域内多方面的互动，这种多方面的互动过程以话语体系为导向，具有非等级、水平性、合作性的特征"。②

除了受到时代潮流的影响，我国政策制定过程中的协商民主发展还有着自身的特色。在中国语境中，协商民主理论被加入到了"中国特色社会主义民主"的话语建构中，而且协商政治被认为是中国特色社会主义民主的有机组成部分。③ 这种协商民主一方面体现了国家治理以及政策制定的现实需要，即社会主义初级阶段利益的分化及多样化，需要通过协商表达不同的偏好、调节不同的利益；另一方面，也体现了我国社会主义制度的优势，公共利益的基础坚实，为开展有效协商创造了良好的条件。"因为在社会主义条件下有差异的存在，所以需要协商，因为有达成一致的愿望和共同利益，所以能够协商。"④ 政策协商满足了人民当家作主对直接民主的需要，是协商政治的重要组成部分。尤其体现在公众参与方面，协商民主是"一种大众参与的公共决策机制和治理模式"⑤。同时，协商民主也是我国民主政治建设的基本发展方向，一个重要的原因是，协商民主与我国的治理体制和治理传统具有很强的契合性，非常符合中国的国情。"在中国民主政治发展强调效率、不主张政治多元化的大趋势下……未来中国民主政治建设中民主程序的价值偏好就很自然地会趋向协商性民主。"⑥

在上述背景下，我国对政策制定中的协商民主日渐重视。2019 年国务

① 邓彩霞：《共识建构：环境公共事件中的协商民主——以 ×× 事件为例》，《青海社会科学》2017 年第 4 期。
② ［美］全钟燮：《公共行政的社会建构：解释与批判》，孙柏瑛等译，北京大学出版社 2008 年版，第 214 页。
③ 燕继荣、李修科：《政策协商原则及实施保障》，《学海》2016 年第 2 期。
④ 张献生、吴茜：《试论中国社会主义协商民主制度》，《政治学研究》2014 年第 1 期。
⑤ 包何钢：《协商民主：理论、方法与实践》，中国社会科学出版社 2008 年版，第 2 页。
⑥ 林尚立：《协商政治：对中国民主政治发展的一种思考》，《学术月刊》2003 年第 4 期。

院发布的《重大行政决策程序暂行条例》规定，决策事项涉及特定群体利益的，决策承办单位应当与相关人民团体、社会组织以及群众代表进行沟通协商，充分听取相关群体的意见建议。因此，在坚持政府主导的前提下，引入更多的协商机制，是我国政策制定过程的一个发展趋势。

我国的政策制定有着较多的有效协商的案例，如在新医改政策出台过程中，各个环节都体现出明显的互动性、协商性。首先，媒体基于现实问题提出政策议题；其次，在信息占有方面具有明显优势的行政官员，为了公共利益敢于披露信息，并提出自己的政策主张，且他们作为"议题界定者"的政策圈内人士身份多样，包括不同政府部门的官员、离任官员、"半官半学者"；再次，专家学者充分在媒体上发表自己的见解，使对问题的讨论不断深入；最后，普通民众除了主动向媒体投稿表达自己意见，更多是以作为新闻报道的消息来源、维护其基本权益的方式参与到政策协商过程之中。① 应该说，新医改是面对高度复杂性的问题，包括利益方面复杂性的情况下，各种不同类型主体，通过平等协商解决问题的一种有效的尝试，虽然由于问题本身的复杂性，普通公众的参与程度相对有限，但这种政府主导背景下不同类型主体以平等协商的方式参与政策制定的实践，充分体现了政策协商的"民主性与专业性相结合原则"②。

除了利益群体及公众的参与，专业知识在协商中的作用非常重要，尤其是对于政策问题比较复杂、利益相关者及参与主体构成复杂的情况下，专家的参与有助于快速厘清政策问题，从而更为迅速地达成共识，提高政策制定的效率。在公共问题不断增多，政府对单项政策的注意力较为有限的情况下，专家参与显得尤为重要。正如有研究者所言，在价值选择领域，大众参与具有知识运用上的合理性；而在技术领域，过多的大众参与虽然有一定的

---

① 章平、刘婧婷：《公共决策过程中的社会意见表达与政策协商：以新医改政策制定为例》，《政治学研究》2013 年第 3 期。

② 燕继荣、李修科：《政策协商原则及实施保障》，《学海》2016 年第 2 期。

正当性，但其耗费大量行政资源，无助于知识的合理运用。① 有研究者发现，在新医改个案中，协商主体在政策协商中扮演的不同角色以及中央政府把听取舆论意见和传统咨询决策模式结合起来等，使得我国的政策协商又不完全等同于西方社会的协商民主，从而带有鲜明的中国特点。② 所以，这种特点实际上是实现了协商的民主性和科学性的统一，而不仅仅体现了公众和利益相关者参与方面的民主化，还大大提高了政策制定的效率，也提升了政策质量，从而构成我国政策过程协商民主的一个特色。

此外，政策制定过程中的协商还包括与政策问题相关的不同类型的国家机构、政府层级以及行政部门之间。由于政府结构的复杂性，客观上必须有共识作为统一行动的基础，所以，旨在建立这种共识的协商就成了这个体制的核心特征。③

三、基于民主集中形成共识

政策制定过程中不同主体以及不同参与者、利益相关者之间的沟通、对话在诸多国家都不同程度地存在，但这种对话并不一定是有效的、建设性的，尤其是在多元竞争型政策制定体制下，这种对话会因为利益的不可调和而演化为对抗与冲突。在我国的政策制定体制下，这种协商之所以有效，除了党的领导和政府主导，一个重要因素是这种协商具有明确的基于公共利益的共识导向。

在我国的利益格局中，由于公共利益的基础坚实，整个社会作为利益共同体的特征明显，不同主体的合理利益诉求，包括处于相对弱势地位主体的

---

① 王锡锌、章永乐：《专家、大众与知识的运用：行政规则制定过程的一个分析框架》，《中国社会科学》2003 年第 3 期。

② 章平、刘婧婷：《公共决策过程中的社会意见表达与政策协商——以新医改政策制定为例》，《政治学研究》2013 年第 3 期。

③ 李侃如：《中国的政府管理体制及其对环境政策执行的影响》，《经济社会体制比较》2011 年第 2 期。

利益诉求会被充分尊重，居于优势地位的利益主体也能够主动让渡部分利益，因而可以通过协商进行利益调节，实现社会整体利益最大化。"协商的核心理念就是利益相关者以商量的方式沟通意见、协调利益，以达成共识，实现共存与共赢。"① 所以，从根本上看，利益共同体的存在是有效协商的基础，这样使得政策协商的各方主体均能享有共同的出发点——公共利益，而不是追求各自利益最大化，如在新医改政策形成过程中，不同类型的行动主体，包括政策圈内人、专家学者、新闻从业者，他们在政策协商过程中承担的角色不同，但都能从公共利益出发披露信息，为民众代言，包括作为协商平台的媒体也是如此，"公共利益立场"作为最主要的价值立场贯穿于新闻报道的始终。从结果来看，尽管政策问题复杂且涉及面广，参与主体多元化程度高，但"正是基于公共利益立场，意见表达者达成了惊人的一致"②。

由于协商是基于较为明确的公共利益，所以比较容易达成共识，即使在政策问题比较复杂的情况下，借助专业知识的客观分析，也可以弥合分歧。比如在我国空气质量标准确立的讨论过程中，围绕 $PM_{2.5}$ 是否应纳入国标、进行强制检测这一核心问题，出现了两大对立的联盟，一方是由卫生专家、部分气象专家、媒体和普通公众组成的"生态联盟"，另一方则是以环保局、气象局官员为主，同时包括一些专家学者组成的"实用联盟"，两者之间的辩论一度十分激烈，但环境和生态领域专家学者以客观的视角，列举了各种精确的数据，强调 $PM_{2.5}$ 对人体健康的危害，使得双方之间的冲突得以逐渐缓解，并达成了"生命健康至上"的共识。③ 这也说明了在追求公共利益基础上，不同观点之间客观理性的辩驳不仅对于达成共识是必要的，在实践中也是可行的。

---

① 林尚立:《协商民主是我国民主政治的特有形式和独特优势》，《求是》2014 年第 6 期。

② 章平、刘婧婷:《公共决策过程中的社会意见表达与政策协商:以新医改政策制定为例》，《政治学研究》，2013 年第 3 期。

③ 孙岩、刘红艳:《知识型专家影响空气质量标准政策变迁的中美比较研究》，《科研管理》2019 年第 4 期。

这种基于协商的共识使得我国政策过程的特点与多元民主模式，尤其是竞争性参与模式完全不同，也与我国的传统决策模式不同。因此，在决策体制上属于典型的"共识型体制"①，体现的是共识民主。"共识民主是多数票决民主的一种替代模式。……而协商民主则是实现共识民主的主要形式。"②因此，有研究者认为，从政策制定的过程特点来看，这种共识型决策具有明显的特色，既不是"小圈子模式""科层模式"，也不是"多元模式"，"共识型"决策反对的是决策程序和过程的封闭性、非协作性以及以简单的"多数票决"方式决策。它的包容性和参与性使之区别于传统的封闭性决策，而协作性、共识构建性以及合作性则使之区别于西方流行的多元决策模式。③

在我国，这种共识之所以可能，除了政策制定的出发点是广大人民群众的根本利益，没有不同利益之间的严重冲突，这在客观上比较容易取得共识，还与民主集中制的决策原则紧密相关。"在中国，实现共识民主的制度基础是民主集中制"④，民主集中制的根本特点是最优化以逼近某种"集体理性"，以达成共识或一致同意为最终追求。⑤ 就政策过程的特征而言，民主集中制是核心。从国际比较看，其主要特色为：在政党制度方面，我国实行的是中国共产党领导下的多党合作制，在政治上不存在党派之间的对立与竞争，更不存在尖锐对立所导致的"为了反对而反对"；在政治制度方面，国家机构之间不是分权与制衡的关系，而是在党的集中统一领导下发挥各自职能；在行政制度方面，在中央政府主导决策的情况下，由于党对行政的有效领导以及强有力的责任机制，能较为有效地避免政策部门化、碎片化。这些特征使得可以通过民主集中制形成政策共识，并以此作为政策出台的前提。"达成共识是政策出台的唯一标准"，"从制度设计上看，中国政府的领导和

---

① 樊鹏：《论中国的"共识型"体制》，《开放时代》2013 年第 3 期。

② 杨光斌：《中国决策过程中的共识民主模式》，《社会科学研究》2017 年第 2 期。

③ 樊鹏：《论中国的"共识型"体制》，《开放时代》2013 年第 3 期。

④ 杨光斌：《中国决策过程中的共识民主模式》，《社会科学研究》2017 年第 2 期。

⑤ 赵德余：《政策制定的逻辑：经验与解释》，上海人民出版社 2010 年版，第 27 页。

决策过程是以追求共识为目标的集体决策过程"。①

综上所述，我国的政策制定体制有着非常鲜明的特色，具体来说就是党的全面领导、行政机构作用突出、利益相关方有序参与，并通过有效协商达成共识。从国际比较看，与多头竞争型和多元协商型的体制相比，由于行政机构的作用突出，尤其是在"元政策"之外的政策制定过程中，可以将之简略地归类为"行政主导型"，但这种行政主导又有着自身独特的内涵，是党的全面领导下的行政主导，既体现了我国国家治理的历史传统，也体现了我国的发展环境对政策制定的现实要求。

---

① 陈玲、赵静、薛澜：《择优还是折衷？——转型期中国政策过程的一个解释框架和共识决策模型》，《管理世界》2010 年第 8 期。

第五章　我国政策知识生产与
运用的基本特点

政策知识的生产、运用是服务并决定于政策制定体制的，受我国政策制定体制的基本特征决定，我国的知识体制也有着非常鲜明的特点，通过知识体制理论并借助国际比较的视角，可以全面而又准确地辨析出这些特点及其背后的决定因素。

第一节　政策知识生产系统具有鲜明的公共性

智库是从事政策知识生产的机构，政策制定的政治基础决定智库系统的基本属性。在社会利益分化程度高、政治的冲突性强的情况下，公共利益的基础薄弱，政策制定在相当大的程度上取决于不同利益主体之间的竞争，在这个过程中，后者需要智库为之代言，或者提供竞争的"武器"，这时政策知识服务于部分的、个别的利益，私人物品属性强，提供这类政策知识的智库系统公共性弱。美国属于此类情况，其所造成的结果是公共职能的"私有化"，"游说与竞选融资之间存在着深刻的延续，所有这些都源于我们有'私有化'基本的公共职能这一事实。在美国，民主需要发挥职能的两项最重要的活动——筹资活动和提供立法所需的信息——主要由私人行为者开展"①。在这种体制下，以大公司为代表的强势利益集团凭借资本的优势更容易通过影响政策知识的生产和运用进而影响决策。与此相反，在社会整合程度较高、政治的协商性较强的体制下，公共利益的基础相对稳固，这时，政策知识主要服务于公共利益，公共物品属性强，智库则以接受公共资助为主，且大多是公共机构。德国属于此种类型，在政策制定过程中，政府与工商、劳工组织进行有效的协商，政策知识生产则是在国家的积极参与下进行的，其大型的政策研究机构基本是从联邦和州政府获得资金，公共拨款类的智库所占的比例为75%。② 之所以如此，原因是"政府资金通常被视为从私人来源资金确保智库独立的手段"③。而国家协调经济社会能力强的体制下，国家在政策知识生产中的作用更为突出。例如，在法国的国家统制—技术官僚型知识体制中，国家研究机构和政府主动设立的学术性研究机构居于主导地位，在 20 世纪 70—80 年代则几乎完全被国家研究组织所主导，"经济协调更多地取决于国家，这就是为什么政策相关知识的生产也在很大程度上留给国家"④。由于国家在经济发展和利益调节上强有力的作用，国家主导也是东亚地区智库较为普遍的特征，大多数亚洲智库本质上是国家"建立的机构"，虽然一些国家出现了公—私或半独立的智库，但是资金和领导权通常掌握在国家的手中。⑤ 例如，日本在第二次世界大战后相当长的时期内，无论是一般法律，还是税

---

① Gerken, H. K., & Tausanovitch, A., "A public Finance Model for Lobbying: Lobbying, Campaign Finance, and the Privatization of Democracy", *Election Law Journal*, Vol.13, No.1(2014), pp.87–90.

② [德] 马丁·蒂纳特:《德国智库的发展与意义》,《国外社会科学》2014 年第 3 期。

③ Braml, J.,"US and German Think Tanks in Comparative Perspective", *German Policy Studies*, Vol.3, No.2(2006), pp.222–267.

④ Campbell, J. L., & Pedersen, O. K., "Knowledge Regimes and Comparative Political Economy", in *Ideas and Politics in Social Science Research*, Béland, D., & Cox, R. H.(eds.), New York: Oxford University Press, 2011, p.186.

⑤ Nachiappan, K., Mendizabal, E., & Datta, A., *Think Tanks in East and Southeast Asia: Bringing Politics Back into the Picture*, London: Overseas Development Institute, 2010.

法，都不允许有一个独立的、非政府的、非营利的部门存在，因此民间社会的研究单位很少。① 此后，即使日本的民间智库有了一定的发展，但很多智库的会长、理事长等要职都由退休官僚占据，由空降的"官厅官僚学者"主导推动调查研究活动。② 在韩国，20 世纪 80 年代之前，几乎没有任何私人或"独立"的政策研究机构，之后尽管出现了非政府研究组织，但其贡献相对于政府资助的研究机构而言"微不足道"③，官方研究机构是智库系统的"绝对主体"④。

在我国，国家是不同利益的强有力的协调者和整合者，公共政策的出发点是最广大的人民群众的根本利益，因而公共利益的范围广泛、基础坚实，因此，智库系统的公共性特别突出：(1) 在价值取向上，政策知识的生产服务于公共利益，而不是服务于部分的、特殊的利益，更不是私人资本的利益，即使社会智库也必须始终以维护国家利益和人民利益为根本出发点。(2) 在组织属性上，大多数智库属于公共机构，其中党政军智库和事业单位类型的智库是国家根据决策的需要而设立的，高校智库也基本设立在公立大学中，这些构成我国智库的绝对主体，而社会智库数量较少，且主要发挥补充作用。(3) 在资金来源方面，党政军智库和事业单位型智库完全或主要依赖公共财政，高校智库也主要依赖公共经费，高水平的社会智库不仅与政府有着紧密联系，还受到政府资助，因此甚至被认为是半官方智库。

---

① Campbell, J. L., & Pedersen, O. K., "Knowledge Regimes and Comparative Political Economy", in *Ideas and Politics in Social Science Research*, Béland, D., & Cox, R. H. (eds.), New York: Oxford University Press, 2011, p.185.

② 刁榴、张青松：《日本智库的发展现状及问题》，《国外社会科学》2013 年第 5 期。

③ Aymes, J. F. L., "Formation and Evolution of the Knowledge Regime and the Development Process in Korea", *Korean Studies*, 2014, pp.91–123.

④ 国务院发展研究中心赴韩国智库专题调研考察团：《韩国智库考察报告》，《中国发展观察》2013 年第 12 期。

第二节　政策知识的主要功能是决策咨询

不同的知识体制下，智库系统所生产的政策知识的功能不尽相同。在以美国为代表的多元竞争型政策制定体制下，政策制定参与主体多，不同类型的政策研究机构服务于不同的国家机构、政党、利益集团，政策知识的功能不仅有决策咨询，还有政策辩论、政策倡导、利益代言。在这种政策制定体制下，政策知识是各类主体争夺政策影响力的工具，其内容在相当大的程度上与权力争夺、利益分配、价值选择及意识形态斗争高度相关，因而政治属性强。在德国的共识导向的协商型决策体制下，政策思想的竞争性弱，相对较少的智库长期为政府提供决策咨询，① 政策知识的主要功能也是决策咨询。而在行政主导型政策制定体制下，政策制定封闭性较强、参与主体较少，政策知识的主要功能是为行政机构提供决策咨询，其他功能比较弱，同时，政策知识的技术性较强。例如，在法国，专家知识"几乎完全是为行政权力服务的决策辅助工具"② 。在日本的官僚主导公共决策的背景下，智库的生态是"依附型"的，智库的功能主要体现在具体政策制定与执行的辅助工作上，更接近于官僚的"技术型助手"角色，而不是提出鲜明的政见观点。③

在我国的政策制定过程中，行政机构主动对社会各方利益进行协调与综合，尽管随着政策制定过程开放程度的逐渐提高，制定政策时会听取包括利益群体在内的不同方面的意见，但后者一般并不以利益集团的身份参与和影

---

① Ruser, A., *Climate Politics and the Impact of Think Tanks: Scientific Expertise in Germany and the US*, Cham: Springer, 2018, p.114.

② ［法］洛朗·热弗鲁瓦等：《政策制定中的科学专家知识：以法国工作政策为例》，载［德］尤斯图斯·伦次、［德］彼得·魏因加特：《政策制定中的科学咨询：国际比较》，王海芸等译，上海交通大学出版社 2015 年版，第 186 页。

③ 胡薇：《社会经济治理视角下日本智库的"独特性"》，《清华大学学报（哲学社会科学版）》2022 年第 1 期。

响决策，对政策制定的参与程度及影响力相对有限，这导致出于争夺政策影响力而产生的政策知识需求很小，智库主要作为决策咨询机构发挥作用。其功能定位非常明确，即"以服务党和政府决策为宗旨，以政策研究咨询为主攻方向"，"紧紧围绕党和政府决策急需的重大课题，围绕全面建成小康社会、全面深化改革、全面推进依法治国的重大任务，开展前瞻性、针对性、储备性政策研究，提出专业化、建设性、切实管用的政策建议，着力提高综合研判和战略谋划能力"。①

第三节　政策知识生产系统的中心化结构

政策制定主体的结构决定智库系统的结构，前者即不同的"政策风格"或"行政风格"，包括各种行为者的权力地位及中心所在等。② 决策权分散往往意味着知识体制结构的分散化，反之亦然。例如，美国由于权力结构的高度分散性，决定了其知识体制的明显特点是由学术性、倡导性和国家研究组织所形成的"碎片化"结构。③ 其中的一个典型体现是，在其"制衡"体制下，由于联邦国会发挥重要作用，跨国比较发现美国国会是"唯一拥有重要的政策研究实力的议会"④。在德国，社团主义传统及决策过程的协商性决定了知识体制的相对分散性，因而没有出现围绕特定决策主体的中心化结构，政策知识生产机构

---

① 《中共中央办公厅、国务院办公厅印发〈关于加强中国特色新型智库建设的意见〉》，2015 年 1 月 20 日，见 http://www.gov.cn/xinwen/2015-01/20/content_2807126.htm。

② ［德］彼得·瓦格纳、［德］赫尔默特·沃尔曼：《从事政策研究和咨询的社会科学家：几个方面的跨国比较》，载中国社会科学杂志社编：《社会科学与公共政策》，社会科学文献出版社 2000 年版，第 232—233 页。

③ Campbell, J. L., & Pedersen, O. K., *The National Origins of Policy Ideas: Knowledge Regimes in the United States, France, Germany and Denmark*, Princeton: Princeton University Press, 2014, p.43.

④ ［德］彼得·瓦格纳、［德］赫尔默特·沃尔曼：《从事政策研究和咨询的社会科学家：几个方面的跨国比较》，载中国社会科学杂志社编：《社会科学与公共政策》，社会科学文献出版社 2000 年版，第 233 页。

对各个决策主体保持相对独立性，但由于对政策知识客观性的重视，学术型智库享有特权，公立大学和公共研究机构构成政策研究网络的重点。①

　　而在较多的行政机构主导政策制定的体制中，往往会形成以行政机构为中心的知识体制。例如，法国的权力中心是行政机构，绝大多数提供专家知识的机构都受行政机构管理，专家知识是"由行政执行部门以对自己最有利的方式"集中起来的，呈现出"高度集中化"的特点，②"法国国家专家知识是通过一张以行政专家知识为核心的网络来运转的"③。而其他政治角色，包括议会、反对党、工会组织等，则没有独立的研究能力，"法国议会几乎没有办法得到专家的分析建议"④。与此同时，国家研究机构居于主导地位，民间机构则难以获得信任，"法国政府官僚不想让民间社会中的组织质疑国家技术官僚的智慧"⑤。这种知识体制在发展型国家背景下的日本表现得尤为突出，其特点是政府部门内部研究机构居于绝对主导地位，尽管随着20世纪90年代以来政治经济体制的变化，民间研究机构有增多的现象，但由于官僚机构主导政策过程的情况并未根本改变，历来人们都把官僚机构看成日本最大的智库。⑥因而，在这种"官僚精英主义"

① Ruser, A., *Climate Politics and the Impact of Think Tanks: Scientific Expertise in Germany and the US*, Cham: Springer, 2018, p.157.

② ［法］洛朗·热弗鲁瓦等：《政策制定中的科学专家知识：以法国工作政策为例》，载［德］尤斯图斯·伦次、［德］彼得·魏因加特：《政策制定中的科学咨询：国际比较》，王海芸等译，上海交通大学出版社2015年版，第94—95页。

③ ［法］洛朗·热弗鲁瓦等：《政策制定中的科学专家知识：以法国工作政策为例》，载［德］尤斯图斯·伦次、［德］彼得·魏因加特：《政策制定中的科学咨询：国际比较》，王海芸等译，上海交通大学出版社2015年版，第109页。

④ ［法］洛朗·热弗鲁瓦等：《政策制定中的科学专家知识：以法国工作政策为例》，载［德］尤斯图斯·伦次、［德］彼得·魏因加特：《政策制定中的科学咨询：国际比较》，王海芸等译，上海交通大学出版社2015年版，第105页。

⑤ Campbell, J. L., & Pedersen, O. K., "Policy Ideas, Knowledge Regimes and Comparative Political Economy", *Socio−Economic Review*, Vol.13, No.4(2015), pp.679–701.

⑥ 王屏：《从研究智库的理论与方法看日本智库的作用及影响》，《日本学刊》2017年第5期。

的政策结构下，民间智库影响政策辩论仍然是困难的。[①] 与日本类似的是韩国，决策的权威实际上完全由政府掌握，官方智库相应地居于主导地位；在进入后发展型国家阶段后，虽然非政府智库数量激增，但它们很难被认为是可靠的思想来源，其贡献充其量是"边缘化的"，由于公共研究机构的优势，知识体制的"金字塔结构几乎从一开始就盛行"。[②] 这在一定程度上也是东亚地区的普遍特点，即官僚机构在决策中处于支配地位，知识与权力呈现出同样的集中的特点，最初一代智库则位于官僚机构内部及周围，由政府主动建立以努力推进当前的政策议程，智库的功能则与位置有关。[③]

受到政策制定主体结构的特点决定，我国知识体制的中心化特征非常明显，在一定程度上与行政主导型政策制定体制较为接近：（1）智库主要围绕行政机构设立。智库以中央行政机构为中心设立，以满足后者对政策知识的大量需求，并紧紧围绕各项政策议程开展研究，虽然有党的研究机构在重大政策制定中发挥重要作用，但从数量上来看，服务行政机构的智库占绝大多数。（2）自内而外的发展路径。在智库系统的发展方面，行政机构自身是政策知识的重要来源，之后随着政策知识需求的增长，从内而外设立新的政策研究机构，基本发展路径是政府（部门）研究机构—事业单位型综合性研究机构—高校智库—社会智库，即呈现出一些国家的知识体制演化所存在的、类似法国的从中心到边缘不断"外部化"（externalization）的现象。[④]（3）位置决定功能。在服务决策的过程中，不同智库的作用并非同等，而是形成一

---

① Maslow, S., "Knowledge Regimes in Post-Developmental States: Assessing the Role of Think Tanks in Japan's Policymaking Process", *Pacific Affairs*, Vol.91, No.1(2018), pp.95–117.

② Aymes, J.F.L. "Formation and Evolution of the Knowledge Regime and the Development Process in Korea", *Korean Studies*, Vol.38(2014), pp.91–123.

③ Nachiappan. K., Mendizabal. E., & Datta A., *Think Tanks in East and Southeast Asia: Bringing Politics Back into the Picture*, London: Overseas Development Institute, 2010.

④ Campbell, J. L., & Pedersen, O. K., "Policy Ideas, Knowledge Regimes and Comparative Political Economy", *Socio—Economic Review*, Vol.13, No.4(2015), pp.679–701.

些研究者所说的以政府权力为中心的"圈层结构"，即作用的发挥取决于与决策层的距离，离决策中心距离越近，其获取信息越方便、获得信任及资源越多、研究成果越容易传递，因而发挥的作用越大，如在外交政策领域，部委附属智库的影响力最强，国家级综合性研究机构次之，高校智库的影响力最弱。①

第四节　政策知识功能的集思广益性

政策制定的共识程度不同，政策知识的特征及其作用也不同，从根本上看，这也是政策过程的特点所决定的。政策过程竞争性强的情况下，不同参与主体共识程度低，为争夺影响力所生产的政策知识的竞争性也强。反之，若政策过程协调性强，政策制定尤其是决策主要基于共识，则政策知识的竞争性弱，甚至政策知识生产过程也呈现出协商性的特点。美国就属于前一种情况，在典型的"多头玩家""否决玩家"体制下，政策过程的竞争性导致知识体制的冲突性，并显示出极端的特点，即"不受限制的竞争和冲突、组织流血，甚至偏执"②。麦甘认为，在美国党派斗争加剧的背景下，智库已被用作斗争的"弹药"。③ 随着美国智库日益热衷于营销而不是研究，持明显意识形态的机构所占的比重从不足 1/4 增加到过半。④ 相比之下，在德国的社团主义传统下，国家机构和组织良好的商业和劳工协会之间进行谈判并就

---

① ABB, P., "China's Foreign Policy Think Tanks: Changing Roles and Structural Conditions", *GIGA Working Papers*, 2013, p.213.

② Campbell, J. L., & Pedersen, O. K., *The National Origins of Policy Ideas: Knowledge Regimes in the United States, France, Germany and Denmark*, Princeton: Princeton University Press, 2014, p.35.

③ [美] 詹姆斯·G. 麦甘：《美国智库与政策建议：学者、咨询顾问和倡导者》，肖宏宇、李楠译，北京大学出版社 2018 年版，第 92 页。

④ [美] 安德鲁·里奇：《智库、公共政策和专家治策的政治学》，潘羽辉等译，上海社会科学院出版社 2010 年版，第 189 页。

各种问题达成共识，其决策风格是"促进妥协、温和路线和渐进的政策变革"①，相应地，要求政策知识必须是"科学的和'中立的'"②，如德国智库中有 60% 以上在政治 / 意识形态上是不可识别的，因为大多数智库遵守学术的标准和方法论原则，而不是政治价值观或特殊利益。③ 同时，当政策研究机构向政府提出重要的政策分析与建议时，来自不同机构的专家会通过协商机制达成一致。④ 而在行政主导型政策制定体制下，政策制定的政治基础一般比较稳固，政策知识的技术性强。例如，在法国，竞选胜利者往往同时控制着行政和立法部门，政策制定是在与外部达成基本共识的情况下由政府完成的，受利益集团及政党政治的影响小，与此对应的是政策知识生产被认为是"技术性的、无党派性的"⑤。就东亚而言，大多数情况下是强势的国家主导着政治与政策制定，政策制定主要基于发展目标形成的"治理共识"⑥，智库作用的发挥也往往以这种共识为前提，政策知识生产体现出较强的技术性与互补性。在韩国，研究机构更专注于政策分析，而不是新思想的产生，不同研究机构之间则是"共生"关系。⑦

① Campbell, J. L., & Pedersen, O. K., *The National Origins of Policy Ideas: Knowledge Regimes in the United States, France, Germany and Denmark*, Princeton: Princeton University Press, 2014, p.132.

② Ruser A., *Climate Politics and the Impact of Think Tanks: Scientific Expertise in Germany and the US*, Cham: Springer, 2018, p.152.

③ Braml, J., "US and German Think Tanks in Comparative Perspective", *German Policy Studies*, Vol.3, No.2(2006), pp. 222–267.

④ Campbell, J. L., & Pedersen O. K., *The National Origins of Policy Ideas: Knowledge Regimes in the United States, France, Germany and Denmark*, Princeton: Princeton University Press, 2014, p.149.

⑤ Campbell, J. L., & Pedersen O. K., "Knowledge Regimes and Comparative Political Economy", in *Ideas and Politics in Social Science Research*, Béland, D., & Cox, R. H. (eds.), New York: Oxford University Press, 2011, p.186.

⑥ Nachiappan. K., Mendizabal. E. & Datta A., *Think Tanks in East and Southeast Asia: Bringing Politics Back into the Picture*, London: Overseas Development Institute, 2010.

⑦ Aymes, J. F. L., "Formation and Evolution of the Knowledge Regime and the Development Process in Korea", *Korean Studies*, Vol.38(2014), pp.91–123.

我国政策制定的出发点是广大人民群众的根本利益，由于没有不同利益之间的明显冲突，在客观上更容易取得共识，在决策体制上则属于典型的"共识型体制"。由于政策制定的出发点及决策机制的上述特点，使得我国政策制定的共识基础更为广泛与坚实，也决定了政策知识的基本特征：（1）政治嵌入性。政策知识生产以共同的政治基础为前提，政治要求被嵌入知识体制之中，知识体制在政治上具有高度的一致性，因而被研究者称为"政治嵌入性知识体制"①。（2）客观性。由于以明确的公共利益为基本出发点，加上智库系统自身的公共性，政策知识生产较少受到不同的利益、价值和意识形态的影响，政策知识的客观性强。（3）功能互补性。尽管智库可能属于不同的系统，或归属于不同的部门，但智库系统服务的是一个决策共同体，而不是多个彼此对立的决策主体，因此，与"多头玩家""否决玩家"决策体制下的竞争参与型智库不同的是，我国一体化决策体制所对应的是"集思广益型智库"。② 智库之间尽管在功能上有一定的竞争性，但主要是互补关系，以此实现整体功能的最大化。

第五节　政策知识传递的主动吸纳性

在不同的政策制定体制下，政策知识传递的方式也不同。在多元竞争型政策制定体制下，政策知识主要通过"思想市场"实现横向传递，政策知识的供给和需求通过"市场"得以衔接，美国就是此类典型，因而其知识体制被归类为"市场导向型"。若政策制定的协商性强，则智库功能主要是决策咨询，倡导、游说等功能较弱，思想竞争则受到节制，政策

---

① Zhu, X., "Think Tanks in Politically Embedded Knowledge Regimes: Does the 'Revolving Door' Matter in China?", *International Review of Administrative Sciences*, Vol.86, No.2(2020), pp.295–315.

② 王绍光、樊鹏：《"集思广益型"决策：比较视野下的中国智库》，《中国图书评论》2012年第 8 期。

知识的传递及其运用在相当大的程度上取决于政策研究机构与决策主体，特别是行政机构的制度化联系，德国就是如此，其咨询领域像一个"封闭的商店"（closed shop），被相对少数关系良好的"内部人"所主导。① 若决策的理性化程度高，特别是在较多的以行政机构为中心的政策制定体制下，政府在知识运用中处于主导性地位，行政机构对来自外部的政策知识具有很强的选择性，政策知识传递主要体现为决策中心的主动吸纳，具有纵向传递的特点，对具体的政策研究机构来说，传递政策知识主要依赖于与行政机构的联系渠道，而民间智库往往缺乏向决策者传递政策知识的途径。例如，在法国，大多数由国家设立的学术类研究组织与特定政府部门保持联系，与之对应，法国的公务员文化并没有给民间社会的研究机构参与政策制定提供多少机会，这源自法国长期存在的对政治领域中"市场"的不信任。② 行政机构根据政策目标"动员科学力量"，"寻求"专家知识，对政府之外的专家则有明确的"遴选机制"，这也使得政策知识系统还具有"网络型组织"的特点。③ 在日本，尽管出现了一定数量的民间智库，但其作用在很大程度上局限于"政府预定的政策议程"，且对它们而言，与政府、执政党和官僚机构的密切联系是影响政策议程的关键条件。④ 很多日本智库不仅在研究选题方面更倾向于具体"技术性"问题和解决方案，也很少在公共媒体上发声，而是选择以

① Ruser, A., *Climate Politics and the Impact of Think Tanks: Scientific Expertise in Germany and the US*, Cham: Springer, 2018, p.114.

② Campbell, J. L., & Pedersen, O. K., "Knowledge Regimes and Comparative Political Economy", in *Ideas and Politics in Social Science Research*, Béland, D., & Cox, R. H. (eds.), New York: Oxford University Press, 2011, p.182.

③ ［法］洛朗·热弗鲁瓦等：《政策制定中的科学专家知识：以法国工作政策为例》，载［德］尤斯图斯·伦次、［德］彼得·魏因加特：《政策制定中的科学咨询：国际比较》，王海芸等译，上海交通大学出版社 2015 年版，第 109 页。

④ Maslow, S., "Knowledge Regimes in Post-Developmental States: Assessing the Role of Think Tanks in Japan's Policymaking Process", *Pacific Affairs*, Vol.91, No.1(2018), pp.95–117.

内部渠道或专业报告的形式发布自己的研究成果。① 在发展型国家时期的韩国，政府不鼓励经济政策和发展观点上的竞争，实行市场自由化政策之后，尽管随着非政府研究机构的出现带来了一定的思想竞争，但这种竞争受到"民间社会知识生产者的公共资金和国家自己的内部分析能力"的支配，且非政府研究机构缺乏与政府沟通的正式渠道，思想的产生仍然处于"金字塔结构"之下。② 这在一定程度上也是东亚知识体制的特点，大部分智库的功能是面向决策系统通过各种方式"向上"传递专门知识和智力。③

　　在我国的政策制定体制下，政策知识传递的吸纳性特征非常突出。政策知识是通过特定渠道向上传递给决策者，对智库而言，关系网络，尤其是行政联系是影响决策的重要决定因素。④ 因此，尽管我国对于新的政策知识主体和观点有着比过去更为开放的环境，但政策影响仍取决于与不同政府部门的行政联系这一政策影响的"通货"。⑤ 在政策制定中，以行政机构为主体的政策制定者，除了依赖自身的专家，还根据需要选择外部的专家参与。例如，在起草五年规划的过程中，中央财经委员会办公室及活跃在其周围的智囊、国家发展改革委各司局、部委所属的研究机构，以及一群经过"精心挑选"出来的、有名望的经济学家和顾问，在其中发挥着不同的作用。⑥ 在吸纳性的传递机制下，行政部门，尤其是行政官员在专家选择时拥有大量的自主权，

---

① 胡薇：《社会经济治理视角下日本智库的"独特性"》，《清华大学学报（哲学社会科学版）》2022 年第 1 期。

② Aymes, J.F.L., "Formation and Evolution of the Knowledge Regime and the Development Process in Korea", *Korean Studies*, Vol.38(2014), pp.91–123.

③ Nachiappan, K., Mendizabal, E., & Datta, A., *Think Tanks in East and Southeast Asia: Bringing Politics Back into the Picture*, London: Overseas Development Institute, 2010.

④ Zhu, X., "The Influence of Think Tanks in the Chinese Policy Process", *Asian Survey*, Vol.49, No.2(2009), pp.333–357.

⑤ Nachiappan, K., "Think Tanks and the Knowledge–policy Nexus in China", *Policy and Society*, Vol.32, No.3(2013), pp.255–265.

⑥ 韩博天、奥利佛·麦尔敦、石磊：《规划：中国政策过程的核心机制》，《开放时代》2013 年第 6 期。

其个人关系网络在政策知识运用中起着重要作用。有实证研究表明，司局级官员关系网络在所有行政级别的网络连接中对专家影响力的实现贡献最大，其动员决策资源能力最强，由于他们具体负责政策决策，对专家而言，与决策者网络，特别是与司局级官员保持密切关系是实现政策影响力的重要条件。①

第六节　政策知识运用的科学化

政策过程的理性化程度不同，政策知识运用的方式与结果也不同。政策过程的竞争性会导致政策知识运用的竞争性，不同主体博弈的结果决定谁的政策知识发挥作用，这时智库发挥作用并不意味着其有助于提高决策的理性化程度。美国就是这类典型，在"赢家通吃"的政治中，政策知识成了政治斗争的武器，这时智库的中立性和研究的客观性难以保障，不同智库生产的政策知识也会是冲突性的。"在很多议题上，不同的利益集团可能提出相互冲突的研究结果，政策制定者要从中发现真相可能很难。"②"所以政治'科学化'的历史并非决策日益理性化的历史，而首先是社会科学知识的生产和应用'多元化'的历史。"③ 这也意味着政策知识的运用未必能促进政策制定的理性化，"在美国那样的国家里，协调各方利害的机构力量较弱，对立冲突的风格就完全决定了政策研究如何进行和运用，甚或根本不用"④。同时，

---

①　朱旭峰：《"司长策国论"：中国政策决策过程的科层结构与政策专家参与》，《公共管理评论》2008 年第 7 期。

②　[美] 杰弗里·M. 贝瑞、[美] 克莱德·威尔科克斯：《利益集团社会》，王明进译，中国人民大学出版社 2012 年版，第 185 页。

③　[德] 彼得·瓦格纳、[德] 赫尔默特·沃尔曼：《从事政策研究和咨询的社会科学家：几个方面的跨国比较》，载中国社会科学杂志社编：《社会科学与公共政策》，社会科学文献出版社 2000 年版，第 246 页。

④　[德] 彼得·瓦格纳、[德] 赫尔默特·沃尔曼：《从事政策研究和咨询的社会科学家：几个方面的跨国比较》，载中国社会科学杂志社编：《社会科学与公共政策》，社会科学文献出版社 2000 年版，第 241 页。

由于政策制定在很大程度上取决于不同参与主体之间博弈，当环境发生变化，或参与主体之间力量对比发生改变，政策也往往发生改变，其政党制度更是加剧了这种变动性，所以在政策知识运用上的特点是"党派性"和"非连续性"。① 而在公共利益的基础比较稳固，政策过程协商性强的政策制定体制下，政策知识的运用有利于决策的科学化，德国就是这种情况的代表。同时，由于政策知识生产中的咨询和协商机制，服务于决策咨询的政策知识体现出"稳定性"，② 政策知识按照公共利益的需要得以科学运用，而不是服务特定利益的政治化利用，更不是出于利益集团的需要对科学知识进行歪曲和诋毁，这方面与美国形成鲜明的对比。例如，在气候变化的政策制定过程中，当德国的学术智库正在致力于向决策者和更广泛的公众解释科学知识时，美国智库却在根据利益集团的需要挑战科学发现的确定性。③ 而在行政主导政策制定的体制下，行政机构运行具有很强的连续性、稳定性，其根据决策的实际需要，主动吸收政策知识并自主地加以运用，政策知识的运用促进了政策制定的理性化。东亚地区国家的这一特点较为明显，行政机构在政策制定中居于主导地位，政策知识运用有效地促进了行政理性。

在我国，相对于一般国家而言，公共政策具有很强的稳定性，这是几个方面的原因所决定的：首先，政策制定的出发点是广大人民群众的根本利益，是社会中绝大多数成员的共同利益，这种利益基础是非常稳固的；其次，具体的政策制定是基于广泛而坚实的共识；最后，政府在政策制定过程中保持着高度的自主性，不会轻易受到各种外部因素影响。这种稳定性源于

---

　　① Campbell, J. L., & Pedersen, O. K., *The National Origins of Policy Ideas: Knowledge Regimes in the United States, France, Germany and Denmark*, Princeton: Princeton University Press, 2014, p.299.

　　② Campbell, J. L., & Pedersen, O. K., *The National Origins of Policy Ideas: Knowledge Regimes in the United States, France, Germany and Denmark*, Princeton: Princeton University Press, 2014, p.310.

　　③ Ruser, A., *Climate Politics and the Impact of Think Tanks: Scientific Expertise in Germany and the US*, Cham: Springer, 2018, p.167.

国家发展过程的高度理性化，从远期看，有系统化的、一以贯之的国家战略或长期规划，还有中期战略与规划，并以此确定年度工作目标，因此，规划是这种高度理性化的集中体现，也是我国政策过程的显著特点。有研究者认为，对中国政策过程的研究大都忽略了规划这个核心机制，中国政府通过规划建立起一个"可预见"的政策过程，各个层级不同领域的政策主体相互链接成为一个庞大的网络，输出不计其数的政策文本，规划依附行政层级体系运行，这个特点使中国与其他东亚发展中国家有了本质区别，也超越了现有西方主流解释框架。① 这也决定了政策知识运用方面的特点：（1）选择性。政策制定者不是被动地受到各种政策思想的影响，而是基于政策制定的需要有选择性地吸纳来自不同方面的政策知识。（2）自主性。虽然没有诸多学者所说的类似美国的"思想市场"，但是政策知识来源是多样化的，即使在内参模式下也存在不同政策理念的"竞争性说服"（competitive persuasion）②，随着智库系统的发展及专家数量的增多，政策知识的来源更加丰富，这也避免了政策知识的垄断供给可能造成的负面后果。有研究者认为，与西方智库的外部多元主义政治环境不同，中国智库具有"内部多元主义"的传统与特征，即存在"内部思想市场"③。政策制定者对不同的政策知识加以鉴别、筛选与集成，以符合公共利益的方式作出决策，在这个过程中排除不同利益的干扰，充分体现国家的自主性。（3）功能性。由于政策制定体制及政策本身的稳定性，政策知识运用上也体现出连续性、稳定性，从而在最大程度上实现政策制定科学化的目标，客观上更接近政策知识运用的理想模式。

综上所述，由于政策制定体制的决定作用，我国政策知识的功能、性

---

① 韩博天、奥利佛·麦尔敦、石磊：《规划：中国政策过程的核心机制》，《开放时代》2013年第6期。

② Halpern, N. P., "Information Flows and Policy Coordination in the Chinese Bureaucracy", in *Bureaucracy, Politics, and Decision Making in Post—Mao China*, Lieberthal, K. G., & Lampton, D. M. (eds.), Berkeley, CA: University of California Press, 1992, pp.125–148.

③ 郑永年等：《内部多元主义与中国新型智库建设》，东方出版社2016年版，第48页。

质，政策知识生产的组织以及传递渠道都具有鲜明的特点，这是中国特色新型智库的"特色"所在，① 也为考察我国高校智库的功能问题提供了认识上的基础。

① 姜尔林：《中国特色新型智库到底"特"在何处：比较知识体制的视角》，《中国行政管理》2022 年第 5 期。

第六章　政策制定体制及其知识体制对高校智库功能的影响

高校智库是政策知识生产系统的重要组成部分，功能定位主要是服务于政策制定的需要，因而，我国政策制定体制及其决定的知识体制的基本特征，必然给高校智库的功能实现带来直接影响。

第一节　对高校智库政策知识的制度性需求相对有限

作为围绕政策制定从事政策知识生产的机构，高校智库的功能从根本上看取决于政策制定的实际需要。从我国的具体情况看，政策制定体制对外部政策知识的需求，尤其是对高校智库政策知识的需求是相对有限的。

一、政策知识需求总量相对有限

不同类型的政策制定体制对政策知识的需求是不同的，比如在以美国为代表的多元竞争型政策制定体制下，其权力分散、政策制定参与主体多、政策过程开放程度高，政策过程存在诸多的"进入点"和"否决点"，这类体制对政策知识的需求总量高，原因在于：首先，其政策制定参与主体多，不同的国家机构、政党、利益集团都充分参与政策过程，在争夺影响力的激烈竞争中，都需要借助政策知识为其辩护；其次，政策知识的功能是多样化的，不仅有决策咨询，还有辩论、游说等，这也为不同类型政策知识发挥作用提供了巨大的空间；再次，政策过程开放程度高、否决节点多，因而各类主体切入政策过程的机会多，在客观上强化了对政策知识的需求；最后，其政党政治特点导致政策的稳定性、连续性低，政策的频繁变化也放大了对政策知识的需求。因而，总体来看，"美国政治体系的性质和结构创造了一个开放的体系，这样的体系提供了接触决策者和决策进程的渠道。这样一个可渗透的体系创造了智库、特殊利益游说团体、游说者和其他政策行动可以运作的肥沃土壤。"①这是美国智库数量众多、种类繁杂，且看上去非常"繁荣"的关键原因。

与此形成鲜明对比的是，在我国的政策制定体制下，对政策知识的需求是截然相反的情形：首先，政策知识的服务主体相对单一，除了行政机构外，其他国家机关、利益群体等，对政策制定参与程度相对较低，且不同主体并非竞争性参与，因而对政策知识的需求是有限的；其次，政策知识主要服务于决策咨询，辩论、游说功能非常弱，功能相对单一，这也制约了政策知识的需求总量；最后，在我国的政策体制下，政策制定的理性化程度高，政策的连续性、稳定性强，不会频繁变动，甚至朝令夕改，相对减少了对政策知识的需求。

总体来看，相对于其他类型的政策制定体制，尤其是相对于多元竞争型体制而言，我国的政策制定体制对政策知识的需求总量是较为有限的，即在其他条件不变的情况下，我国政策制定对政策知识的需求总量少于其他类型的政策制定体制。这也是我国智库总数不及美国多，表面上不如美国"繁荣"的一个重要因素，这也意味着简单地将不同国家之间的智库数量进行对比与评价是没有意义的。

---

① ［美］詹姆斯·G.麦甘：《第五阶层：智库·公共政策·治理》，李海东译，中国青年出版社2018年版，第67页。

二、对政策过程专家参与的"软约束"

在对政策知识的吸收和运用中，行政机构无疑居于主导性地位。但是在关于政策知识运用的相关研究中，较多的观点认为与其他类型的研究机构相比，高校的"用户意识"不足或政策知识产品学术性太强，因而不能适应行政机构的需要，将原因归咎于高校自身。而兰德里等人通过对政府官员的问卷调查，对于高校的社会科学研究成果在政府机构运用的程度和决定因素进行了实证分析，结果表明研究自身的特征以及研究是聚焦于学术性知识的前沿研究还是使用者需求的应用研究，均不能有效解释知识运用方面的差异，而使用者获取知识的努力、研究结果的针对性、研究者与使用者之间的联系、使用者的组织背景更能预示研究成果能否被政府官员采用。[①] 因而，政策制定者对政策知识的需要及其获取政策知识的努力，是影响高校智库功能的重要因素。

就我国的情况而言，改革开放以来，虽然一直重视决策的科学化和民主化问题，政策制定过程也日益重视专家参与，但总的来看，专家参与的制度化程度较为有限，相关规定不够明确具体。进入 21 世纪以来，由于国家治理环境的变化，专家参与行政决策的制度建设逐步推进，尤其是对于重大决策规则与程序方面，诸多重要文件都有阐述，其中最具代表性的是 2019 年国务院发布的《重大行政决策程序暂行条例》（以下简称《条例》），明确"作出重大行政决策应当遵循科学决策原则"，并对专家参与提出了具体要求。在此背景下，各级地方政府，特别是省级政府专门出台了关于决策咨询方面的规范性文件，包括依据《条例》出台地方层面的重大行政决策程序规定。这些规范性文件在客观上提高了决策环节对于政策知识的制

---

① Landry, R., Lamari, M., &Amara, N.,"The Extent and Determinants of the Utilization of University Research in Government Agencies", *Public Administration Review*, Vol.63, No.2(2003), pp.192–205.

度性需求。

但是，相对于政策制定过程的实际需要而言，这些规范性文件仍存在一些不足：（1）法律位阶不高，权威性不足。总体来看，目前关于决策咨询方面的规范性文件基本没有上升到法律的层面，这无疑会影响到实际效力。一项对省级政府决策咨询专家论证的研究表明，超过一半的相关政策文本是以诸如规定、规范、细则、意见、办法等规范性文件的形式发布，真正上升到法规层面的政策文件仅占少数。① （2）对适用情形的规定存在较大弹性，大多没有明确具体的界定。在重大行政决策事项的确定方面，《条例》是通过"列举＋排除"的方式，允许决策机关结合职责权限和本地实际确定决策事项目录、标准，经同级党委同意后向社会公布并根据实际变化调整，之所以如此，是考虑到各地区发展不平衡，各级地方政府决策的影响面和侧重点各有不同，由国家立法统一确定重大行政决策事项的具体标准、范围并不现实。② 这种情况导致的结果是，行政机构在确定重大行政决策事项目录上享有很大的自主权，因而这种目录制度存有性质不清（是内部行政行为还是外部行政行为）、权限分散（将制定权交给了决策机关自身）、标准模糊（带有较高的主观性，不同行政机关往往会采用不同标准）的问题。③ 且从此前的情况来看，在具有较大自主权的情况下，地方政府完全可能通过确定一个范围非常狭小的"目录"，从而将大量原本属于重大决策的事项排除在适用范围之外。④ 这也导致目录制度发挥的作用受到一定限制。（3）对专家的遴选、参与决策咨询的方式、程度及范围、专家的权利与义务等并未作出具体规

---

① 杨建国、李紫衍：《公共决策专家咨询制度的内容分析：反思与重构——基于 28 个省级地方政府 51 份政策文本的调查》，《中共天津市委党校学报》2019 年第 5 期。

② 《规范程序 依法决策——司法部负责人就〈重大行政决策程序暂行条例〉答记者问》，2019 年 5 月 17 日，见 http://www.gov.cn/zhengce/2019-05/17/content_5392399.htm。

③ 熊樟林：《重大行政决策目录制度的问题与应对——以〈重大行政决策程序暂行条例〉第 3 条第 3 款为对象》，《行政法学研究》2019 年第 6 期。

④ 韩春晖：《行政决策的多元困局及其立法应对》，《政法论坛》2016 年第 3 期。

定。重大行政决策的专家论证制度，本应当由专业的、中立的第三方对起草完毕的初步决策方案展开论证，但在实践中，该制度经常同专家座谈、专家参与等相混淆，导致其价值功能无法得到有效发挥。[①]《条例》对于决策承办单位组织专家论证的方式也并未予以明确，只是规定"可以"采取论证会、书面咨询、委托咨询论证等方式；且在选择专家、专业机构参与论证方面，只是提出应当坚持专业性、代表性和中立性，注重选择持不同意见的专家、专业机构等，但并没有明确具体的规定以及相应的责任机制。

上述情况造成对于决策过程专家参与的"软约束"，行政机构对于吸收外部专家参与的积极性不高，因而抑制了对于高校智库政策知识的需求。

三、对政策知识内部供给的客观需要

在我国的政策制定体制下，政策知识生产主体可以简单地分为政府内部生产机构和外部生产机构，前者包括政府部门内部的研究单位、附属于政府的综合性研究机构（事业单位型研究机构），后者则包括高校智库、社会智库等。相对于其他类型的政策制定体制而言，在行政主导政策制定的情况下，行政机构更加依赖政府部门内部研究单位。

之所以如此，是受到多方面因素的影响：（1）政策知识自身的属性。行政机构制定政策所需要的知识带有很强的情境性、技术性、操作性，这要求政策知识生产者对政策问题的具体情况以及行政机构的内部运作有全面具体的把握，在这方面行政机构内部研究单位具有明显的优势。（2）对外部政策知识的信任问题。政策知识属于一种特殊的产品，尤其是涉及复杂的科学问题和价值问题，在通过市场机制配置的情况下，买卖双方存在严重的信息不对称，在交易中容易产生信任问题，从而导致"市场失灵"，进而使得行政机构向外部购买政策知识的意愿降低，而倾向于更多地依赖自身内部研究机

---

① 江国华、梅扬：《论重大行政决策专家论证制度》，《当代法学》2017年第5期。

构。有高校智库负责人认为，相当一部分政府执行部门还处于不敢托付智库，甚至是瞧不起智库的阶段，既不知道哪家智库最值得信任，更不愿意将与决策相关的信息充分与智库分享，最终形成了"政府不信任智库，智库给不了好主意"的恶性循环。[①]（3）外部购买的价格确认问题。由于政策知识市场规模的有限性、供需双方的信息不对称，以及对政策知识产品价值评估的主观性，不同的供给者、需求者以及供需双方对政策知识产品的价值估算往往会有巨大的差异，加上行政机构购买政策知识产品的价格约束，这导致政策知识产品的价格确定机制不够有效，如在现实中体现为政府给予的课题费非常有限，与开展研究所需要的成本相去甚远，[②] 这也必然影响到交易的实现。从经济学的角度来看，内部生产和外部采购对应的是科层与市场两种不同类型的政策知识供给机制，由于政策知识自身的特点，对于行政机构来说，通过市场的方式会产生较大的交易成本，而科层的方式则更为有效。(4)政策制定的时间压力。受到公共问题不断增多等因素影响，无论是短期决策还是长期决策，行政机构都面对明显的"时间限制和时间压力"。[③] 若考虑到其他体制性因素的影响，这种压力来源更是多方面的，有研究者将之分为三个方面：科层压力，下级通常需要在特定的时间周期内对上级政府或部门的整体部署和政策指示做出回应；政绩压力，由于明确的绩效考核指标和官员任期制，使得地方官员必须努力在任期内做出足够的政绩；民意压力，即短时间突然爆发的公众情绪，要求决策者必须快速采取行动，即使某些决策只是"头痛医头、脚痛医脚"的权宜之计。[④] 随着风险社会的到来，政府管

---

① 王文：《抵制假智库，帮助弱智库，提携好智库》，《科学与管理》2017年第4期。

② 肖滨、费久浩：《专家—决策者非协同行动：一个新的解释框架——以A市政府决策咨询专家的政策参与为例》，《公共管理学报》2020年第3期。

③ 李兆友、师容：《时间语境中的政府行政决策研究》，《东北大学学报（社会科学版）》2014年第4期。

④ 肖滨、费久浩：《专家—决策者非协同行动：一个新的解释框架——以A市政府决策咨询专家的政策参与为例》，《公共管理学报》2020年第3期。

理面临越来越多的突发的、不确定性事件，要求行政机构必须快速作出决策，这导致许多决策的时间窗口非常短，尤其是在应急管理中，因而对政策知识的短期可及性提出了很高的要求，为此甚至可以牺牲质量。而高校学者由于身处行政体制之外，学术研究的时间节奏较为缓慢，且学术文化往往将质量放在非常重要的地位。约瑟夫·奈曾对政策制定和学术领域的两种文化进行比较，认为对学者来说，时间是次要因素，逻辑的准确和理论的优美则是主要的，而对于政策实践者而言，时间就是全部。[①] 加上高校的学者往往不能及时掌握一手信息，因而很难在短时间内迅速给出对策建议。

上述因素导致行政机构从外部获取政策知识的积极性不足，政府内部研究机构与事业单位型智库则构成政策知识的主要来源，从而"主导"了政策建议领域。[②] 而适应这种政策制定体制的需要，行政机构内部及附属研究机构不但建立时间早，而且数量多、规模大、实力强。就国务院层级而言，除了作为国务院办事机构的国务院研究室、作为直属机构并承担决策咨询功能的国务院参事室，还有作为直属事业单位的国务院发展研究中心、中国社会科学院等；在作为国务院组成部门的各个部委中，均设有政府部门附属研究机构，且有着较长时期的历史和很强的研究实力。比如，附属于外交部的中国国际问题研究院，前身为创立于 1956 年的中国科学院国际关系研究所，2020 年经中央全面深化改革委员会审议批准为国家高端智库建设试点单位；直属于财政部的中国财政科学研究院，前身为 1956 年成立的财政部财政科学研究所，2020 年成为国家高端智库建设试点单位；直属于国家发展改革委的宏观经济研究院更是于 2015 年经中央深改办批准为第一批国家高端智库建设试点单位。实际上，国务院组成部门的每一个部委都设有规模可观的直属研究单位，其核心职能是决策咨询，如直属于教育部的中国教育科学研究院，

---

① ［美］约瑟夫·奈：《国际关系：理论与实践的相关性》，《国际政治研究》2009 年第 3 期。

② Nachiappan, K., "Think Tanks and the Knowledge–policy Nexus in China", *Policy and Society*, Vol.32, No.3(2013), pp.255–265.

有事业编制在职职工 270 人，其中具有专业技术职务人员 245 人，具有博士学位科研人员比例达 75%，2018—2020 年共认定决策服务成果 193 份。① 除此之外，在一些部委中还设有专门负责政策制定的司局级机构，比如外交部的政策规划司、教育部的政策法规司、科技部的战略规划司等，一些部委内部还设有政策研究机构，如财政部和发展改革委下设政策研究室，这些机构无疑也具有较强的研究能力。在省一级，情况也基本如此，省级政府及其组成部门也逐渐建立自己的研究机构，其主要功能也是服务于政策制定的需要。

　　由于上述原因，决策者在政策制定时往往更加倚重本机构内部及附属机构政策研究专家与事业单位型研究机构专家，而不是来自高校的专家。基于某直辖市的调查结果表明，尽管有 42.2% 的局处级领导干部在启动决策程序时采纳了"知识"，但不同来源知识的分布极不平衡，"专家知识"的比例不但远低于政府内部知识和民众知识，甚至低于媒体知识。② 前述对某市的实证研究也有类似的发现，专门刊登专家政策建议的决策咨询专刊的发稿量远远低于由政府工作人员自身供稿的内参报告的发稿数量。③ 这种情况说明对高校智库的政策知识需求，尤其是直接服务于决策咨询的需求相对有限。已有的关于高校智库功能的研究较多地关注到供给端，将制约因素主要归咎于高校智库政策知识生产的不足，而往往忽视了需求端因素的影响。与此相应的是，不少研究者在论及高校智库的功能困境时，寄希望于通过培育政策分析市场甚至"思想市场"发挥作用，这实际上是忽视了政策制定体制对于"思想市场"发育的制约作用。

---

　　① 　中国教育科学研究院：《我院简介》，2022 年 3 月 10 日，见 http://www.nies.edu.cn/wygk/wyjj。

　　② 　朱旭峰、田君：《知识与中国公共政策的议程设置：一个实证研究》，《中国行政管理》2008 年第 6 期。

　　③ 　费久浩：《专家的决策影响力：评价体系、现实状态与优化路径——基于 G 市政府决策咨询专家库的分析》，《智库理论与实践》2022 年第 2 期。

第二节　政策制定的利益与价值因素制约高校智库的功能空间

在相当长的一段时间内，人们对社会科学研究结果的运用抱有比较乐观的态度，认为通过社会科学知识的运用，可以促进决策的理性化，从而提高决策质量，并进行了大量的实践，我国智库建设过程中也存在对社会科学知识功能的这种期待。但是，这种乐观态度忽视了政策过程的特点，"这些尝试在很大程度上是建立在对政策过程的高度理性观念的基础上的。决策者、目标、替代方案以及不同行动方案的成本和可能性被认为是明确的，而政策将由一系列经过仔细计算的选择形成。"①但现实中的政策制定并非如此，政策过程是高度复杂性的，受到利益格局、价值观念、公众情绪、决策机构乃至决策者个人意志等诸多因素的影响，这意味着决策的理性化程度是有限的。

在这种情况下，就研究者而言，要通过科学的方式找到各方都能接受的政策建议可能是很难的，这也使得社会科学知识的有用性受到质疑。"理性的呼声并不总能博得听众。特别是，有人可能补充说，学者和其他分析人员所从事的大量专业分析是白费心机。政府官员往往说，他们发现提供给他们的分析结果并无多大用处；而专业分析人员则说，当官的忽视了他们的成果。"②这种情况导致符合科学要求的政策知识未必适应实际需要，因而无法发挥作用。因此，政策过程的复杂性是导致高校的社会科学研究难以充分发挥作用的重要因素。

一、政策制定的利益因素

从知识运用的角度来看，政策制定的政治属性是影响高校生产的社会科

---

① Lester, J. P., & Wilds, L. J., "The Utilization of Public Policy Analysis", *Evaluation and Program Planning*, Vol.13, No3(1990), pp.313–319.

② [美] 查尔斯·E. 林布隆：《政策制定过程》，朱国斌译，华夏出版社 1988 年版，第 21 页。

学知识发挥作用的关键因素。知识运用理论的代表人物韦斯对此有精辟的阐述："决策过程是一个政治过程，其基本目的是调和利益，以便谈判达成共识，而不是执行逻辑和真理。"[1] 阿尔温·托夫勒也有类似的观点："政治的内涵是权力，而非真理。政府决策并不基于'客观'的发现和对事物的透彻理解，而是以追求各自预想利益的力量之间的冲突为基础。"[2] 对这些利益关系的处理显然是属于政治事务的范畴，并非学术研究所能有效解决的。"大学的纯理论研究被用于确定政治目标，并被指明要如何有效实现这些目标，但如何解决这些现实问题和如何实现这些目标，却并非完全是大学自身的争论，这些争论自然具有政治性。"[3] 在社会分化程度高、政策制定过程竞争性强的体制下尤其如此。例如，在美国的多元竞争型政策制定体制下，公共利益的基础薄弱，由于不同方面利益的冲突性与竞争性，以公共利益为出发点的知识生产面临没有需求的境地。更严重的是，高校卷入政策制定中的政治问题甚至会给自身带来风险，"当一个政策中心提出一个公共问题的解决方案时，如果这个解决方案在政治上不受欢迎，它可以同时使其大学陷入危险之中"[4]。而这正是美国高校在政策知识生产中作用非常有限的关键原因。高校在美国知识体制扮演着"边缘性"的角色，主要是作为一个研究人员的训练基地。[5]

在我国，公共政策的出发点是最广大人民群众的根本利益，公共利益的

---

① Weiss, C., "Research for Policy's Sake: The Enlightenment Function of Social Science Research", *Policy Analysis*, Vol.3, No.4(1977), pp.531–545.

② [美] 阿尔温·托夫勒：《权力的转移》，刘红等译，中央党校出版社 1991 年版，第 306 页。

③ [美] 约翰·S. 布鲁贝克：《高等教育哲学》，王承绪等译，浙江教育出版社 1998 年版，第 29 页。

④ Melnick, R., "University Policy Centers and Institutes: The Think Tank as Public Service Function", *Metropolitan Universities*, Vol.10, No.1(1999), pp.9–19.

⑤ Campbell, J. L. & Pedersen, O. K., *The National Origins of Policy Ideas: Knowledge Regimes in the United States, France, Germany and Denmark*, Princeton: Princeton University Press, 2014, p.57.

基础较为稳固、内涵相对更为明确，这是所有类型智库政策知识生产的出发点，即"以人民为中心"，"始终以维护国家利益和人民利益为根本出发点"，从而实现了政治属性与公共属性的有机统一。这种明确的公共利益取向，以及政策制定过程的理性化，在政策知识需求的特点方面与高校的知识生产具有较强的契合性，这也为高校智库的发展提供了潜在功能空间。但是，尽管如此，由于政策制定不可避免地涉及不同的利益，以及政策制定者对处理这些利益关系时的相关考量，高校智库所提出的政策建议不一定符合政策制定的实际需要。

二、政策制定的价值取向

除了利益方面的因素，政策制定难免会受到价值因素影响。包括在价值多元化背景下，不同价值观之间的冲突也会体现在政策制定过程中，进而使得高校智库从事政策知识生产时难以回避价值选择问题，甚至陷入非此即彼的困境。从价值主体来看，行政机构作为政策制定的关键主体，其价值取向对政策制定的影响最大，也最为直接，并与高校智库政策知识生产的公共价值取向形成一定张力，在如下方面体现得较为突出。

一是"管理主义"。以科层制原则组织起来的行政机构具有支配性倾向，尤其是对于作为后发型现代化国家的我国来说，出于对秩序和效率的追求，其行为具有很强的管理主义的特点，即过于强调自上而下的管理，具有明显的管理行政的色彩，在社会转型时期这种倾向更为突出。[①] 在社会管理领域则体现得较为明显，这种管理主义的价值取向会导致学者基于纯理论研究提出的政策建议不被采用。

二是"政绩冲动"。在以"政绩竞争锦标赛"为特点的考核与晋升机制下，对"政绩"的追求是行政机构行为的一个重要动力，尤其是对于实行任

---

① 唐任伍、张伟群、汪珞：《管理主义行为的价值迷思及其矫正》，《中国行政管理》2016年第1期。

期制的行政官员而言，多出政绩、快出政绩最为符合其任期内政绩最大化的目标。在这种机制的作用下，其会倾向于重视短期内能够出政绩且相对简单的政策问题，而效果显现时间缓慢、问题复杂性强的政策问题往往不容易引起重视，因为有的问题解决所需要的时间可能远远超过其任期。"政治官员的政治生涯不如职业官僚那么长……在大型组织里，一些事情需要四年以上的努力才会真正改变。"① 这种情况也会导致针对后一类政策议题的政策建议难以被采纳。

三是"形式主义"。形式主义、官僚主义问题长期存在，行政组织权力越集中、规模越大、层级越多，这种行为倾向越突出。形式主义导致在政策过程中热衷于追求"看得见"的形式，而对"看不见"的效果重视不够，重形式价值，而不重实质价值，甚至有的政策出台本身就是为了应对上级的需要，或者仅仅具有象征性意义，并非要真正解决问题。在这种情况下，高校学者提出的以结果为导向的政策建议也不容易被采纳，甚至参加的决策咨询本身也会成为一种形式，并不具有实质性意义。

四是"部门主义"。在行政组织权力集中程度比较高、管理事务比较多的情况下，大量的权力实际上被行政部门所掌握，进而产生部门主义倾向，甚至形成部门价值观。这种部门主义除了会滋生部门利益，还会导致看待政策问题局限于部门视角，甚至各自为政，难以从全局的高度应对具体问题，在制定政策时吸收外部政策知识的积极性不高，而更多地倚赖代表部门视角的内部政策研究机构。

五是"风险回避"。行政机构的行为具有较强的"风险回避"的特点，在政策制定中"不求有功，但求无过"，在面对新问题的时候，则倾向于采取风险较小，甚至没有风险的对已有经验进行移植、复制的做法，从而导致政策趋同的现象非常普遍，政策创新严重不足。以近几年热门的人才政策为

---

① ［美］詹姆斯·麦甘恩、［美］理查德·萨巴蒂尼：《全球智库：政策网络与治理》，韩雪、王小文译，上海交通大学出版社 2015 年版，第 64 页。

例，在"人才争夺战"中，不同地方政府出台的政策在目标、手段方面存在明显的"同质化"现象，"上下一般粗、左右一般齐"，进而导致政策创新的"浅表化"。[①] 由于政策创新的动力严重不足，不但降低了对于政策知识的需求，还会导致即使符合地方需要的政策建议也未必能被采纳。

综上所述，在行政机构主导政策制定的情况下，政策知识作用的实现在一定程度上必须以符合行政机构的价值取向为前提，这直接制约了高校智库发挥作用的空间。正如有研究者所言，专家学者的论证性支持必须在既定的框架内展开，而且应聚焦于具体问题解决的话语对策，不可在深层根源和顶层设计上自作主张，这样，无论在哪种情况下，能够直面现实根本问题的学术思考，都很难传递到权力场域。[②]

第三节　信息不对称导致知识生产的政策匹配度不高

行政机构与高校智库分别属于不同的系统，两者之间对于政策制定存在严重的信息不对称问题，导致高校智库的作用难以得到充分发挥。

一、对政策知识需求把握不准

行政机构是政策知识的需求方，在政策知识运用中居于主导地位。高校智库是服务于政策制定的研究机构，因此，对高校智库而言，及时、准确地把握政策知识需求是开展有效的政策研究的前提，但在现实中这一点很难实现。

一是不了解行政机构的内部政策议程。如前所述，作为后发型现代化国家，我国发展的一个典型特征就是理性化程度高，其中一个重要体现是规划

[①]　赵全军、季浩：《政策创新与制定失灵：基于"人才争夺战"的场景分析》，《浙江社会科学》2021 年第 11 期。

[②]　成伯清：《学术的悬浮化及其克服》，《探索与争鸣》2019 年第 4 期。

的作用非常突出，而这些规划是政策议程最主要的来源，规划中的政策议程往往被列为各级政府及其部门的工作计划，并通过自上而下的目标绩效考核得以实施。由于政策资源和政策注意力的有限性，这往往意味着规划之外的政策议题不容易引起注意，相关的政策建议自然也不容易被采纳，虽然政策议程设置的开放性在不断提高，但行政机构在议程选择上的这种"科层理性"仍是不容忽视的。例如，在空气质量标准的变化中，虽然专家发布了关于 $PM_{2.5}$ 污染物的相关研究成果，但政府出于各种考量"外锁"了外部专家的意见，致使这些具有超前的研究结果没有对学术圈以外产生影响。[①] 因此，对于体制之外的高校智库而言，由于对于政府的相关规划及内部政策议程了解不足，使得政策咨询难以适应行政机构的需要。

二是不了解行政机构的工作安排。行政机构的工作安排具有明显的阶段性特点，在五年规划的不同年份，乃至在一年的不同阶段，其工作节奏、工作重心不同，对政策问题的关注点也不同，因而对专家意见的需求也是不同的，高校智库的政策建议必须在时间上与行政机构的需求相吻合才有可能被采纳。例如，基于内参与批示数据的分析发现，智库专家并未与各级领导"同频共振"，智库专家的工作存在明显延迟，每年3月各地大多召开两会，均为我国政策密集出台的时段，各级领导更倾向于在会议前后对有参考价值的内参做出批示，而在此之前的2月份智库报送内参较少，但内参获得批示的比例却很高，5月份智库提交大量内参的"批示报送比"却很低，二者形成鲜明对比。[②]

三是无法把握决策者注意力的变动。由于行政机构需要处理的问题众多，以及行政官员时间精力的有限性，其政策注意力是不断变动的，对单个

---

① 孙岩、刘红艳：《知识型专家影响空气质量标准政策变迁的中美比较研究》，《科研管理》2019年第4期。

② 关琳：《新型智库政策影响力实证分析——基于"CTTI"内参与批示数据的计量研究》，《江苏高教》2019年第10期。

政策问题的关注时间也较为有限。且注意力的变化有着较为复杂的逻辑，在新的背景下，科层规则、官僚利益和外部压力等不同因素及其交互作用，决定了政府注意力分配。① 领导人的注意力也是如此，其有限的注意力是问题机制与偏好机制组合的产物，在问题机制下，不同部门为争取领导人有限的注意力相互竞争，议题重要性与问题严重性之和较大者才能够胜出；在偏好机制下，与领导人偏好的契合程度是议题被关注的重要因素。② 由于行政机构及行政官员在政策制定中的突出地位，这意味着如果不能把握其政策注意力的变化情况，高校专家学者提出的政策建议被采纳的可能性会大大降低。

由于位于行政系统之外，高校智库对行政机构的政策知识需求了解不足，导致不能很好地适应行政机构的需要。而政府内部研究机构，则能更为准确地把握政策知识需求的相关信息，因而能够更有针对性地及时提出前者需要的政策建议。

二、对政策问题的宏观背景把握不准

复杂性是现代社会的一个重要特征，公共政策问题也是如此。现代社会政策议题的复杂性不仅体现在技术层面，还包括政治、社会和利益关系等诸多方面。③"专业科学知识仅仅是构成政治决策的因素之一。科学考虑之外还有许多不同的、无法测量的因素。"④ 以美国的情况为例，要提高政策知识的适用性，政策分析人员必须对政策制定的相关背景有充分的把握。"要想让政策分析具有政治影响力，就必须在实施过程中，将其作为更加宽广的文化背景中不可或缺的一部分来予以考虑"，"成熟的政策分析师必须得像美国

---

① 代凯：《注意力分配：研究政府行为的新视角》，《理论月刊》2017年第3期。

② 陈思丞、孟庆国：《领导人注意力变动机制探究——基于毛泽东年谱中2614段批示的研究》，《公共行政评论》2016年第3期。

③ 陈炳辉：《国家治理复杂性视野下的协商民主》，《中国社会科学》2016年第5期。

④ ［法］阿里·卡赞西吉尔：《治理和科学：治理社会与生产知识的市场式模式》，《国际社会科学杂志（中文版）》1999年第1期。

政府官僚中那些成功地掌握了娴熟的政治技能的官员一样，除了运用适当的分析方法以外，还得了解他们的结论与要求应考虑的政治标准化环境"。①而现实中政策分析人员很难做到这一点，他们通常无法有效地将政策建议与"委托人的利益、部门的敌对、国会的暗斗，以及外部的政治考虑"等关键因素结合起来，因此而被决策者"简单地忽略掉"。②在上述背景下，由于高校的知识生产所针对的主要是科学性问题，且无法准确把握政策制定的政治要求，会由于难以适应政策制定的具体情境而无法发挥作用，这也是美国高校在政策知识生产中的作用趋于边缘化的一个重要原因。

我国的政策问题也具有高度复杂性的特点，尽管在内涵上不同于美国的上述情况。在制定政策时，会充分考虑到各个方面的具体情况，包括国际与国内形势，国家发展具体阶段的工作重心，以及政治、经济、社会等各个方面的因素，并加以综合考量，进而审时度势地作出决策，因而政策制定体现出很强的政治性，层级高的"元政策"是这样，地方的或者各个领域的具体政策也是如此，这些考量往往体现为自上而下传达的、政治性的政策指导思想。对高校的学者来说，需要站在全局的高度把握这些复杂的政治背景、从战略层面把握具体的政策问题，充分领会政策指导思想的内容，这样提出的政策建议才具有可行性，但由于置身于政治与行政系统之外，这在事实上是很难做到的，这会导致高校智库政策知识生产的适用性受到制约。

三、对政策问题的具体情况了解不足

行政机构的政策制定主要针对的是大量的具体问题，只有对公共问题的

---

① ［美］罗伯特·海涅曼等：《政策分析师的世界：理性、价值观念和政治》，李玲玲译，北京大学出版社 2011 年版，第 112 页。

② ［美］罗伯特·海涅曼等：《政策分析师的世界：理性、价值观念和政治》，李玲玲译，北京大学出版社 2011 年版，第 136 页。

具体情况有充分的了解，才能提出具有针对性的政策建议，但对于高校智库而言，在这方面也处于不利地位。

一是对政策目标把握不准确。提出具体政策建议，往往需要对政策制定的背景有准确的把握，除了决策者解决问题的决心，还有力图解决问题的程度、方式，以及政策制定的基本原则和总体要求。但在我国的政策实践中，这些背景性信息往往具有"只可意会不可言传"的特点，对于体制之外的高校智库来说，很难对之有准确的领会和把握。因而，由于学者不够了解决策部门的具体要求和工作部署，提出的政策思路与建议常常是"大而化之"。①

二是对政策问题具体信息了解不足。只有对政策问题的具体信息有全面而准确的把握，对问题的判断才能切合实际，政策建议才具有针对性。作为公共事务的直接管理者，行政机构是政策问题相关信息的重要来源。但是，目前这些信息并未对社会充分公开，政府系统之外的政策研究人员想要获得这些信息往往存在一定的障碍。这意味着高校的学者除了依赖自身的调查研究，难以通过行政机构获得关于政策问题的充分信息，也必然会影响到对政策问题的把握程度。对此，有研究者认为，学界想要准确、及时地掌握社会经济系统运行的真实状况是颇为困难的。②

三是对涉及政策问题的相关行政信息缺乏了解。对于大多数具体的政策问题而言，政策知识生产的技术性强，不但要对政策问题有准确的把握，还要求提出的政策建议具有可操作性，在实践中切实可行，因而需要了解涉及政策问题的相关行政性信息，包括实施政策所需的各类资源、相关行政机构及其协调配合情况，乃至行政机构运作的具体流程等，而任何一个细节考虑得不周全，都可能会导致其难以付诸实施。正如研究者所言，政策研究者经常犯的错误是思想与实现手段脱节——都是一些"小事情"，如资金、人员

---

① 王缉思：《学术研究与政策研究相脱节的症结与出路》，《国际政治研究》2009年第3期。
② 成伯清：《学术的悬浮化及其克服》，《探索与争鸣》2019年第4期。

不足，有时甚至是法律缺失。[①]

江小涓结合自己的从政体验提到，有时学者们提出一些相对"彻底"和"根本性"的重大建议时，尽管问题看得透彻，思路和道理都正确，但是决策者们还希望看到对实施中可能碰到问题的分析和对实施成本的评估，把握好措施的轻重缓急，比如2008年国际金融危机爆发后，政府努力救助企业，学者们当时和后来提出了许多建议，但比较完整、有测算、可操作、能避免最坏情形的方案并不多。[②] 其中一个重要因素是决策者事务繁多，没有充分的时间精力对政策问题进行全面深入的思考，在面对来自不同方面的大量政策建议时，更希望有切实可行的整体性政策方案。但实际上，整体性政策方案的提出需要对不同的政策知识加以综合、集成，并充分结合可动用的资源等因素，因而更加适合体制内的研究机构，高校智库则很难做到这一点。

总之，由于远离决策中心，高校智库对政策知识需求了解不够，对政策制定的背景难以精准把握，对政策问题的具体情况不够熟悉，所以提出的政策建议难免会缺乏时效性、针对性和可操作性。这种状况造成高校智库生产的政策知识发挥作用的可能性变小，反过来也会抑制高校学者从事决策咨询类研究的积极性。

第四节　智库政策知识传递渠道不够畅通

如前所述，在我国的政策制定体制下，政策知识传递具有很强的吸纳性特点，智库功能的实现在很大程度上取决于与政策制定者，尤其是行政机构的联系渠道。因而，制度化的行政联系是向决策者传递政策知识的关键渠

[①]　[美] 詹姆斯·麦甘恩、[美] 理查德·萨巴蒂尼:《全球智库: 政策网络与治理》，韩雪、王小文译，上海交通大学出版社2015年版，第48页。

[②]　参见江小涓:《江小涓学术自传》，广东经济出版社2020年版，第111页。

道，但是其对于智库的政策影响力而言，既是"机会"，也是"障碍"，① 对高校智库而言更是如此。

一、制度化渠道较为单一

由于处于行政体制之外，高校智库往往与行政机构联系不紧密，在一般情形下，传递政策知识主要是相关专家以个人身份向行政机构提出政策建议，包括以参与政府部门的各类政策咨询委员会的形式，行政机构则在吸收专家学者的政策建议方面居于主导地位，且存在一定的选择机制。在决策科学化与民主化的背景下，政策制定对政策知识的吸纳力度趋于强化，包括对于来自高校的决策咨询建议，较为常规的方式是吸收高校专家学者参与各类决策咨询。在制度化的渠道建设方面，在中国特色新型智库建设之前，即有了相关的途径，比如全国哲学社会科学工作办公室主办的《成果要报》，其征稿对象为哲学社会科学研究机构和专家学者。在中国特色新型智库建设之后，则为高校智库提供了更多的传递政策建议的渠道，如经过有关部门批准，教育部在中办、国办审核备案的《教育部简报》基础上编印《教育部简报（大学智库专刊）》（教育部社会科学委员会《专家建议》同时停刊），报送中央有关部门决策参考。在省一级也建立了各类信息直报点，并编辑相关的智库类成果专刊，如中共黑龙江省委宣传部创办了《智库专报》，主要为省委、省政府提供重要决策参考。有的高校为强化决策咨询功能，也创办了专刊，并积极拓展传递渠道，包括争取成为《教育部简报（大学智库专刊）》高校咨政信息直报点。例如，西安交通大学 2016 年创办了《决策建言》，每期发表一篇决策咨询建议，并根据具体内容呈送国家哲学社会科学规划办、省哲学社会科学规划办、国家相关部委、省委政策研究室、省决策咨询委员会以及相关厅局。高水平高校智库则拥有更多、更直接的渠道，如中国人民

① Nachiappan, K., "Think Tanks and the Knowledge–policy Nexus in China", *Policy and Society*, Vol.32, No.3(2013), pp.255–265.

大学国家发展与战略研究院，建立了一整套报送和传播体系，通过中办、国办直报，能够直接向相关部门提出政策建议，使政策知识产品能比较迅速地到达决策者手中，防止出现咨政服务理念"中间梗阻"及"最后一公里"问题。①

但总体而言，除了部分高水平大学的高校智库与决策层有较多的联系渠道，包括直接递交决策咨询报告和专报、受邀参与决策咨询，甚至与决策者进行面对面的互动之外，一般高校智库与政策制定者的联系主要限于通过专门渠道递交专报或决策咨询报告，且后者要到达决策者手中还要经过"过滤机制"，即由"把关人"筛选观点并派发"通行证"，② 这种过滤机制的科学性也会受到筛选者的价值取向和判断能力的影响。因此，高校智库虽然可以利用高校直报点、社科工作办、社联等渠道，但这些传统渠道通常仅以内部参考资料、内参月报等刊物形式集中呈报，受限于刊载量，很多内参在初筛阶段就被淘汰，尽管其中不乏价值的"精品"。③

二、非制度化渠道不够稳定

除了制度化的行政联系，向决策系统传递政策知识的另一个渠道是通过个人关系网络，即通过与重要决策者的个人关系直接递送，但这种渠道属于非制度化的形式，随着双方领导职务变动、关键决策者的信任及态度的改变，这种关系网络本身也会变化，因而，这种传递渠道具有不确定、不稳定的特点。此外，直接承担政府课题也是高校智库发挥作用的一个重要途径，但这方面同样受制于行政联系渠道，党政部门等智库具有明显的优势，这导

---

① 《刘元春：智库要有自己的独立价值和社会责任》，2016 年 10 月 26 日，见 http://www.china.com.cn/opinion/think/2016-10/26/content_39570057.htm。

② 张权：《新型智库建设中的角色异化：成因、妨害及其应对》，《中国行政管理》2017 年第 7 期。

③ 关琳：《新型智库政策影响力实证分析——基于"CTTI"内参与批示数据的计量研究》，《江苏高教》2019 年第 10 期。

致研究者所说的政府咨询项目的"闭合循环",即党政部门等智库的研究课题或项目多来源于政府的直接下达和委托。[①] 同时,政府官员在选择智库方面也会有一定的倾向性,并非对所有智库一视同仁,有些政府官员通常会选择与自身有密切往来的智库。[②] 这使得高校智库处于相对不利的位置,一方面,向决策者输送研究成果的直接的、制度化的常规通道较为稀缺;另一方面,以非常规的、非正式的、与决策核心的私人关系网络作为传递通道因不具有普遍性,无法成为任何类型智库包括高校智库依赖的主要渠道。[③]

上述状况造成高校智库生产的政策知识发挥作用的可能性变小,尤其是与体制内智库相比。例如,高校智库所报送内参获得批示数与报送总数的比率仅为0.205,远低于其他类型智库[④],获得肯定性批示的比率甚至不及党政部门智库的三分之一[⑤]。需要说明的是,不同类型智库在获得肯定性批示比率方面的差异,在相当大的程度上是我国知识体制"位置决定功能"的特点所决定的,是智库系统功能"差序格局"的体现,高校智库由于处于这种差序格局相对外围的位置,不仅政策知识生产受到信息缺乏等因素的制约,在政策知识的传递渠道上也处于相对不利的地位。传递渠道的单一使得高校智库只能将大量精力集中于内参的撰写,而获得批示比率低则进一步凸显了高校智库在政策知识传递渠道方面的困境。

因而,一些研究者提出的"增加联系渠道"作为克服高校智库功能困境的对策,其可行性是有限的,因为决策系统对高校智库政策知识的需求以及

---

① 钱再见、王力:《中国特色新型智库在政府决策中的影响力研究——基于多维理论视角的学理分析》,《江汉学术》2020年第2期。

② 朱旭峰:《中国思想库:政策过程中的影响力研究》,清华大学出版社2009年版,第85页。

③ 龚会莲:《研究成果、传递通道与高校智库治理研究》,《情报杂志》2018年第7期。

④ 王传奇、李刚、丁炫凯:《智库政策影响力评价中的"唯批示论"迷思:基于政策过程理论视角的研究》,《图书与情报》2019年第3期。

⑤ 黄松菲:《中国智库内参研究——以中国智库索引(CTTI)为参考》,硕士学位论文,南京大学,2017年。

处理能力是有限的，在总量方面不可能大量增加，过多的政策建议只会增加决策成本。若不同高校智库竞相致力于增加联系渠道，这种努力实际上是不同高校智库之间的存量竞争，不可能从根本上改变高校智库知识产品传递渠道相对不足的状况。

综上所述，我国政策制定体制及其知识体制的基本特征，客观上对高校智库的功能实现产生了一定影响，并在一定程度上导致了高校智库的"功能困境"。

第五节　高校知识生产对于智库功能的不适应性

在现代社会的知识生产分工中，不同类型机构的功能重心是不同的。高校主要生产以学科为基础的普遍性、客观性知识，智库则专门生产政策制定所需要的情境性、策略性知识，两者的功能重心存在一定的差异。当高校被要求越来越多地承担起智库的功能时，在知识生产方面还存在一定程度的不适应，需要通过努力加以克服。

一、知识生产价值取向的"学院化"

如前所述，现代社会科学在产生之初即具有非常明显的实践取向，不仅重视从理论角度对现代社会的运行机理进行阐释，还高度关注经济社会运行中出现的各种问题，并通过社会调查准确地把握问题，进而找出解决问题的方法。但社会科学研究被纳入现代高校以后，随着制度化程度的不断提高，出现了较为突出的"学院化"的趋势，即研究目的、研究主题、评价标准等都来自学术界内部的认可，与社会越来越脱节；同时，受到科学主义的影响，社会科学为了证明其"科学性"，普遍重视仿效自然科学的方法，引入数学模型开展量化研究，而这种研究过度依赖数据的获得与处理，且越来越脱离问题本身。此外，进入 21 世纪以来，学术领域绩效主义盛行，学术竞争越来越激烈，内卷化现象日益严重，"不发表，就出局"成为普遍状况，研究者越来越重视学术成果的发表，而不是其实际价值。这些因素在相当程度上削弱了研究的应用取向和政策取向，"主流社会科学的方法论漠视政策研究，轻视应对战略问题和评估政策选项的分析性技能"①，"学术界盛行的规范越来越不鼓励学者们从事与决策直接相关的研究"②。

在我国，由于学术系统的快速扩张及其导致的学术竞争激化，上述情况在高校的社会科学研究中较为突出。有研究者认为，中国的学术研究关注"主义"有余而研究"问题"不足，政策意识、实践导向、中国情结不够，长期以来制约了中国学术的进步和国际影响力。③ 这与学术评价的基本导向不无关系，比如高校教师的职称晋升主要是依靠课题完成情况和论文发表数量，学术研究的路径依赖导致高校教师的研究目的不是解决社会问题，而大都是在自己划定的研究领域"闭门造车"，社会问题意识比较淡漠。④ 加上受时间及经费管理等因素的制约，对社会调查不重视是高校社会科学研究较为普遍的现象。比如，在国际关系研究领域，由于重视不够、方法意识不强，甚至财务制度限制等原因，与国外同行相比，我国实地调查研究远远不够，如美国乔治敦大学的罗伯特·萨特在研究"中美在东南亚软实力比较"课题的过程中，走访 8 个国家 21 个城市，深度访谈了 75 名政府官员，参加了 10 多场学术会议。⑤ 由于学者对自己所研究的对象国和对象领域的动态，往往是一知半解，导致"知己知彼"两个方面都显得不足。⑥

---

① Jentleson, B.W., "The Need for Praxis: Bringing Policy Relevance Back In", *International Security,* Vol.26, No.4(2002), pp.169–183.

② Walt, S., "The Relationship between Theory and Policy in International Relations", *Annual Review of Political Science,* Vol.8, No.1(2005), pp.23–48.

③ 王义桅：《大学应成为新型智库建设排头兵》，2015 年 12 月 14 日，见 http://www.sass.cn/101013/31681.aspx。

④ 文少保：《高校智库服务政府决策的逻辑起点、难点与策略——国家治理能力现代化的视角》，《中国高教研究》2015 年第 1 期。

⑤ 达巍：《确认国际问题政策研究的学术性》，《国际政治研究》2009 年第 3 期。

⑥ 王缉思：《学术研究与政策研究相脱节的症结与出路》，《国际政治研究》2009 年第 3 期。

其造成的结果是学术研究与社会实际的脱节，有研究者称之为学术的"悬浮化"，学术探索似乎跟真实的社会生活无关，沦为同行之间的一种符号游戏。①

这种情况对于高校智库研究的负面影响更为明显，社会调查是获得政策问题第一手资料的基本途径，由于社会问题的复杂性及变动性，对多数政策问题来说，不进行深入的社会调查，很难对政策问题有准确的把握，甚至难以发现真正的问题，从而使得政策研究成为"坐而论道"，提出的政策建议质量也必然不高。因此，学者的政策主张不能得到决策者重视的一个重要原因是很多学者不了解"真实世界"。②

二、知识生产制度文化的学术化

由于高校与智库在一定程度上是从事两种不同类型的知识生产，与之相对应的是两种不同的制度安排和学术文化。当高校开始承担智库功能时，需要引入智库知识生产的相关制度安排，这必然增加高校内部的制度和文化的异质性，甚至带来一定的冲突。例如，为了推进高校智库建设，诸多高校纷纷出台对研究人员的激励举措，其主要内容是按照智库的方式考核评价研究人员，如将提交专报数、获得批示数、获得批示的领导级别等作为考核的标准。教育部印发的《中国特色新型高校智库建设推进计划》也明确提出，要牢固树立质量第一的评价导向，实施科学合理的分类评价标准，把解决国家重大需求的实际贡献作为核心标准，完善以贡献和质量为导向的绩效评估办法，建立以政府、企业、社会等用户为主的评价机制。但这些举措与高校固有的制度和文化并不充分契合，在实施过程中也有一定的难度。由于缺乏严谨的同行评议等质量控制机制，智库成果的"转换"机制

① 成伯清：《学术的悬浮化及其克服》，《探索与争鸣》2019年第4期。

② 黄益平：《朗润园如何做智库》，2015年9月8日，见 http://www.china.com.cn/opinion/think/2015-09/08/content_36532805.htm。

在运作中难以得到学术共同体的认可，一些决策咨询成果仍然可能在关乎职称晋升的投票中被相关学术组织否决。① 这也会影响到研究人员从事智库研究的积极性，有问卷调查结果表明，高校智库的研究人员普遍重视学术类成果，较为轻视内参等智库类成果，认为最重要的智库成果是 CSSCI 论文的最高（39.2%），其次是决策咨询报告（26.8%）、"三报一刊"文章（17.2%），选择内参的仅占 4.2%。②

三、知识生产组织方式的学科化

社会是一个整体，不同方面是相互作用、相互影响的，知识也理应如此，"知识在本质上是一个整体"③。但由于知识总量的持续增长以及知识生产系统的扩张，知识生产一般是按分门别类的原则组织的。在这种情况下，由于政策问题往往涉及诸多学科领域，因而需要开展多学科研究。"知识一直是社会性的，我们将专家聚集到智库和学术部门，是因为我们认识到他们聚在一起的时候会更聪明；但集体智慧优于某一个特定专家在于'意见的多样性、独立性、分散性以及存在可以推导出集体结论的方式'。"④在当代，受到全球化等多种因素影响，政策问题的复杂性不断增强，在政策研究中单一学科视角的局限性显得愈加突出，在问题涉及的诸多学科领域中的某一学科的缺席，都可能导致对问题判断的偏差，建立在此基础上的政策建议，则可能在实践中产生严重的后果。比如重要性日渐凸显的国家安全研究，不仅涉及大多数社会科学领域，还涉及诸多自然科学领域，若没有多学科的研

---

① 侯定凯、朱红蕊：《"相互妥协"或"相得益彰"？——反思高校智库与学科发展的关系》，《高校教育管理》2019 年第 1 期。

② 李刚：《关于进一步加强高校新型智库建设若干问题的思考》，《江苏高教》2019 年第 10 期。

③ [英]康浦·斯密：《康德〈纯粹理性批判〉解义》，韦卓民译，华中师范大学出版社 2000 年版，第 524 页。

④ [英]戴维·温伯格：《知识的边界》，胡泳、高美译，山西人民出版社 2014 年版，第 84 页。

究，根本无法胜任政策研究的重任，所以在复杂性程度高的领域进行政策研究，必须以广泛的学科协同为基础。例如，美国斯坦福大学国际安全与合作中心的研究人员大致分成两部分：一部分是科学家和工程师，包括物理学家、化学家、生物学家、导弹技术专家等；另一部分包括政治学家、历史学家、法学家、经济学家、社会学家等。两部分人共同研究国家安全和国际安全问题，这样，对于一项政策问题，无论是其历史的变迁、法律的条文、技术上的可能性、政策上的可行性，都可以通过跨学科的共同研究而获得令人满意的解决。①

多学科研究是高校智库的优势所在，《中国特色新型高校智库建设推进计划》在关于高校智库的功能定位部分对此有明确的阐述，要求高校智库"发挥学科门类齐全的优势，围绕重大现实问题，开展多学科的综合研究"。但在高校智库的研究实践中，开展多学科研究却存在一个悖论，即一方面，相对于其他类型的智库而言，高校智库是设立于高校之中，后者一般学科门类齐全，学术人员数量较多，理应具有开展多学科研究的优势；但另一方面，由于知识生产的分门别类原则，高校内部存在较为严重的学科壁垒，高校中的教学科研活动主要是以学科甚至专业为基础开展，研究人员的编制往往隶属于具体的学院，聘用、考核等都由所在学院负责，跨学科研究由于学院之间管理上的协调问题很难开展，而已有的以学科为实施单位的各类学科建设项目、学科发展机制、学科评估体系等非常有力地强化了学科之间的边界意识，造成高校内部学科之间界限分明，学科藩篱难以突破。上述因素导致的结果是高校智库建设理论上的"学科优势"与实际中的"学科智困"的巨大反差。② 这导致跨学科研究，尤其是多学科研究的发展程度有限，其结果是对问题的分析容易存在视角上的不足，进而产生认识上的偏差，可能会误导

---

① 于铁军：《世界一流大学智库建设的经验与借鉴》，《中国高教研究》2015 年第 8 期。

② 何晓芳、邵英硕：《学科优势与学科之困：新型高校智库的内在逻辑与建设路径》，《高等教育研究》2021 年第 12 期。

决策；同时，这种情况还导致无法实现不同学科知识的集成，即向决策者提供的是来自不同学科分散化的，乃至碎片化的知识，因而被采纳的可能性降低，进而妨碍政策知识作用的实现。

第七章 为高校智库功能实现创造
良好的外部环境

高校以及高校智库均不属于自我支持的机构，其生存和发展所需要的条件与资源都来自外部，在一定程度上可以说，高校智库的发展在相当大的程度上是制度环境的产物。对于高校智库发展中所面临的问题与不足，首先必须从制度环境的层面加以认识并采取措施。

第一节 强化对高校智库政策知识的制度化需求

约翰·杜威曾对智力与权力的关系有着深刻的思考，认为社会科学知识本身并不是力量，"智力只有在它融入需求系统和有效需求系统时，才成为一种力量"[①]。高校智库是服务于政策制定，尤其是为政府提供决策咨询的机构，因此，政府决策对高校智库政策知识的需求是高校智库发展的前置条件。正如知识运用理论的代表人物韦斯所认为，知识利用是由相关决策系统的结构和特征决定的，社会研究只是多种类型的信息和信念中的一个组成部分。[②] 中国行政体制改革研究会课题组的研究报告也指出，中国特色新型智

---

① 《杜威全集》第九卷，华东师范大学出版社 2015 年版，第 90 页。

② Weiss, C., "Improving the Linkage Between Social Research and Public Policy", in *Knowledge and policy: The Uncertain Connection*, Lynn, Jr. L.E. (ed.), National Academy of Science, Washington, D.C.,1978, pp.23–81.

库"发展前提是健全决策咨询制度,落脚点是建设高质量智库"①。

一、强化知识运用的动力机制

在中国的国家治理实践中,对高校智库政策知识有着大量的潜在需求,虽然行政体制内部设有各类专门的研究机构,且具有较强的研究实力,但其对于行政机构的依附性,导致其存在明显的局限。在这种情况下,党政部门以外的智库则可以弥补其缺陷。有研究者认为,智库从六个方面解决了政府机构的惰性:(1)比政府研究人员更好地展望未来,而后者的工作环境极少鼓励创造性破坏。(2)更可能产生出重构的政策议程。(3)它们在任何领域都没有永久性的既得利益,因此可以更好地促进不同研究群体在共同目标的基础上进行合作。(4)官僚主义壁垒被打破后,它们促成了知识合成。(5)能够在政府及其代理之间更好地传播相关的政策研究。(6)找到比按照职能进行内部分工的更好的实施手段。② 实际上,相对于其他类型智库,尤其是政府内部研究机构而言,高校智库是承担这些功能的理想选择。

尽管我国一直重视决策的科学化、民主化,但决策机制的完善本身是一个在实践中不断推进的过程,从现实情况而言,这一进程落后于实际的需要,在政策制定尤其是决策过程中,行政机构吸收外部专家参与决策咨询的内在动力不足,这直接影响到对高校智库政策知识的需求。这种状况虽然受到决策者自身的知识储备、领导风格等诸多因素的影响,且与相关制度的软约束紧密相关,但一个关键原因是决策的责任机制缺位,对决策效果缺乏科学的评估,对决策过程缺乏有力的监督,决策者不必为自身的失误承担相应的责任,从而导致行政机构对决策科学化重视程度不够,吸收外部政策知识

---

① 中国行政体制改革研究会课题组:《中国特色新型智库建设的总体思路》,《理论学习》2015 年第 7 期。

② [美]詹姆斯·麦甘恩、[美]理查德·萨巴蒂尼:《全球智库:政策网络与治理》,韩雪、王小文译,上海交通大学出版社 2015 年版,第 53 页。

的动力不足，而更多地依赖内部来源的政策知识，也使得决策容易受到行政机构及行政官员的价值取向、利益倾向甚至权力意志的影响。对此，必须采取措施强化行政决策的责任机制，从而强化决策过程知识运用的动力。

首先，完善问责机制。近年来，我国出台了较多的重大行政决策方面的规范性文件，强化了问责机制，但是从法律的角度来看，重大行政决策的行政问责机制仍然存在行为要件规定单一、结果要件标准不一、行为要件与结果要件因果逻辑不清等问题，[①] 这必然影响到其效力的实现。为此，有必要本着"行政权力与责任紧密挂钩"的原则，在实践中采取措施进一步明确责任追究的具体情形、决策的责任归属、决策行为与决策结果之间的关系，更为准确地判断决策失误的性质，提高追责问责工作的精准性和实效性，使决策者对自身的决策失误行为承担起相应的责任，这样才能强化科学决策意识，从而提高运用政策知识，尤其是来自行政体制之外的政策知识的积极性。此外，对决策责任与决策科学化的要求不能仅限于重大行政决策，还应该包括常规类决策，这样才能更为全面地促进行政机构的知识运用，进而激发其对高质量政策知识的需求。

其次，加强监督机制。长期以来，我国对行政决策的监督主要基于"行政自制"理念，依靠行政系统自身的监督，行政机关把控着重大行政决策的各项流程，人大监督的介入作用并不明显，且后者主要处于决策程序末端（决策"出台前"），其监督地位趋于边缘、监督措施缺乏约束力、监督程序存在漏洞。为此，有必要在尊重行政权力的前提下强化人大的监督权，并在这个前提下重置决策事项确定权，引入适当性审查，赋予人大对重大行政决策事项的搁置权、保留意见权和一定的否决权。[②] 在强化人大监督作用的同时，有必要通过信息公开等方式，更多地引入公众监督、媒体监督。这样，通过加强对行政权力运

---

① 许玉镇、刘劭睿：《重大行政决策行政问责构成要件文本分析》，《社会科学战线》2021年第12期。

② 秦前红：《论人大监督重大行政决策的强化》，《东方法学》2022年第4期。

用的监督，有利于强化决策者的责任意识，切实提高决策科学化水平。

最后，强化评估机制。对决策结果的科学评估是追究责任的前提。政策评估的缺乏是导致行政决策失误责任追究制度不足的一个重要原因。[①] 针对这一状况，《重大行政决策程序暂行条例》规定，决策机关可以组织决策后评估，但实际上仍赋予行政机构在是否需要组织评估以及决定评估主体方面很大的自主权。为此，可以在需要评估的情形及评估的具体实施方面做出更加细化的规定，并适度淡化过度的行政主导。同时，根据评估结果科学地确定责任归属。只有这样，才能促使决策者更加积极主动地吸收专家参与决策，进而促进决策质量的提高。

总之，知识运用的直接目的是促进权力行使的理性化，"理性的对立面是恣意、武断，要达致权力行使的理性化，关键是要避免和克服权力行使主体对知识、信息和权力的垄断"[②]。只有这样，才能从根本上增加行政决策对于行政系统之外的高校智库政策知识的需求。

二、细化政策知识运用的制度安排

从当前的情况来看，关于专家参与政策制定的规范性文件主要集中在决策咨询环节，尤其是聚焦于重大行政决策事项。同时，对于专家参与的相关规定比较笼统、含糊，因而实际效果较为有限。为此，有必要对决策咨询环节的专家参与，尤其是外部专家参与的相关制度进行细化，加强决策咨询制度的"硬约束"。

首先，进一步界定专家参与的适用情形。已有的相关文件对"重大行政决策"的界定不够清晰，导致行政机构在吸收专家参与方面的主观随意性不可避免。如前所述，目前的重大行政决策目录管理办法，存在性质不清、制定权限分散、标准模糊的问题，因此需要对其予以规范化，将目录制定权限

---

① 郭渐强、寇晓霖：《论公共政策评估中行政决策失误责任追究制的有效实施》，《东南学术》2013 年第 3 期。

② 王锡锌：《自由裁量权基准：技术的创新还是误用》，《法学研究》2008 年第 5 期。

定为地方人民政府，排除政府职能部门的目录制定权，① 同时，采取措施强化目录制定过程的规范性。

其次，明确专家参与的具体程序。在专家遴选方面，要尽量不受行政官员个人倾向的影响，从而保障论证专家及专业机构真正具有"专业性、代表性和中立性"，尤其是在"选择不同意见的专家和专业机构"方面，应有具体的规范；在专家作用的发挥上，要采取措施确保专家真正能够"客观、公正、科学地"提出意见；在专家参与的方式上，可以进一步确定论证会、书面咨询、委托咨询论证等方式的具体适用情形。

最后，细化专家意见的处理办法。为确保专家参与的实际成效，有必要对专家意见的处理做出明确规定，专家的意见要被客观地加以记录并被认真对待，对于专家意见存在明显分歧、较多专家的意见与行政机构的倾向性意见不一致时的处理办法等，都可以进一步细化。

此外，除了重大行政决策事项，对制定发展规划等重要工作，对专家参与咨询、论证、评估等相关制度，也可以进一步细化。

三、扩展高校智库功能发挥的制度空间

无论是在官方还是学术话语中，我国对政策过程专家参与的重视主要体现在决策环节，这是对政策知识运用的狭隘化理解，在客观上也限制了政策知识作用的发挥。与此相应的是，我国政策研究在相当程度上存在"重决策、弱执行、轻评估"的现象，统计数据表明，我国智库所报内参成果对应议程设置、政策建议与协商环节的总比重高达93%，充分反映出以获得批示为目标的智库将业务重心集中在政策过程的"头部"。② 这种状况与政策制定

---

① 熊樟林：《重大行政决策目录制度的问题与应对：以〈重大行政决策程序暂行条例〉第3条第3款为对象》，《行政法学研究》2019年第6期。

② 王传奇、李刚、丁炫凯：《智库政策影响力评价中的"唯批示论"迷思：基于政策过程理论视角的研究》，《图书与情报》2019年第3期。

体制的特点紧密相关，但从政策过程优化的角度看，政策过程的各个阶段，包括政策制定的各个环节都需要专业化的政策知识参与。从整个政策过程来看，除了政策制定，还有政策执行、政策评估以及与此相关的政策调整、政策终结等都需要政策知识的参与。具体到政策制定环节，包括议题设置、方案制定、方案论证乃至方案选择也是如此。只有这样才能为高校智库的功能实现创造更大的空间。

首先，议程设置环节。美国政治学家托马斯·戴伊认为，设定议事日程是政策制定过程中"最重要的阶段"，"那些不被界定为问题的社会状况永远不会成为政策问题，永远不会成为新闻，永远不会引起政府官员的关注。确定问题是什么比认定解决问题的答案是什么甚至更为重要"。[①] 我国的政策议题设置具有较强的封闭性，行政机构习惯于按照自身的计划按部就班地推出各项议程，并对既定议程之外的政策议题关注不足，或者因为知识、信息、价值以及视角等方面的原因，对相关问题的重要程度以及可能造成的负面影响认识不足，这不利于重要政策问题的发现。鉴于这种状况，应给予专家学者更多的进言机会，尤其是诸如年度重大行政决策事项清单、年度重点工作任务的确定时，可以更多地听取包括高校智库专家在内的各类专家学者的建议，并重视专家学者通过媒体等途径提出的关于解决相关公共问题的呼吁以及政策议题设置的建议，这有利于增强行政机构对重大公共问题的敏感性，以及对社会需求的回应性。

其次，政策制定环节。来自高校的专家学者有着与其他政策知识生产系统，尤其是政府内部研究机构不同的视角，其对问题的思考往往更加全面、客观，更加注重政策的公共价值取向，其参与有利于决策者更多地听取各种不同的意见，包括批评性意见，乃至反对性意见，进而克服行政机构在政策制定中的一些价值偏差，使政策制定更加符合公共利益，也使决策者对问题

---

① ［美］托马斯·R.戴伊：《自上而下的政策制定》，鞠方安等译，中国人民大学出版社2002年版，第6页。

的考量更加全面、准确，使政策制定更加科学。因此，在政策制定环节，来自高校的专家学者不仅可以接受委托制定政策备选方案供行政机构选择，或提供相关信息供决策者参考，还可以参加论证会以及其他决策咨询方式参与政策制定或选优。

再次，政策执行环节。长期以来，我国的政策过程在一定程度上存在"重制定，轻执行"的现象，在政策制定环节投入了大量的精力，对执行效果却重视不足。但政策执行是政策落地、对公共事务和社会生活产生作用的关键，且政策制定是否科学合理也需要通过政策执行来检验。此外，在我国的层级制治理下，政策在层层贯彻落实过程中出现执行不彻底、变形、走样也时有发生。尽管近年来强化了督察机制的作用，但是行政体制内部的督察有自身的局限，除了需要大量的人力参与，来自上级的督查也不利于发现政策制定本身的问题。在这种情况下，行政体制外的专家，尤其是高校的专家学者具有专业性和客观性的双重优势，通过其参与有助于发现政策执行中的不足，并通过合理化建议促进政策执行方案的优化，乃至政策本身的调整。

最后，政策评估环节。评估是政策过程的重要环节，是政策内容调整以及政策终结的依据，但是，长期以来，政策评估是我国政策过程非常薄弱的一个环节，甚至是缺位的，这导致有的政策已经不适用于新的情况，或政策的使命已经完成，却不能及时调整和终结的情况，不但会浪费大量行政资源，还可能对社会生活产生负面影响。因此，从政策过程优化的角度来看，有必要加强政策评估，这一问题也逐渐被决策者所认识到。比如，从各个政策过程阶段所产生的内参报批比来看，政策过程前段批示率远高于中段，但在政策评估与反馈阶段，报批比的走势却出现了"翘尾"，高于议程设置阶段，这说明政府对智库参与政策评估与反馈的需求有很大的上升空间。[①]

从政策评估的实际情况来看，官方评估所占比例最大，这种"既当运动

[①]　王传奇、李刚、丁炫凯:《智库政策影响力评价中的"唯批示论"迷思：基于政策过程理论视角的研究》，《图书与情报》2019年第3期。

员，又当裁判员"的状况极易导致评估过程的倾向性，从而影响评估主体对事实的认定，妨碍到评估结论的客观性，使得评估结果受到公众的质疑。① 且行政机构自身开展评估的积极性不足，即使有评估环节也往往流于形式，难以达到预期的效果。所以，有研究者认为，在政府体制内部，对既有政策展开即时评估基本上是不可能的，非政府系统的评估因而显示出重大意义，以学者为主体的专业人员显然成为政策评估的重要力量。②

正是因为这个原因，国务院比较重视发挥研究机构负责的第三方评估的作用，比如通过招投标程序，委托中国科学院地理科学与资源研究所评估团队进行"实施精准扶贫、精准脱贫"重大政策措施落实情况第三方评估。时任国务院总理李克强对评估工作给予高度评价，认为第三方评估是政府创新管理方式的重要措施，"通过加强外部监督，更好推动国务院各项政策措施落实"；时任国务院副总理汪洋则认为"第三方机构着重评估政策的实际效果，其结果更加可信，也更值得各部门重视"。③ 在国务院的推动下，地方政府也开展了相关实践。例如，2014 年底广东率先启动对重点改革任务的第三方评估工作，通过招投标的方式遴选评估专家团队，平均每年立项 4—5 个课题。实践表明，第三方评估不仅能准确地"找茬"，还能科学地"献策"，为深化改革提供决策参考。④

专家学者参与评估的优势在于：对问题的分析更加全面，有利于超越狭隘的部门视角；由于学术方面的优势，对问题的认识更加深入；远离决策部门，具有相对独立性，对问题的认识更加客观。除了以学术发表、提出政策建议等形式进行非正式的政策评估，高校或高校智库也是参与或承担正式评

---

① 郭渐强、寇晓霖：《论公共政策评估中行政决策失误责任追究制的有效实施》，《东南学术》2013 年第 3 期。

② 余万里：《学者参与决策过程的五种角色》，《国际政治研究》2009 年第 3 期。

③ 王介勇、李裕瑞：《地理学者主持完成国务院重大政策措施第三方评估》，《地理学报》2015 年第 10 期。

④ 李凤祥、卢轶：《第三方评估为广东改革"找茬""献策"》，《南方日报》2018 年 9 月 28 日。

估任务的理想主体，实践证明其可以有效发挥作用。例如，在国务院推动的"实施精准扶贫、精准脱贫"落实情况第三方评估中，一些高校参与了工作，包括进行大量的实地调查和入户访谈；地方层面也是如此，在河南省扶贫开发办公室委托进行的精准扶贫第三方评估的公开招标中，北京师范大学、中国农业大学等五所高校中标，主要内容为贫困县退出专项评估检查。随着政府对评估的重视程度提高，高校智库可以在其中发挥更大的作用。

综上所述，高校智库功能拓展的前提是提高政策过程的开放性，不仅包括对公众参与的开放，还包括对外部政策知识的开放。为此，有研究者认为，破解中国特色新型智库建设困局的关键不在智库本身，而在于进一步打破封闭的公共决策体系。[1] 具体来说，学者在公共政策中，可以成为议程设置的塑造者、政策方案的设计者、政策采纳的"决策者"、政策执行的协助者和政策评估的"评议者"这五种角色。[2] 所以，对政策知识功能的认识应超越局限于"决策"的狭隘观念，从整个政策过程优化的角度加以考察，并在这个前提下更好地发挥高校智库的作用。

四、丰富政策知识的吸纳方式

在公共问题的复杂化程度不断增强以及国家治理现代化对政府管理能力的要求不断提升的情况下，行政机构对于外部知识的需要不仅限于政策过程，还包括常规管理。对行政机构而言，除了行政领导及普通工作人员要适应时代的变化，不断加强自我学习外，建设学习型组织，开展组织学习，尤其是领导集体进行组织学习变得越来越重要。

为此，可以从加强组织学习的角度，进一步丰富对政策、管理及其相关知识，尤其是对来自高校的学理性、系统性、反思性知识的吸纳方式，

---

① 张权：《通往新型智库之路：中国特色新型智库建设的现状、定位与困局》，《长白学刊》2017 年第 5 期。

② 余万里：《学者参与决策过程的五种角色》，《国际政治研究》2009 年第 3 期。

这有利于克服行政机构及其内部研究机构的局限。就吸纳方式而言，可以包括：（1）集体学习。地方政府或政府部门可以采取中央政治局集体学习类似的方式，根据形势的需要以及政策议题的变化，特别是针对地方管理中出现的新情况、新问题，确定学习专题，选择合适的专家讲课，并围绕专题及专家讲课内容进行讨论，这有利于加深对相关问题的认识，进而集思广益，形成政策共识。（2）学术研讨。对于一些比较复杂的政策和管理问题，行政机构可以与高校进行学术研讨，这种理论与实践之间的对话，可以拉近双方的距离，促进信息和知识共享，从而弥补学术研究与政策制定、政府管理之间的鸿沟，给行政机构带来思想启迪。（3）常规培训。行政机构针对一般工作人员的常规培训，可以更多地邀请来自高校的专家学者参与，这对于拓展行政人员的知识面，更新其知识储备，加深对自身工作及相关政策问题的认识，进而优化政策过程以及日常管理，都具有重要意义。

通过上述知识吸纳途径，可以进一步发挥高校智库的作用，不仅提高政策制定的理性化，也能提升政府管理的科学性。

第二节　更新高校智库发展的基本理念

在不同的制度环境下，智库的发展机制是不同的。在我国的知识体制下，政府在政策知识生产以及智库发展中起关键作用，高校智库建设在相当大的程度上是自上而下的科层体系推动的结果。为此，鉴于高校智库发展的现状以及功能实现方面的不足，有必要重新思考高校智库发展的基本理念问题。

一、从"立足需要"到"兼顾可能"，明确高校智库的功能限度

随着社会发展对知识需求的不断增长和日趋多样化，社会上逐渐出现了诸多不同类别的组织，承担不同类型知识的生产职能，其中一个重要趋势

就是在高校之外产生了越来越多的知识生产机构。"知识社会的兴起见证了大学作为知识生产中心的重要地位的衰落"，知识的多样性导致工业实验室和智库"在越来越多的国家流行开来"。① 其结果正如布尔默所指出，更多的应用性或政策相关的研究是在高校以外，包括政府机关、非政府组织、联合国机构、私人公司和独立的研究机构中进行的，并引起了基于地点的知识问题。② 就政策知识的生产而言，由于出现了各种类型的专门化生产机构，包括政府内部研究机构、政党研究机构、社会上的智库等，导致高校的地位总体上并不突出，"大学并不是这个世界政策理念的重要来源地"③。即使在智库非常繁荣的美国，高校在知识体制中也只是起到"边缘化的作用"。④ 在全球有影响力的智库中，真正属于高校内部研究机构的实际上很少。⑤

---

① ［英］彼得·伯克：《知识社会史：从古登堡到狄德罗》，陈志宏、王婉旎译，浙江大学出版社2016年版，第299页。

② 中国社会科学杂志社编：《社会科学与公共政策》，社会科学文献出版社2000年版，第281页。

③ Campbell, J. L. & Pedersen, O. K., "Policy Ideas, Knowledge Regimes and Comparative Political Economy", *Socio—Economic Review*, Vol.13, No.4(2015), pp.679–701.

④ Campbell, J. L. & Pedersen, O. K., *The National Origins of Policy Ideas: Knowledge Regimes in the United States, France, Germany and Denmark.* Princeton: Princeton University Press, 2014, p.57.

⑤ 按照《全球智库报告2020》（*2020 Global Go To Think Tank Index Report*），在世界"大学附属智库"中排名第一的 Baker Institute for Public Policy(Rice University)，在美国顶尖智库排行中仅仅名列15，排名第二的 LSE IDEAS（London School of Economics and Political Science）在全球智库中名列45，排名第三的 Institute of Development Studies(University of Sussex)在全球智库中名列78。作为政策知识生产体制与我国较为接近的法国，在世界"大学附属智库"中排名最靠前（第6位）的 Center for International Studies and Research(Paris Institute of Political Studies)，仅位列西欧智库第59位。需要说明的是，报告对"大学附属智库"（university-affiliated think tank）的界定比较宽泛："大学附属智库是一个在主要大学的支持下致力于公共政策分析的研究中心，尽管这种支持的程度不尽相同。……虽然其中一些智库依赖于各自大学的设施和工作人员来进行研究，但大多数智库的研究是独立进行的……大多数通过来自个人、基金会、组织和政府的资助，为他们的研究筹集专门资金，同时他们也可以获得来自各自大学的财政支持。"由于这类智库大多在组织、财务上相对于大学是独立的，与我国作为高校内部研究机构的"高校智库"存在明显不同，因此，若仅从大学内部研究组织来界定，大学在政策知识生产中的作用其实更小。

我国一直重视高校哲学社会科学的服务功能，在新型智库建设过程中，高校的决策咨询功能被提高到前所未有的程度，但其出发点是站在管理的角度强调决策咨询对高校智库的"需要"，而没有充分考虑到其中的"可能"问题。从知识体制的角度看，政府内部以及事业单位型智库作为专门化的政策知识生产机构，在我国政策知识生产中发挥核心作用，而高校受到基本职能定位决定，并不是政策知识生产的最主要机构，尤其是在技术性、情境性的政策知识生产方面，过分强调高校的智库功能，尤其是直接服务政府决策的作用，其本身既不必要，也由于超出了高校的功能限度而不太现实。因而，在我国的知识体制结构下，高校作为政策知识供给者的功能是有限的，对此必须有充分的认识。

二、从"规模扩张"到"内涵提升"，促进高校智库科学发展

自从中国特色新型智库建设开展以来，在自上而下的动员机制的作用下，各地一度掀起智库建设的热潮，高校智库领域尤其如此。高校智库建设被当成一种"神话"，并在利益的驱使下成为许多高校的"迷思"，进而出现了高校智库建设过程中的非理性态势。[1] 这种智库建设的热潮，一方面导致我国智库原本就存在的"散、弱、小"问题进一步加剧，智库的集中度和集群性很低，[2] 高校智库领域尤为突出；另一方面导致智库政策知识供给快速增长，超出了决策系统的处理能力。这种以规模扩张为主要特征的发展方式不仅不利于智库建设水平的提升，也造成智库资源利用效率低下，在客观上不可持续，对于数量上占我国智库多数的高校智库尤其如此。因而以"搞运动"的方式建设高校智库，不仅与国家高校智库建设的初衷相去甚远，甚至会导

---

① 周仲高：《智库的科学分类与准确定位》，《重庆社会科学》2013 年第 3 期。

② 李刚：《中国特色新型智库建设的"下半场"》，载李刚等主编：《CTTI 智库报告(2018)》，南京大学出版社 2019 年版，第 4 页。

致适得其反的结果。①

鉴于这种状况，高校智库建设的重心应由规模扩张转变为内涵提升。首先，在建设规模上，要避免"广撒网"的做法，适度缩小高校智库建设的资助范围，提高智库资源要素的聚集度；在遴选标准上，要在准确分析所在领域政策知识需求的前提下，充分考虑到各种条件的具备程度，包括已有的学科优势、学术特色、研究基础，甚至与政府部门的联系网络等；在评价标准上，要坚持质量导向、结果导向，鼓励高校智库切实提高建设水平，以高质量智力成果服务国家治理现代化。只有这样，才能实现成本最小化、功能最大化，进而推动高校智库科学发展。

三、从"机构建设"到"功能实现"，促进高校智库可持续发展

如前所述，在高校智库建设中，有过度重视机构建设的现象，相关的主要工作和资源投入均以此为重心开展，高校智库数量相应地快速增长，给人以高校智库建设蓬勃开展的感觉。但是，总体来看，其重"形式"有余而重"实质"不足，尽管在机构建设上耗费大量资源，却未必能有效推动高校的智库功能发展。

为此，发展高校智库的基本理念要从热衷于"机构建设"转变为重视"功能实现"，适度淡化智库之"名"，而重其"实"；② 要采取措施强化"高校的智库功能"，而非仅仅重视"高校智库的功能"。③ 因为开展政策咨询本身是

① 眭依凡、王贤娴：《对大学智库建设热的理性思考》，《教育发展研究》2017 年第 7 期。

② 在这方面，笔者同意有研究者提出的"高校可以为国家决策服务，但不必然为智库"观点。参见姜朝晖：《中国特色新型高校智库：内涵、特征及定位》，《高校教育管理》2016 年第 3 期。实际上，高校智库是一个中国特色的称呼，国际学术界并无高校智库（University Thinktank）这个概念，因为高校与智库更多地被认为是两种不同类型的机构。

③ 笔者认为高校智库建设应立足于"高校的智库功能"，而非仅仅是"高校智库的功能"，为此，除了特定情形外，本书中的"高校智库建设"包含"高校的智库功能建设"，而非仅仅指机构层面的"高校智库"建设。

高校科学研究功能的延伸，也是社会服务功能的一部分，因而是高校社会科学功能的应有之义，对机构建设的过度关注可能不利于高校社会科学研究整体服务功能的实现。为此，在高校智库建设中，首先，应克服急功近利的浮躁心理，从政策导向上适度淡化对"实体化"的强调，改变智库泛化、标签化现象；其次，要改变高校对于智库建设的过度参与现象，引导高校根据自身的发展定位并着眼于功能实现，理性地开展智库建设，因为智库建设既不是所有高校的任务，也不适于所有高校的现实条件和基础；① 再次，在评价机制上，可以尝试开展以高校为单位的整体智库功能评价，而非仅仅针对高校内部不同机构的评价；最后，要通过政策引导，加强高校社会科学研究的问题导向和实践导向，为智库功能的实现奠定坚实的基础。

四、从"有形功用"到"无形影响"，丰富政策知识的思想之源

关于高校智库功能的内涵方面，在高校智库建设的背景下，各方关注的重心是高校智库的"显性"功能，即提供决策咨询，相关的评价、激励和考核机制则进一步强化了这种倾向。实际上这是对高校智库功能的狭隘理解，不利于高校智库功能的全面实现。高校服务于政策制定有多种形式，除了决策咨询，还有间接的方式，如思想启迪等，尤其是对于研究型高校而言，后者在某种程度上更加重要，因为前者并非高校所长，且还可能给高校带来一定的风险，"研究者日益倚仗的短期的问题性项目正在日益侵蚀着学科的合法性，使知识生产日益政治化。这就导致人们对研究结果将信将疑，进而对思想库和高校的使命提出质疑"②。而后者不仅是高校的核心优势所在，更是高校的使命所在。

---

① 眭依凡、王贤娴：《对大学智库建设热的理性思考》，《教育发展研究》2017年第7期。
② [美] 托马斯·阿舍、[法] 尼古拉·吉约：《高校与思想库：消弭的空间》，王文娥译，《国外社会科学》2011年第4期。

在日益复杂的现代社会，高校对各领域高深知识的探究符合认识论的高等教育哲学传统，这是高校区别于其他类型社会组织的根本所在。弗莱克斯纳认为，"伟大的社会"想要并且必须理解自身——部分出于纯粹的好奇之心，部分是因为人类现在处于一种困境，非获得更多知识不能自拔，而唯一能够担当此重任的机构就是高校了，[①] 这也是高校获得崇高社会地位的根本原因。希尔斯也认为："大学在社会中受到敬重，是因为它们是关于'严肃'、根本问题的知识得以发现、阐释和教授的所在。"[②]

高校对高深学问的探究也是政治论的高等教育哲学的内在要求，亦是承担的独特智库功能的依据所在。之所以如此，是因为高深学问有着它自身的价值，甚至"无用之用"，包括在政策制定方面也是如此。一方面，基础研究有着潜在的功用价值，对事物基本认识上的改变甚至可以推动实践层面的进步，甚至重大政策的调整。例如，南京大学通过贡献"实践标准"为代表的重大学术成果，证明了重点大学文科的社会功能和历史使命就在于是社会的"思想库"和"学术基地"。[③] 再如，当代基于学术研究提出的"有效市场、有为政府"理念，对于各级政府在如何处理政府与市场的关系这一重大问题上具有指导作用，并见诸政策文件和高层领导的讲话，这也是知识运用理论所提出知识运用途径的"启迪模式"的体现。另一方面，或许更重要的是，高校的研究最具基础性，由于基础研究与应用研究之间"源"与"流"的关系，高校的基础研究可以为应用对策类研究提供高质量的政策思想来源，若过分强调直接服务功能，则会造成基础研究的弱化而使应用对策研究思想之

---

① ［美］亚伯拉罕·弗莱克斯纳：《现代大学论——英美德大学研究》，徐辉、陈晓菲译，浙江教育出版社 2001 年版，第 7 页。

② ［美］爱德华·希尔斯：《学术的秩序——当代大学论文集》，李家永译，商务印书馆 2007 年版，第 171 页。

③ 童星、任利剑：《论重点大学文科的社会功能与历史使命：改革开放以来南京大学文科部分有重大影响的科研成果回顾》，《南京大学学报（哲学·人文科学·历史科学）》2000 年第 1 期。

源的枯竭。

社会发展的历史也表明，在一个国家，乃至人类社会面对重大挑战的时候，琐碎而具体的技术性知识在解决全局性、复杂性的重大问题时束手无策，这时候需要创新性的政策思想，通过基于系统、整体的思考，为问题的认识和解决提供基本思路，为其他类型的研究机构提供思想源泉。这时高校基础研究的作用会得以充分显现，发挥着其他类型的研究机构所无法替代的功能。同时，即使看似没有功用目的的纯粹的学术性研究，只要具有现实关怀与实践指向，也能加深对各类问题的认识，从而对政策制定者提供思想启迪，有时这种启迪甚至是来自哲学层面的。例如，亨廷顿关于现代化进程中政治秩序的见解，对致力于实现现代化的发展中国家的政治发展乃至整个国家发展战略都具有重要的启示意义；哈贝马斯对于交往理性的阐释，为有效促进政策制定中的公众参与、公共协商提供了思想启迪。

所以，高校是现代社会的思想库，也理所当然地应成为"政策思想库"。通过这个定位，高校可以发挥更为积极的角色，通过提出政策思想直接或间接作用于政策制定的实践，从跟随者转变为引领者。"跟随者"总是"滞后一点"，要"快一步"就得成为"引领者"。① 在这方面，知识体制与我国有较多共同之处的法国，其高校承担的功能具有启示意义。法国高校虽然在面向政府提供决策咨询方面的作用并不突出，但高校知名学者和知识分子除了出版著作、期刊，还通过组织研讨会、论坛，就社会问题，比如生态恶化、社会公正等议题提供"大思想"（grandes idées），并引导公共辩论，从而加深政策制定者以及整个社会对相关政策问题的思考，"学术式话语的知识暗流被用来构建思想并传播到整个社会"②。

---

① 张宏宝：《高校智库从"慢一步"到"快一步"》，《光明日报》2017年2月28日。

② Campbell, J. L., & Pedersen, O. K., *The National Origins of Policy Ideas: Knowledge Regimes in the United States, France, Germany and Denmark*, Princeton: Princeton University Press, 2014, pp.101–102.

第三节　为高校智库政策知识生产创造良好的外部条件

高校智库不能很好地满足政策制定的需要，以及在发展中遇到的问题，还与其政策知识生产的外部环境紧密相关，为此，有必要采取措施为其政策知识生产创造良好的条件。

一、完善高校智库服务政策制定的准入机制

我国政策制定中的知识运用存在过度依赖政府内部研究机构的现象，之所以如此，部分原因在于行政机构从外部购买政策知识的意识不足，甚至对政策知识的重要性认识不足，以及对高校智库缺乏充分的信任。还有一部分原因则在于内部研究机构更加熟悉具体情况，其政策建议更具操作性和可行性。但不足之处在于内部研究机构的政策知识生产会直接受到行政机构及行政领导的价值与利益取向的影响，甚至在一定程度上直接听从领导意志，不仅会导致政策知识运用的工具化，也不利于提高决策科学化水平。在这种情况下，需要提高外部政策知识的参与程度，这样不仅有利于政策知识来源的多样化，克服政策知识来源单一可能存在的狭隘性与片面性，使得对政策问题的考量更加全面，还有利于引入竞争机制，促进政府内部研究机构业务水平的提升。在政策问题复杂性不断提升的情况下，这样做尤为必要。

为此，应完善高校智库服务政策制定的准入机制。首先，根据客观需要与实际可能，将更多的政策知识产品的供给方式从内部生产改为外部购买，这有利于直接增加对高校智库政策知识的需求；其次，在需要招投标的环节，要实行公平、公开、公正的原则，根据投标者的研究能力及标书的质量，而不是行政机构及其领导的倾向，以及与行政机构关系的紧密程度来确定中标结果，对所有类型的研究机构在准入机会上一视同仁，进而为高校智库创造公平竞争的环境；再次，向高校智库购买的政策知识产品的类别方

面，可以适度多样化，不仅包括决策咨询报告，还可以有其他更加基础性的政策知识产品，包括数据库建设、相关调查报告、评估报告等；最后，在向高校智库购买政策知识产品的价格确定方面，应基于成本补偿的原则，确保能满足高质量完成相关项目的需要。

二、为高校智库知识生产营造宽松的学术环境

要保证政策知识产品的客观性和严谨性，必须为高校智库创造宽松的学术环境，这也是高校知识生产的基本要求。关于宽松的学术环境对于政策研究的重要性，时任国务院副总理万里在 1986 年举行的全国软科学研究工作座谈会上的讲话中，进行了深入而准确的阐述："因为软科学是既涉及学术、又涉及政治的创造性的复杂脑力劳动。只有在高度学术自由的气氛中，才能才思泉涌，触类旁通，独立思考，提出真知灼见。也只有在高度政治民主空气中，才能言无禁忌，力排众议，慷慨陈情。"①

尽管这一讲话的时间是在近 40 年前，但在今天仍有着非常重要的现实意义。在现实当中仍然存在政策研究空间不足的问题，由于政策过程的相对封闭性以及行政主导性，政策研究领域的理性辩论相对缺乏，在政策思想和政策建议的产生过程中，"学者落后于官员"的情况比较普遍，甚至造成"政策带动研究，而不是研究推动政策"，从根本上看，这是由于政策研究局限于各类条条框框，导致政策研究创新性不足，这也意味着政策研究机构的功能得不到充分实现。

因此，要最大程度地减少对于高校智库政策研究的不必要限制。首先，在研究选题方面，不宜人为地设置过多的"禁区"。禁区过多会导致对相关问题的认识不足，在需要采取政策措施时措手不及，缺乏可资利用的政策建议。因此，要减少政策研究禁区，增强社会脱敏能力，这样才能为政府调整

---

① 万里：《决策民主化和科学化是政治体制改革的一个重要课题：在全国软科学研究工作座谈会上的讲话》，《软科学研究》1986 年第 2 期。

政策提供更广阔的空间。① 其次，要鼓励不同的政策观点。要避免先入为主的现象，鼓励各类智库，尤其是高校智库提出创新性的政策思想和政策方案，要有包容度，在必要的情况下可以鼓励不同政策建议观点之间的平等讨论。再次，要宽容质疑和批评。对于已经作出的决策，包括已经付诸实施的政策，若其的确存在有悖党和人民事业的问题和不足，要允许质疑；对于存在明显的不当利益倾向和价值偏差的政策，以及政策建议，要允许提出批评。最后，要确保高校智库政策研究的独立性。高校智库的优势在于客观性和相对独立性，这是保证政策知识质量的前提。如果高校智库不能真正成为独立的思想中心，无论在高校里建立多少智库，都很难真正促进政策创新。② 因此，要努力使高校智库的政策研究免受各种因素的干扰，尤其是来自政策制定者的直接影响。

三、改革对高校智库的绩效管理

在高校智库的建设与管理中，存在对"绩效"过度强调的情况，实际上，这也体现了当下我国高等教育管理的特点。一方面，高校受到政府较为集中统一的管理，后者往往运用行政的手段要求高校作出更大的贡献；另一方面，政府在对高校的管理中引入竞争机制，这给高校带来更大的压力。项目制是这种管理范式的集中体现，但这种将科层与"市场"相结合、以绩效为导向的项目制在高等教育中产生了诸多负面影响。在项目制管理及其具体制度安排的作用下，"理性人"代替了"学术人"的逻辑，进而导致"目标替代"甚至"目标异化"现象，高校之间恶性竞争、特色丧失，甚至导致学术腐败、学术工厂化、高校发展同质化等"意外后果"。③ 正如研究者所言，项目制情境导致高校组织运行的指标化与工具化取向，进而导致价值理性的

---

① 薛澜：《智库热的冷思考：破解中国特色智库发展之道》，《中国行政管理》2014 年第 5 期。
② 王建华：《如何建设促进政策创新的高校智库》，《江苏高教》2017 年第 6 期。
③ 姚荣：《大学治理的"项目制"：成效、限度及其反思》，《江苏高教》2014 年第 3 期。

迷失，有必要进行深刻反思。①

高校智库的发展机制是以项目制为基础的，这种科层与"市场"相结合的发展管理方式，导致高校智库处于极大的绩效压力之下。实际上，由于项目制在政府管理中的广泛应用，这在一定程度上也是各类智库的共同处境。在这种自上而下的动员机制以及以决策咨询功能为核心的评价机制的作用下，多出成果、快出成果成了各级主管部门的主要目标。在这种背景下，以经济社会发展的热点问题为中心，快速形成观点的"短平快"发展模式成为智库普遍采取的做法，其结果是造成不同类型智库的服务目标趋同。② 在高校智库建设的热潮下，由于评价、考核和激励机制的作用，高校智库也被卷入这种同质化竞争，而这种围绕短期目标的政策咨询更加适合于体制内智库，高校智库因为远离决策中心而处于比较尴尬的位置。参与这种同质化竞争不仅消耗大量的学术资源，还面临着牺牲客观性、独立性的危险。同时，这种发展方式在一定程度上导致了高校智库"数字化"的繁荣，即机构数量及政策知识产品供给数量快速增长，但从根本来看，不仅不利于高校智库的可持续发展，也不利于政策知识产品质量的提高。

智库的发展有着自身的规律，从根本上看，智库的诞生不是政府"催生"的结果，而是基于社会需求自然而然"成长"起来的产物。③ 在高校智库建设中，有必要对这种以项目制为载体，以过度的绩效导向为特点的发展管理模式加以调整。首先，立足长远重点资助。在缩小资助范围的基础上，应立足长远发展的需要，选取部分相关学科建设水平高、特色鲜明，且政府决策咨询需求较为突出的研究机构，给予实实在在的重点资助，使之对发展环境有比较稳定的预期，进而不断提升自身的建设水平。其次，适度延长评估周

---

① 阎光才：《政策情境、组织行动逻辑与个人行为选择：四十年来项目制的政策效应与高校组织变迁》，《高等教育研究》2019 年第 7 期。

② 周仲高：《智库的科学分类与准确定位》，《重庆社会科学》2013 年第 3 期。

③ 秦惠民、解水青：《我国高校智库建设相关问题及对策研究》，《中国高校科技》2014 年第 4 期。

期。考核评估周期过短会导致高校智库研究行为的短期化倾向，延长评估周期则可以使其能够在较长的时间内统筹安排各个方面的工作，制定长远的发展战略，追求可持续发展。再次，评估方式要有一定弹性。目前对高校智库的评估大多使用统一的指标体系，尽管一些地方在评估中设置了较少的特色指标，但这种统一的评估标准不可避免地会造成高校智库行为的趋同化，不利于高校智库办出水平、办出特色。因而，评估指标体系应体现更多的弹性，比如不仅要重视直接咨政类成果，还要重视高校智库为政策研究部门所做的"技术支援性工作"，即调查研究、采集与分析数据、撰写研究报告初稿等。① 此外，指标体系应考虑到不同类型高校智库所对应的政策领域的特点，包括对于政策知识的需求情况等。最后，坚持结果导向。在对绩效的确定和对高校智库的评价方面，不宜过分强调领导批示、媒体曝光率等显性指标、过程性指标，还要重视政策思想创新等隐性成果，以及对政策制定的实质性贡献乃至政策实施的实际效果，甚至可以包括没有被采用，但是质量高的研究成果。这种"不以批示论英雄"的做法能对高校智库的政策研究产生更好的激励。

总之，作为现代社会知识生产的主要机构，高校无疑具备承担智库功能的潜力，并可以发挥独特的作用，但如何实现高校的这一功能非常关键。必须在强化对高校政策知识产品需求的前提下，对涉及高校智库发展的理念、政策和管理方面进行相应的调整，才能有效促进高校智库功能的发展，并使之更好地服务于政策制定的需要。

---

① 李刚：《创新机制、重心下移、嵌入决策过程：中国特色新型智库建设的"下半场"》，《图书馆论坛》2019 年第 3 期。

第八章　切实加强高校自身的智库功能建设

让高校更好发挥智库功能是高校智库建设的落脚点。一般而言，高校智库并非独立的机构，而是置身于高校之中，高校的智库功能建设一方面要适应政策制定对于高校智库所提出的要求，另一方面要结合高校自身知识生产的特点，这样才能实现智库功能对高校制度的有机"嵌入"，进而实现高校的智库功能最大化。

第一节　明确高校智库功能建设的指导思想

鉴于外部对于高校智库的期待，以及高校智库发展的现状，在高校智库发展中，要强化高校智库功能，必须坚持如下指导思想。

一、将服务国家治理作为高校的基本使命

高校对使命的认识是高校发挥其功能的前提，是高校作为一种精神力量的体现，而高校的使命在不同的时代背景下、不同的国家，其具体内涵是不同的。正如奥尔托加·加塞特所言："我们应该直接地、明确地回答大学是什么、大学应该干什么。"[①] 高校的使命是一个动态演化的过程，也是对于高

---

① ［西班牙］奥尔特加·加塞特：《大学的使命》，徐小洲、陈军译，浙江教育出版社2001年版，第6页。

校自身责任的认识不断深化和确认的过程，因此，当社会对高校的需求发生变化时，明确高校的使命是发挥其作用的前提。"重要的是大学应该重新认识其使命，使大学活动真正发挥应有的力量。"①高校是高校智库建设的关键主体，其对于承担智库功能的认识，对发展智库功能所秉持的信念，是在内部影响高校智库发展的关键因素。所谓信念，即"位于系统不同部门的很多行动者的主要规范和价值观"②。这些价值观和规范决定了高校智库为何发展、应该如何发展。

从根本上看，我国的高校智库建设源自国家治理现代化对于决策以及政策制定科学化的现实需要，对高校而言，特别是对于研究型高校来说，为国家治理提供知识，是运用自身在智力上的优势服务于国家的职责所在。所以，根据国家和社会的需要，承担起相应的责任，对高校而言是责无旁贷的："既然现代大学所产生的知识已经使我们以前的社会机构过时了，那么大学就不能否认对那一种知识及其人道的应用负的责任。还有，大学放弃责任还有失去老百姓支持的危险。如果大学拥有大量的为社会服务的知识，但是缺乏把这些知识用于实践的决心和责任感，那么公众就会认为大学是无用的，失去了存在的依据……"③

在公共问题复杂性日渐增强，及其对国家治理带来的挑战愈加突出的时代，如果高校不能回应这种日益迫切的需要，通过自己的知识服务于国家和社会，那么高校就是不负责任的，也必然会导致高校存在合法性基础的削弱，尤其是对于高校中的社会科学研究而言，也会因此招致社会的批评。

高校在政策知识生产中的使命还来源于知识生产领域出现的一个新趋

---

① ［西班牙］奥尔特加·加塞特：《大学的使命》，徐小洲、陈军译，浙江教育出版社2001年版，第4—5页。

② ［美］伯顿·克拉克：《高等教育系统——学术组织的跨国研究》，王承绪等译，浙江教育出版社1994年版，第6—7页。

③ ［美］约翰·S.布鲁贝克：《高等教育哲学》，王承绪等译，浙江教育出版社1987年版，第23页。

势，即知识生产越来越多地以市场的方式组织，以服务于不同类型主体的多样化需求，这被认为是新的知识生产模式，这种情况导致知识的私人物品属性增强，知识生产服务于个别的、部分的利益，而非公共利益。在政策知识生产领域，这种情况则意味着知识的公共性丧失。[①] 因此，在这种情况下，政策知识生产的多元化并不一定意味着高校的地位降低，而是使得高校提供作为公共物品的政策知识的功能更加重要，否则必然导致政策知识生产的公共利益基础的削弱，进而对政策制定产生负面影响。

因此，对高校来说，智库建设不能仅仅出于"智库热"背景下的政绩冲动，这样开展高校智库建设的动力难以持久；也不能满足于"挂牌"机构的数量，或取得所谓"成果"的数量，因为对数量的过度追求可能以降低质量为代价；更不能搞形式主义，这样会使得高校智库难以作出实质性贡献。对于高校，特别是研究型高校而言，必须将智库功能视为履行自身使命的必然要求，并将这种外在要求转变为内生动力，结合外部需要与自身条件，积极而又科学地开展智库建设，努力创造有利于智库功能发展的内部环境。

二、在组织形式上"虚""实"结合

如前所述，高校智库建设中存在明显的"建制化""实体化"倾向，重视机构建设甚于功能实现，这种情况必然要求大量人力、物力、财力的额外投入，增加了高校智库的建设与运行成本，也降低了资源使用效率。同时，这种建制化倾向容易导致高校将智库功能局限于机构层面，不利于高校整体智库功能的实现。

为此，除了相关政府部门有必要做出一定的政策调整，对于高校来说，在开展智库建设中要克服过分局限于具体机构的倾向，而应以功能实现为中心，采取多样化的组织形式，具体包括：(1) 依托学者个人及其团队。这种

---

① 俞可平：《治理与善治》，社会科学文献出版社 2000 年版，第 139 页。

形式的优点是较为灵活，也几乎无需专门的资源投入，尽管可能对团队负责人的依赖程度较高，在稳定性方面可能存在不足，但对于研究能力强的团队来说具有适用性。（2）依托已有的校内研究机构。通过调整对研究机构的评价和管理强化其智库功能，这样不仅可以避免内部各种研究机构过多造成的力量分散，也大大降低了智库建设成本，还有助于提高智库建设的成效。（3）借助外部的力量。采取本校机构资深专家和外部专家相结合的办法，建立校外的专家网络，充分利用外部资源，在队伍建设方面"不求所有、但求所用"，这样可以提升智库资源要素的集聚度及资源使用效率，提高智库的服务能力。（4）组建智库联盟。高校智库可以作为核心组织者，也可以作为参与单位，通过组建智库联盟的方式实现不同参与主体的优势互补、资源共享、多方协同，有助于发挥整体优势，克服同一领域众多智库各自单打独斗存在的不足，不仅有利于研究水平的提升，还有助于促进知识的集成。

从目前的实践来看，诸多高校在上述方面进行了有益探索。例如，全国高校智库建设的先驱——复旦发展研究院，从 1993 年成立之初就明确了"没有围墙"的理念，专家来自上海乃至全国各高校和研究机构，坚持"开门办智库"的方针，不仅把智库看成一个机构、一个平台，更将智库看成一个生态系统。[1] 上海交通大学在校内构建"新型智库—专项特色研究平台—政策众创团队"三层架构，打造多层次、多元主体推动的特色咨政网络，在校外通过联合政府有关部门、国内外研究机构，建立"小实体、大联合"的组织模式。[2] 江南大学食品安全风险治理研究院则采取"小机构、大网络、协同化"的管理架构整合国内研究资源。[3]

---

[1]　吕青：《做"信得过 靠得住 用得上"的好智库——专访复旦发展研究院院长助理黄昊》，《智库理论与实践》2018 年第 3 期。

[2]　《上海交大积极推进中国特色新型智库建设》，2019 年 4 月 17 日，见 http://edu.sh.gov.cn/xwzx_bsxw/20190417/0015-xw_100076.html。

[3]　《食品安全风险治理研究院（江苏省食品安全研究基地）》，2021 年 11 月 9 日，见 http://busi.jiangnan.edu.cn/info/1536/2587.htm。

三、强化使命担当提供"社会所需"

在高校智库建设中，决策咨询功能被作为关注的重心，高校智库紧紧围绕政府决策的需要开展工作，针对当下的政策问题提出对策建议，知识运用的过程在一定程度上体现为"政府出题—智库干活—政府采纳"，而高校智库的评价与激励机制则进一步强化了这种倾向。这种情况不仅是对高校智库功能的狭隘理解，在实践中还容易导致高校智库对政府的政策议程与政策导向的过度响应，在实践中则会退化为提供决策者所需要、所看重的政策建议，甚至为领导的决策"背书"，这造成对高校智库的工具化使用，不但不利于高校智库的功能实现，也不利于决策的科学化、民主化。

正如弗莱克斯纳指出："大学必须经常给予社会一些东西，这些东西并不是社会所想要的（wants），而是社会所需要的（needs）。"[①] 高校是社会中从事最严肃的智力活动的机构，高校智库建设应走出这种狭隘的、功利化的功能观，更加全面、积极地履行高校自身的使命，不仅提供决策所"要"，还要提供政策所"需"。首先，价值引领。高校智库不能亦步亦趋作为"跟随者"，要注重发挥"引领者"的作用，除了思想上的引领，还包括价值上的引领。高校智库相对于政府内部研究机构和事业单位型智库更加客观独立，相对于社会智库而言，不容易受到特定利益的影响，因此，应基于智力上的优势和公共责任发挥价值引领作用，引导确立以公共利益为基础的政策价值取向，以克服政策过程中可能存在的价值偏差。其次，系统反思。按照科层制原则建立的行政机构的思维和行动容易局限于所处的部门和层级，在涉及复杂性政策问题时更是如此，加上行政机构自身就是政策制定者，科层体系的运行逻辑导致其往往"不能自我纠正错误"[②]，政府部门内部研究机构

---

① Flexner, A., *Universities: American, English, German*, London and New York: Routledge, 2020, p. 5.

② [法] 米歇尔·克罗齐埃：《科层现象》，刘汉全译，上海人民出版社 2002 年版，第 237 页。

由于只是服务于各自部门的需要也难以改变这一状况。例如，在政策问题涉及多个部门的情况下，政策方案之争成为官僚组织的职权之争，尽管各个部门寻求相关研究机构以及智库的支持，但无法形成理性化决策。① 对此，高校智库基于超然的地位、多学科的视角及求真的精神，可以在涉及系统性、全局性、复杂性问题的政策制定中发挥更大的作用，并强化反思性研究，以促进政策制定的理性化。再次，社会批判。"学术自由既要对社会进行谴责而与此同时又要对社会负责。"② 社会批判也是现代高校学术责任的一部分，尽管这种批判并不总是受到社会的欢迎，但它对于现代社会来说，是必不可少的。高校的社会批判并不是为了批判而批判，也不是为了某部分人的利益而批判，更不是要成为社会中破坏性的力量，而是站在客观性与公共利益的立场进行的建设性批判。"大学的功能是要成为一个时代的心智良知。"③ 因此，"作为大学的立法者、捐助人和保护者，都必须承认在大学独立的批判现状中有着他们自我的利益。"④ 与党政部门智库等体制内研究机构相比，高校智库具有更多的独立性，对于政策过程中的一些不良的倾向，诸如急功近利、形式主义、部门主义、拍脑袋、懒政怠政等不负责任等行为，以及利益群体乃至利益集团不恰当地影响政策制定的现象，要敢于进行建设性批判。

四、坚持与学科建设协同发展

高校智库建设在某种程度上存在智库功能与学科发展脱节的情况，这一方面是由于在高校智库发展"热潮"的背景下，一些高校在相关学科基础不

---

①　陈玲、赵静、薛澜：《择优还是折衷：转型期中国政策过程的一个解释框架和共识决策模型》，《管理世界》2010 年第 8 期。

②　[美] 约翰·S. 布鲁贝克：《高等教育哲学》，王承绪等译，浙江教育出版社 1987 年版，第 48 页。

③　[德] 卡尔·雅斯贝尔斯：《大学之理念》，邱立波译，上海世纪出版集团 2007 年版，第 174 页。

④　[美] 约翰·S. 布鲁贝克：《高等教育哲学》，王承绪等译，浙江教育出版社 1987 年版，第 12 页。

强，甚至不具备学科基础的情况下，就匆匆着手开展智库建设，使得智库的发展缺乏优势学科的支撑；另一方面，即使智库的研究领域与已有学科契合，由于高校智库建设对实体化、建制化的过度重视，高校智库要达到政府主管部门的要求，必须在办公用房、人力资源和业务经费上增加投入，甚至实现管理人员、研究人员的专职化，还有产出直接服务决策咨询成果方面的压力，导致智库与学科的分离。智库发展游离于学科之外，造成智库建设与学科发展"两张皮"的现象。

这种状况一方面不利于高校智库建设，使得智库的相关研究得不到学科的支撑，不利于智库政策知识生产质量的提高，也无法充分利用学科的相关资源，降低了有限资源的利用效率；另一方面，也不利于学科建设，使智库研究无法反哺学科发展，甚至制约学科发展。因此，有研究者认为，高校智库建设存在高校内部"学科依赖"和政府治理"学科偏离"的矛盾现象，高校智库往往要兼顾传统的学术研究和政策咨询，不得不在两者之间进行艰难的平衡甚至妥协。[1]

实际上，对于高水平高校，尤其是研究型高校而言，学科发展与智库功能完全是可以相互促进的，学科发展是智库功能的基础，智库功能反过来促进学科发展。这也是部分高水平高校智库的发展路径以及现实状态。比如北京大学国家发展研究院，其前身是 1994 年创立的北京大学中国经济研究中心，其在科研功能的基础上逐渐拓展出咨政功能。之所以如此，是因为研究型高校与智库在知识生产的诸多方面都有重叠，因而两者存在协同发展的特质。[2]

因此，在高校智库建设中，要坚定不移坚持智库建设与学科建设协同发

---

① 侯定凯、朱红蕊：《"相互妥协"或"相得益彰"？——反思高校智库与学科发展的关系》，《高校教育管理》2019 年第 1 期。

② 张新培、赵文华：《研究型大学与高水平智库协同发展及启示》，《中国高教研究》2014 年第 8 期。

展。高校在智库发展的布局上，要立足于已有的特色优势学科，有所为，有所不为，克服盲目性；在发展理念上，智库的研究工作要紧密结合学科的人才培养、科学研究和社会服务，这不仅有利于提高资源使用效率，还可以使智库的发展植根于坚实的学科基础，这也是开展高水平政策研究的前提。

第二节　改进高校智库的政策知识生产

针对我国高校生产的政策知识运用于政策制定的现状及其不足，要强化高校智库服务政策制定的能力，提高研究成果对于政策制定的适应性，必须采取多方面措施改进高校智库的政策知识生产。

一、强化研究者的主观责任，确保政策知识产品质量

学者从事学术研究，除了要有强烈的好奇心，还要有高度的责任感和使命感，恰如费希特所言，其使命"主要是为社会服务，因为他是学者，所以他比任何一个阶层都更能真正通过社会而存在，为社会而存在"[①]。在我国，为国家治理贡献有用的知识也是学者的基本责任。早在 1936 年，费孝通在《社会研究能有用么》一文中就提出："研究在先，政策在后，研究者不能供给正确详尽的事实，是研究者的不能尽责。"[②] 在国家治理现代化对政策知识

---

① [德] 费希特：《论学者的使命　人的使命》，梁志学、沈真译，商务印书馆 2013 年版，第 43 页。

② 吕文浩：《中国近代思想家文库：费孝通卷》，中国人民大学出版社 2015 年版，第 4 页。在中国现代学术史上，费孝通是较早探索科学研究和政策制定之间关系的学者之一，他对这个问题的最早思考始于 20 世纪 30 年代。1936 年，在《社会研究能有用吗》一文中，费孝通对政策研究和学术研究之间的关系进行了初步探索。1979 年，费孝通受命恢复中国社会学。在恢复社会学初始，他就提出了建立迈向人民的社会学和迈向人民的人类学的基本构想，特别强调社会学和人类学的社会服务功能。他把学术研究和政策咨询有机结合起来，并在这方面进行了卓有成效的探索。参见丁元竹：《费孝通有关决策咨询思考对新型智库建设的启示》，《中国发展观察》2015 年第 7 期。

需求空前增长的当下，这是越来越重要的学术责任。因此，如果说，20 世纪初中国知识界对于决策咨询的探索是基于对中国前途命运的深情关注和自觉求索，那么 21 世纪加强新型智库建设则是在推进实现中华民族伟大复兴过程中知识分子必须承担的学术担当和历史使命。①

在从事智库研究方面，研究者的主观责任非常重要，具体来说包括几个方面的原因：(1) 政策知识产品质量直接攸关公共利益。政策知识产品与一般的学术产品不同，其作用领域不是学术领域，而是社会领域，被政策制定者采纳后，会对社会生活产生直接影响，关系到各方利益，甚至影响到国家和人民的根本利益，所以其质量上的缺陷乃至细小的瑕疵都可能给公共利益带来严重影响。(2) 政策知识生产缺乏相应的客观责任机制。决策者往往需要对决策失误承担不同程度的责任，尽管会受到决策责任机制完善程度的影响，而向决策者提供政策知识者，若是来自政府内部研究机构，也可能会承担一定的责任，但对于来自体制之外的高校专家学者，则缺乏相应的责任机制。因此，客观责任机制的不足需要强化主观责任作为弥补，否则必然会滋生不负责任的行为倾向。(3) 政策知识产品缺乏同行评价机制。在一般的学术研究中，同行评议是确保研究成果质量的基本制度，而对于智库的研究成果，尤其是在我国的政策制定体制下，不同的政策观点缺乏公开的辩论，政策知识产品主要通过特定渠道得以传递，除了来自渠道方面的筛选和把关，缺乏有效的同行评价机制，由于知识问题的复杂性以及供需之间的信息不对称问题，这会导致一定的道德风险，若研究者责任心不强，或存在主观上的动机偏差，可能对决策者形成误导，进而造成严重后果。

因此，从事决策咨询研究，必须以高度的主观责任为前提。我国古代慕学思想即对幕僚的道德品质提出了较高的要求，包括"立身要正，勤于世务，

---

① 丁元竹：《费孝通有关决策咨询思考对新型智库建设的启示》，《中国发展观察》2015 年第 7 期。

细究案件"①。例如，汪辉祖的幕学思想非常重视个人品行，从尽心、尽言、虚心、立品、立心要正、自处要洁等多个角度阐释为人幕僚当以官事为心中事，虚心学习，尽己所能，汇集各方信息，做好自己的本分。②古代对于主要为官员个人服务的幕僚要求尚且如此，在今天，服务于国家和人民利益的智库研究，理应具有更高的自我要求。

从智库建设的外部环境来看，的确存在着一些不利于主观责任实现的因素，如在社会环境方面，"社会上热议、追捧的名目繁多的智库影响力排名导向，容易驱使智库建设出现文化生态的偏离，造成单纯的实利主义和绩效主义倾向"③。管理与制度环境方面的因素也会强化这种倾向，进而导致主观责任的削弱。在这种情况下，不仅要采取措施改善不利的外部环境，也要强化高校智库自身的学术伦理建设，"学术伦理水平的高低是决定智库治理水平的关键要素"④。高校应该主要把知识作为一种"公共的善"而不是作为可资交易的商品来生产，当科学知识纯粹成为一种附庸工具时，学术责任就无法兑现，学术权威就可能失灵。⑤对于学者而言，即使在不利的环境下，也要坚持自身的职业伦理，从事智库研究不能是为了绩效、晋升，而应是出于自身承担的公共使命。2016 年 5 月，习近平总书记在哲学社会科学工作座谈会上的讲话中强调，"要把社会责任放在首位，严肃对待学术研究的社会效果"⑥。实践证明，这种责任意识对于建设高水平高校智库非常重要。例如，北京大学国家发展研究院从建立之初，就坚持学者"以天下为己任""先

---

① 黄丽珺：《中国古代幕僚制度及其对现代智库建设的启示》，《智库理论与实践》2020 年第 1 期。

② 张廷骧：《入幕须知五种》，浙江书局 1892 年版，第 1—16 页。

③ 刘福才：《大学智库文化的特质及其培育》，《教育研究》2019 年第 2 期。

④ 李刚：《专业理论本身就是一种治理途径》，2016 年 7 月 5 日，见 http://www.china.com. cn/opinion/think/2016-07/05/content_38814131.htm。

⑤ 刘祖云：《政府与学府：权威博弈、伙伴关系与责任指向》，《高等教育研究》2005 年第 11 期。

⑥ 习近平：《在哲学社会科学工作座谈会上的讲话》，人民出版社 2016 年版，第 29 页。

天下之忧而忧"的担当，并以追求公共利益最大化为基本出发点，其从事智库研究既不计工作量，也不算科研成果，甚至从来都不统计获得的领导批示的数量。①

只有强烈的主观责任，才能确保高校智库知识生产的质量，进而促进高校智库的功能实现。为此，高校智库研究必须体现高校的使命及其赋予的政策知识生产的独有特性：（1）公共性。高校的伟大在于对人类社会负责，而对人类社会负责的高校，其前提是对国家、对民族、对社会负责。② 在高校从事智库研究必须始终坚持以公共利益为出发点，不能为任何利益代言，也不能有任何利益上的偏向，这不仅是我国政策制定的基本出发点决定的，也是高校作为公共机构的基本性质决定的。（2）独立性。"教师不仅终身服务于社会，而且也服务于真理。"③ 研究者不能为了获得批示而迎合领导的需要，更不能沦为服务领导意志的工具，也不能为了讨好部分公众而偏离应有的立场，必须坚持"不唯书、不唯上、只唯实"，"智库的独立性就是为决策咨询提供经得起时间和实践检验的研究成果"，④ 这对高校智库而言尤其重要。（3）严谨性。要以认真负责的态度对待智库研究工作，重视政策知识产品的质量，"质量文化是大学智库文化的核心内涵，也是提高智库质量的根本保障。"⑤ 政策知识产品必须是基于严谨的研究以及学者自身深厚的专业素养，不宜涉及自己不熟悉的研究领域，更不能"追热点""拍脑袋""闭门造车"，以免误导决策者。

建立在以上特性的基础上，对于在高校从事智库研究的主观责任要求，

---

① 黄益平：《朗润园如何做智库》，2015 年 9 月 8 日，见 http://www.china.com.cn/opinion/think/2015-09/08/content_36532805.htm。

② 眭依凡：《大学的使命及其守护》，《教育研究》2011 年第 1 期。

③ ［波兰］弗洛里安·兹纳涅茨基：《知识人的社会角色》，郏斌祥译，译林出版社 2000 年版，第 108 页。

④ 李念：《黄仁伟：学者可做三种类型的智库专家》，2019 年 2 月 21 日，见 https://wenhui.whb.cn/third/baidu/201902/21/243531.html。

⑤ 刘福才：《大学智库文化的特质及其培育》，《教育研究》2019 年第 2 期。

借用相关研究者的话可以恰当地表述为：在这种理想人格下，专家在参与公共政策的过程中，应当以求真的精神探索真理和厘清事实真相，不受社会价值、权力、利益等因素的干扰，向决策者和公众说真话，从而在智识上启发政策相关者，以最大程度地代表和维护公共价值。①

二、加强问题导向，克服过度学术化倾向

学术研究的对象是各类问题，只有坚持问题导向，才能为学术发展提供不竭动力，也才能赋予高校学术研究以合法性，使之能得到国家与社会的认可，并获得后者的支持。实际上，如前所述，现代社会科学的出现就是源于对现代化过程中各种实际问题的关注，进而为恰当的干预提供智力支持。但由于前述高校社会科学研究的过度"学术化"现象，导致学术研究与社会实践的脱节。而这种倾向不仅不利于社会科学自身的发展，也使得社会科学研究难以得到外部的认同，进而导致其社会地位的降低。有研究者以国际关系领域为例，认为无论是国内还是国外，如果国际关系研究日益远离它所研究的现实世界，仅仅纠缠于一些"纯学术"的细枝末节和幽玄高妙的学术论争，那么其作为一门学科的合法性无疑将会降低。② 即使在智库研究中，这种现象也较为突出，有批评者认为，伪问题、分析缺失及无效建议是当前智库研究的三大短板，"在当前的智库研究中，一个突出的现象是很多战略研究报告没能抓住现实问题"③，这种情况无疑也违背了智库建设的初衷。

为此，必须强化高校学术研究的问题导向，尤其是对于智库研究而言，要始终对外部世界保持充分关注，对各类问题保持足够的敏感，并在认识和

---

①　Schudson, M., "The Trouble with Experts-and Why Democracies Need Them", *Theory and Society*, Vol.35(2006), pp.491–506.

②　于铁军：《有助于对外政策制定的几种知识类型》，《国际政治研究》2009 年第 3 期。

③　李晨阳：《郭铁成：智库研究三大短板亟待补齐》，2016 年 5 月 24 日，见 https://news.sciencenet.cn/htmlnews/2016/5/346889.shtm。

解决问题的过程中发挥自身的优势。

首先，要善于发现问题。研究者不能热衷于"追热点"，或仅仅被动地接受来自决策者的"命题作文"，而是要有敏锐的眼光，在对社会生活持续关注的基础上，善于发现各种新情况、新问题，并初步判断问题的范围、性质、影响等，这是开展政策研究的前提，因而对于高校智库来说，"关键是怎样抓住真问题来做研究"①。其次，要及时提出问题。对于一些比较重要而且复杂的公共问题，要善于结合长期的观察和思考，及时提出问题，包括提出重要的政策议题，也包括对问题的可能演化趋势提出预警，以引起决策者的重视，有时，提出问题比解决问题更加重要。再次，要科学地分析问题。政策问题往往具有复杂性的特点，涉及不同的影响因素、不同区域的具体情况，以及不同的利益主体，要善于通过科学的调查，厘清问题的来源，把握问题的现状，分析问题的症结。最后，要努力提出政策建议。即本着求真务实的精神，结合问题的实际情况、各方的利益关系，以及现有政策资源等相关情况，提出具体的对策。唯有如此，才能充分体现社会科学研究的实践品格，社会科学研究才能实现"经世致用"的目的，这也是实现高校智库功能的基本前提。高水平高校智库的实践也证明了这一点。例如，清华大学国情研究院长期坚持以"中国问题"为导向，直接服务于决策咨询的《国情报告》，其选题来自现实世界正在发生的"真问题"，并努力寻找解决问题的"真办法"，同时，注重坚持持续性、跟踪性、系统性的研究。②

三、坚持基础研究为依托，发挥自身理论优势

如前所述，我国社会科学研究存在对基础研究不够重视的状况，基本政策导向是重视应用研究，即直接的功用价值。加上高校智库建设存在与学科

---

① 胡伟：《高校智库建设有自己的特点》，《人民日报》2015年9月10日。

② 胡鞍钢：《中国特色新型智库建设及其思想传播：以清华大学国情研究院为例》，《中国科学院院刊》2016年第8期。

脱节的现象，使得智库研究缺乏基础研究的支撑。这必然影响到智库研究的质量，同时，也无法体现高校智库自身的学术优势，尤其是相对于政府内部研究机构而言。

　　基础研究对于智库研究的支撑作用不容忽视。基础研究有助于加深对问题的分析，因为对复杂问题的认识往往必须借助看似抽象的理论，这对于对策研究具有直接的启示意义。约瑟夫·奈结合自身的从政经历认为："政治学理论对于我推敲和构筑解决现实政策问题的方式至关重要。"[1] 也正是在这个意义上，"最好的政策研究总是与坚实的基础理论分不开的"[2]。这也是高校智库的比较优势所在，李侃如认为："学术界有大量的知识和视角，而这些是政府内部本身不会产生的。"[3] 基础研究的重要性在信息技术发达，尤其是移动互联网技术兴起导致信息随手可及的当下，显得尤为重要，有助于克服智库研究的浅表化现象。对此，有学者认为，只有基础理论问题搞清楚了，才能对事物有全面、正确的认识，使得形形色色的"伪问题"没有市场，在这方面高校可以发挥优势、大有作为。[4]

　　反之，对基础研究的不重视，不利于政策研究的发展。有研究国际关系的学者为此认为，与较为普遍的认识相反，"中国国际问题研究的现状则是学术研究太少，所谓的政策研究太多"[5]。因此，高校智库的政策研究不能脱离基础研究，以及在相关领域的学术优势。实际上，理论研究支撑应用对策类研究，而应用对策类研究反过来也能促进理论研究，这样可以做到理论研究与对策研究的相互促进，而不是相互造成挤压效应。有研究者因此提出，从事政策科学研究者有必要同时从事对策研究，"每一位政策科学家都应当

---

　　①　[美]约瑟夫·奈:《国际关系:理论与实践的相关性》,《国际政治研究》2009 年第 3 期。

　　②　苏长和:《从"政学相轻"到"政学相重"——国际关系研究中的理论与政策之弥合》,《国际政治研究》2009 年第 3 期。

　　③　李侃如、孙敏:《弥合鸿沟的倡议》,《国际政治研究》2009 年第 3 期。

　　④　胡伟:《高校智库建设有自己的特点》,《人民日报》2015 年 9 月 10 日。

　　⑤　于铁军:《有助于对外政策制定的几种知识类型》,《国际政治研究》2009 年第 3 期。

把其部分工作时间花在至少一个智库中，以提高其处理政策科学理论与政策制定现实之间的关系的能力"①。这时，智库功能实际上属于科学研究功能的自然拓展，而不是一种新的异质性功能，从而实现了智库功能在高校传统职能中的有机嵌入。

所以，在高校智库建设中，应正确处理基础研究与应用对策类研究的关系。鉴于我国高校社会科学研究以及智库研究的现状，应坚持固本浚源，通过扎实的基础研究，促进对策研究，提高政策建议的质量，也只有这样，才能真正发挥高校智库的比较优势，并实现智库功能与学科发展的相互协同。实际上，理论上的创新也能直接促进政策制定者对某一问题的重视，一些学术概念的影响力会超出学术领域之外，进而对实践领域产生作用，如研究者提出的与高质量发展、新质生产力等现实问题相关的原创性理论观点，并围绕其进行深入研究，不仅是对策类研究的思想来源，也有助于政策制定者加深对相关问题的思考，从而促进相关的政策调整和优化。这种理论性研究相比对策类研究，其作用往往不够显性，但对政策制定的作用也是不能忽视的。

四、重视社会调查，提高政策建议的针对性

"没有调查就没有发言权"，在政策研究方面更是如此。社会调查对于政策研究的重要性在于：首先，只有通过社会调查，才能对于具体的政策问题及其最新发展情况有全面、客观、准确的把握，这样提出的政策建议才有针对性；其次，社会调查有助于及时发现社会生活中出现的新情况、新问题，有利于在问题发展的较早阶段就被充分重视，并及时地加以干预；再次，通过社会调查与民众充分接触，有利于了解政策目标群体及利益相关者的具体诉求，及其对政策问题的基本看法，进而深化对政策问题中的利益关系和相关价值取向的认识，使得提出的政策建议更具可行性，更容易为相关各方所

---

① 刘复兴：《国外教育政策研究基本文献讲读》，北京大学出版社 2013 年版，第 33 页。

接受；最后，社会调查有利于充分地吸收民众知识、地方性知识，包括来自基层干部的知识，这些也是政策知识越来越重要的来源，尤其是对于一些比较复杂的政策问题而言，从而弥补专业知识的不足。此外，对于政策执行以及政策评估环节而言，社会调查更是发现问题、提出优化建议、全面评价政策的关键环节。因此，无论智库研究对应的是政策过程的哪个阶段，社会调查都有着非常重要的作用。

我国的社会科学在产生之初就有重视社会调查并寻找问题解决对策的典范，如以"学以致用"作为治学基本宗旨的费孝通，非常注重社会调查，每次调研，他都能够从当地实践中挖掘出不少新的思路，以独特的眼光发现新问题，预测新趋势；比起早年的研究，他后期的研究更具有决策咨询的特质，他紧紧围绕地方发展的实践，置身于与地方干部群众的共同讨论中，并加以综合分析，以期寻找解决问题的办法。[1] 但从现状来看，在我国的社会科学研究中，不重视社会调查的现象比较突出，高校以及高校的智库研究也是如此，究其原因：一方面，开展社会调查成本较高，不仅需要有相关的渠道、资源，还要耗费较多的时间，尤其是异地调查，若深入基层条件还比较艰苦；另一方面，在当前高校绩效考核的压力下，研究人员做研究时更倾向于选择"短平快"选题，在实证资料的获取上，倾向于利用已有数据进行定量研究，或者借助二手资料进行一般性的定性研究。所以，对于陷于日益严重的"时间焦虑"的高校教师来说，[2] 进行大量的社会调查在客观上存在一定的难度。这种状况使得研究工作难免存在"闭门造车"的情况，由于对政策问题把握不准，提出的政策建议质量必然不高。

实际上，相对于其他类型的政策研究机构来说，高校在开展社会调查方面具有一定的比较优势。因为开展社会调查，尤其是田野调查需要大量的时

---

[1] 丁元竹：《新型智库和决策咨询——费孝通〈小城镇 大问题〉的启示》，《西北师大学报（社会科学版）》2015年第2期。

[2] 阎光才：《大学教师的时间焦虑与学术治理》，《教育研究》2021年第8期。

间、充分的人力与科学的方法，这是其他类型的研究机构比较难以兼备的，高校智库可以利用这些方面的优势，特别是作为"准研究者"的研究生较多的有利条件，通过实地调查掌握更多的一手资料，这样对问题的把握才能更加全面、深入、准确，提出的对策建议才能更接"地气"。在这方面，政府内部以及事业单位型研究机构虽然较容易获得内部信息，但这些信息较多来自科层体系自下而上的传递，不可避免地会有不全面乃至失真的问题，并且由于没有亲临现场，对问题缺乏感性认识。

所以，社会调查对于高校智库研究的重要性是不容忽视的。决策咨询能力突出的高校智库都比较重视社会调查，包括长期的跟踪调查，调查内容甚至充分对接相关政府部门的需求，从而取得了良好的效果。例如，华中师范大学中国农村研究院以田野调查作为基本研究方法，建立了"三百调查"平台（百村观察、百居观察、海外百村观察）、"四级调查"系统（县—乡—村—户），并根据相关部委的特殊要求增设"五大观察群"，同时根据党和国家的需求建立若干"热点跟踪"网络，从而构建了一个立体、多元且能够同时满足国家多个部门需求的"'三农'调查"网络，并以此为基础每年各完成一份《县长谈"三农"》《乡长谈"三农"》的报告，呈送给中央有关部委。① 例如，复旦发展研究院传播与国家治理研究中心的相关团队，自 2012 年起连续开展的"中国网络社会心态调查"，对全国范围内的深度社会心态及演进趋势进行分析研究，并建设起大数据分析指标库与词库，对国家网络空间建设提供了咨询参考与决策依据。② 再如，江南大学食品安全风险治理研究院将调查研究作为"看家本领"，每年对公众和市场主体开展大量的社会调查，以扎根现实的调查作为研究成果的支撑。③

---

① 徐勇、邓大才：《植根实践 着力打造"三农"高端智库》，《中国高校科技》2014年第4期。

② 丁雅诵：《高校智库，如何与国家发展同步》，《人民日报》2017 年 8 月 10 日。

③ 《坚守百姓"舌尖上的安全"大有学问——江南大学食品安全风险治理研究院研究纪实》，2022 年 2 月 28 日，见 https://news.jiangnan.edu.cn/info/1081/75348.htm。

为此，高校的智库研究应克服前述不良倾向，根据实际需要采取措施强化社会调查。对于长期跟踪的问题领域，可以建立稳定的调查基地。高校应为开展社会调查创造条件，包括在管理制度上给予相对集中的时间，尤其是对于异地开展的时间跨度较长的实地调查，从而处理好与教学安排相冲突的问题；同时，可以在经费方面给予一定的支持。

五、切实推动多学科研究，促进政策知识集成

如前所述，高校内部多学科研究的不足，制约高校智库研究质量的提升，也无法发挥高校智库的比较优势。实际上，我国高校多学科研究不足的问题在开展高校智库建设之前就一直存在，其原因固然与高校内部的组织制度特征以及外部的制度环境紧密相关，但也与高校自身管理创新的滞后不无关系。

结合多学科研究的现状以及高校智库建设的实际需要，可以采取如下方面的措施加以改进：在组织形式上，对于较小规模的研究，或者并非长期开展的研究，可以采取项目化的组织方式，由项目负责人整合校内不同学科的相关资源；对于长期开展的研究，可以设立跨学科的研究机构，并与各个专业学院适当分离，直接归属科研管理部门管理；对于决策咨询需求较大的政策领域，则可以根据智库建设的需要，在全校层面通过行政的方式整合不同学科的相关资源。在成果评价上，应吸收来自不同学科，或者跨学科的专家参与，同时，要充分重视来自成果应用单位的评价，这也是智库成果的特殊属性决定的，"基础研究成果的评价者主要是科学家同行，而应用性研究的评定应由科学界以外'制度化的参考群体'作出，他们的职责是促使研究成果的实用化"[①]。在绩效管理上，多学科研究的参与人员如果归属于不同的学院，可以在校级主管部门的主导下，采用相关二级学院共同确定的办法，包

---

①　[美]罗伯特·K.默顿：《社会研究与社会政策》，林聚任等译，生活·读书·新知三联书店 2001 年版，第 246—247 页。

括对智库研究成果以及其他智库相关活动的绩效认定与激励办法，这样有利于避免各个学院各自为政可能会出现的混乱和激励不足。

在整合不同学科力量建设高端智库方面，武汉大学的做法有一定的代表性。2020 年 11 月，武汉大学正式成立国际法治研究院，替代国际法研究所专门承担国家高端智库建设任务，探索"全校办智库"的新路子，在学校层面成立武汉大学国家高端智库建设工作领导小组，学校主要领导共同担任组长，学校核心职能部门和相关研究机构为领导小组成员单位，进一步加强对高端智库建设工作的统筹领导，并设立领导小组办公室（武汉大学智库工作办公室），落实领导小组专项工作意见，统筹调配全校资源，落实条件保障。同时，该研究院在原有 3 支核心团队的基础上积极拓展研究领域，汇聚全校优势学科资源，整合网络治理研究院、人权研究院等相关科研机构力量，进一步充实和壮大核心研究团队，形成战略性、前瞻性、对策性研究三大类共16 支核心研究团队，通过这些举措，智库研究不仅人才队伍明显壮大，协同攻关能力也明显增强。[1] 再如，复旦发展研究院传播与国家治理研究中心的研究团队，整合了新闻传播学、社会学、政治学、计算机科学等专业的优势资源，对数亿条网络大数据进行分析，这是任何单一学科所无法完成的，"社会问题的现实复杂性决定了政策研究必须跨学科发展，必须打破各研究主体之间彼此屏蔽的壁垒"[2]。

六、加强与行政机构的联系，推进政策知识生产协同

高校与行政机构之间存在较为突出的信息不对称，导致高校智库的政策知识生产难以适应行政机构的需要，高校的智库功能也难以充分实现。在这种情况下，除了行政机构要采取相关措施，并主动联系高校及高校智库外，

---

[1] 《国际法治 天下为公 武汉大学探索国家高端智库建设发展新路》，《中国社会科学报》2021 年 11 月 30 日。

[2] 丁雅诵：《高校智库，如何与国家发展同步？》，《人民日报》2017 年 8 月 10 日。

高校也应积极加强与行政机构的联系，及时了解其政策知识需求以及相关的信息，不但可以借此获得更多的资源，提高政策知识产品质量，还可以实现政策知识的协同生产。高校可以与行政机构建立制度化的联系渠道，甚至开展机构层面的共建。例如，北京大学国际关系学院等五所高校教学科研单位与国家发展改革委"一带一路"建设促进中心签约开展战略合作；山东大学与中国科协、山东省政府共建黄河国家战略研究院；江南大学与江苏省食品药品监督管理局（现江苏省市场监督管理局）联合建设江南大学食品安全风险治理研究院；复旦发展研究院则一直重视与党政机构和企业建立联系，与中央有关部委，以及中共上海市委办公厅、上海市发改委等地方党政部门建立密切联系，并与教育部、商务部、文旅部、上海市生态环境局共建实验室；等等。

在高校智库对接政府需求的过程中，有一个重要的途径是通过政府内部研究单位这个中介。这是由于政策制定者与高校学者来自两个完全不同的"社区"，双方在思维方式、价值取向、话语体系等方面存在较为明显的鸿沟，因而通过直接接触的方式难以实现有效的沟通，在这种情况下，借助政府内部研究机构作为中间人则在一定程度上有助于加强两者之间的联结。这是由于政府部门内部研究单位不仅自身承担政策研究的职能，也承担政府部门研究课题的组织和管理任务，其既具有研究机构的属性，了解政策研究的具体运作，又隶属于行政机构，对行政机构的需求有着准确的把握。所以，通过政府内部研究机构作为联系行政机构和高校智库的中介，可以有效降低政府部门和高校之间的交易成本。

高校智库与政府内部研究单位之间合作的潜在收益是明显的：（1）确保需求导向，使高校智库的政策知识生产更具针对性，减少无效生产。（2）对政策制定的背景有更为深入的认识，增强政策知识产品的适用性。（3）实现信息共享，尤其是分享政府内部信息，对政策问题有更为全面、准确的把握，也可以减少信息获取成本。（4）优势互补，开展合作研究能克服各自的不足，使得双方的优势得到充分发挥，有效提高政策知识的质量。有研究者认为，"内脑"和"外脑"分别在短期和应急决策咨询，以及长期和基础决策咨询方面具有比较优势，两者的合作可以发挥协同效应。[①]

但需要看到的是，在现实中政府内部研究机构的这种中介作用的实现，还面临一定的阻碍因素，包括政府内部研究机构自身的官本位意识，以及自身与高校智库存在一定的竞争关系；高校智库则缺乏"客户第一"的服务精神，且碍于"师道尊严"而缺乏主动性。其导致的结果正如有研究者所言，智库与政府内部研究机构是"两张皮"，供给与需求之间的信息不对称无法消除。[②]

因此，高校智库应主动积极地与政府内部研究机构建立联系，在具体的运行机制方面，可以定期召开对接会，及时连接供给与需求；开展人员互聘，如高校智库可以聘请政府内部研究机构的人员为兼职研究人员，政府内部研究机构也可以将高校智库研究人员纳入专家网络；同时，积极开展合作研究，尤其是决策咨询方面的研究，以充分发挥协同效应，这种合作研究也可以进一步强化双方的联系。

第三节　丰富政策知识产品输出的形式与途径

考虑到政策制定以及更加广泛的政策过程对高校智库功能需求的多样性，以及高校智库自身的比较优势，高校智库应努力促进自身功能及其实现方式的多样化。

---

① 李刚：《创新机制、重心下移、嵌入决策过程：中国特色新型智库建设的"下半场"》，《图书馆论坛》2019 年第 3 期。

② 李刚：《中国特色新型智库建设的"下半场"》，载李刚等主编：《CTTI智库报告（2018）》，南京大学出版社 2019 年版，第 7 页。

一、提出具有创新性的政策思想

如前所述，政策思想是政策知识的思想源泉，相比一般政策知识而言，其更具理论性、原创性，而其他类型的政策研究机构的政策知识生产一般注重应用性、可操作性，因而，作为高深学问探究场所的高校，在政策思想的生产中具有优势地位。因此，高校智库作为"知识王国"的一个组成部分，具有相当雄厚的研究能力和知识基础，依托深厚学术积淀生产"政策思想"，"为政策制定者提供观念性话语"。[1] 也正是因为这个原因，研究者将高水平高校内的智库定位为"学术思想库"。[2]

从历史的角度来看，社会变革往往对各种新思想提出了需求，而满足这种需求无疑是高校的基本使命。改革开放过程中来自高校的学者所作出的思想贡献也充分证明了这一点。当前，在世界正经历百年未有之大变局的背景下，面对复杂的外部环境，以及国家发展的新阶段，高校智库应准确把握时代的脉搏，充分领会国家的需要，基于对重大问题的长期关注，以及自身深厚的学术积淀，对攸关国家发展的政策问题，努力提出基础性、战略性的政策思想，不仅为决策者提供启迪，也为政策研究提供思想来源，这也是高校智库的独特功能所在。

二、结合中长期研究适时提出政策建议

提出政策建议是高校智库的核心功能，但高校智库实现这一功能时存在一些不利因素，且面临着来自其他类型智库的同质化竞争，对此，有研究者认为，高校智库不宜做"短线"政策课题，而适合做全面、综合的战略研究项目，相比于一线的政府部门工作人员和二线的专业智库、政府研究机构，

---

① Stone, D., "RecyclingBins, GarbageCansorThink-Tanks? Three Myth Regarding Policy Analysis Institutes", *Public Administration*, Vol.85, No.2(2007), pp.259–278.

② 周仲高:《智库的科学分类与准确定位》,《重庆社会科学》2013 年第 3 期。

高校智库的优势在中长线的项目。① 所以，对高校智库而言，不宜将大量的精力投入"短线"的研究项目，尤其是没有相关研究基础的项目。要科学处理好中长期研究和短期研究的关系，两者并不是非此即彼的对立关系，比较理想的情况是以中长期研究为主，即主要立足于战略研究，同时密切跟踪问题的发展态势，并结合决策的需要，适时提出政策建议或预警，既满足中长期战略及政策制定需要，也满足决策者短期的需要。

同时，提出政策建议时要坚持发挥自身的比较优势。在政策知识生产系统中，各种不同类型智库的价值取向、研究视角及其决定的政策知识产品特点也是不同的。在这种情况下，高校智库基于长远与整体的视角、多学科的方法、明确的公共利益立场，以及客观严谨的研究所提出的政策建议，有利于克服其他类型智库在政策知识生产上的不足，实现政策知识来源的多样化，提升政策建议的质量，这不仅是发挥高校智库比较优势的需要，更是践行大学精神与使命的内在要求。

三、提供高质量的技术支持性工作

在政策制定过程中，高校智库除了参与决策咨询，还可以根据实际需要承担其他的智力支持性工作。

首先，参与各种规划类、规范性文件的起草。在我国的国家治理实践中，各种规划类文件是具体政策制定的基本依据，其重要性不言而喻。但是这类文件与一般具体政策不同的是，其内容全面，且质量要求很高，因而其形成过程较为复杂，不同类型的主体参与其中，由于涉及大量的知识问题，不仅行政机构内部研究机构充分参与，还要吸收大量的来自高校的专家学者参与，因而也构成高校智库服务政策制定乃至国家治理的一种重要方式。此外，在我国诸多法律的起草过程中，也需要高校专家的参与，不仅包括以咨

---

① 于铁军：《世界一流大学智库建设的经验与借鉴》，《中国高教研究》2015 年第 8 期。

询的方式提供具体的意见和建议，还包括参加法律草案的起草，这也是实现科学立法，提高立法质量的基本要求。随着对建设法治国家的重视程度的提高，尤其是立法法颁布之后，这种需求不断增长，行政法治方面尤其如此，这也给高校发挥智库功能提供了新的空间。例如，湖北省人大常委会与武汉大学等 4 所高校共同建设"立法智库"，智库的功能包括：为法律的起草提供评估论证意见、建议；受委托起草地方性法规草案或参与地方性法规草案的起草、受委托组织开展立法评估等；受委托对设区的市、自治州以及自治县报请省人大常委会批准的地方性法规、自治条例、单行条例进行合法性审查；受委托组织对地方性法规进行清理；受邀为各级人大常委会进行法治讲座；受委托开展地方立法业务培训；等等。高校的这些参与活动有效地满足了地方立法权下放之后，部分设区的市立法能力"跟不上"的现实需要。①

其次，各种资料库、数据库和案例库建设。各类资料库、数据库和案例库属于开展政策研究的基础性资源，可以为不同类型的研究机构共享。其他类型的研究机构在此类资源库建设和运行中一般不具有比较优势，因而积极性不高；而高校智库可以利用人力资源比较充分、精通调查与统计方法等方面的优势，承担这方面的基础性工作。这类工作不仅有利于提高政策研究的质量，也对高校的人才培养、科学研究有所助益，也正是因为这个原因，不少高校智库将这类工作作为智库建设的重要内容。

最后，参与第三方评估。在对政府绩效以及政策质量的要求不断提高的情况下，第三方评估的重要性愈加重要，无论是对政策效果的整体评价，还是对政策执行情况，乃至对政府管理的评估，高校智库都可以发挥更大的作用。相对于其他类型的研究机构而言，高校智库在涉及政府工作的评估中具有人力、方法、时间以及独立性的优势。从目前情况来看，高校对第三方评估的参与程度有待提升，评估质量还有改进的空间，为此，高校智库应强化

---

① 田豆豆：《湖北人大与高校共建地方立法智库》，《人民日报》2018 年 11 月 21 日。

参与意识，不断提升专业化水平，加强自身能力建设，进而充分发挥自身优势，争取在这一功能领域有更大的作为。

四、借助各类传媒负责任地阐述政策见解

在政策制定过程中，由于利益与价值因素的影响、政策议程的既定性、政策注意力分配，以及传递渠道的制约，高校智库所生产的客观上有用的政策知识不一定能被政策制定者获取并采纳。这时，高校智库可以借助大众传媒提出政策问题与政策主张，引起社会有关方面的关注，还可以通过这种"迂回"的方式引起政策制定者的重视，作为制度化的传递渠道的补充。约瑟夫·奈认为，即便学者没有提供问题的答案，他们也可以通过设计、描绘并且以提出问题的方式来帮助公众和决策者。[①] 实践表明，大学的学者通过这种渠道发表政策见解，有助于克服"体制内专家不敢说，体制外专家乱说"所导致的政策知识供给不足问题。

但需要引起重视的是，大众传媒是社会的公器，高校的学者通过媒体表达观点，提出政策建议必须以公共利益为出发点，而不能用自己的声誉为特定利益代言；必须以充分的论据为基础，而不能仅仅提供肤浅的观点；必须针对自己熟悉的领域，确保自身的知识权威角色，而不能轻易涉足不熟悉的政策议题。所以，作为学者不能哗众取宠，更不能误导决策者和公众，提出的政策建议要秉持理性、建设性的立场，否则不仅无助于政策制定的科学化，还会形成不利的舆论氛围，甚至导致决策被舆论所绑架，处于非常被动的境地。尤其在面对复杂性的政策问题时，正如有研究者提醒的那样，学者在报刊编辑的催促下，在镜头和话筒面前，很难抑制"时事评论员式的冲动"，其仓促得出的结论如果对政府决策造成影响，其后果可想而知。[②] 这样不仅学者个人的声誉会受到影响，也会给所在的高校，乃至整个学术界的

---

① ［美］约瑟夫·奈：《国际关系：理论与实践的相关性》，《国际政治研究》2009 年第 3 期。
② 王缉思：《学术研究与政策研究相脱节的症结与出路》，《国际政治研究》2009 年第 3 期。

声誉带来负面影响，使人们对高校知识生产的客观性和责任性产生怀疑。比如，公众心目中的"专家"变成"砖家"，就是这种不负责任地发表言论的产物。

所以，高校智库的专家学者要善于借助各类媒体发表见解，但又必须超越一些媒体的肤浅乃至无聊，要始终作为一种理性的声音，甚至是建设性的批判力量发挥作用。"在生活最紧张激烈的阶段，大学必须坚持自己作为一种主要的、高于新闻舆论的'精神力量'的权利，在狂热之中保持平静，面对轻浮无聊和恬不知耻的愚蠢行为保持严肃性，把握理智。"①

五、面向公众提供公共性政策知识

在现代社会，公众是政策过程越来越重要的参与者。一方面，随着经济的发展、教育水平的提高，公众对公共事务的关注程度和参与热情在不断提高；另一方面，随着现代传媒，尤其是移动互联网的兴起，公众有了更为便捷地获取公共问题信息的途径。这两个方面的因素，加之公众与公共政策存在直接或间接的利益相关性，导致公众对政策问题相关知识的需求快速增长，在这种情况下，高校智库可以为社会提供公共知识，进而为公共参与提供知识基础，特别是面对复杂性公共问题时，高校智库的学者通过基于事实的深入分析，可以增强公众的思考能力，使之成为成熟的、负责任的公共事务参与者，防止出现狭隘、自私、偏激乃至极端的情绪，这有利于提升整个社会的理性化程度，为政策制定和执行创造良好的条件。

在整个社会的知识生产趋于多元化的情况下，高校在面向公众提供公共知识方面的作用是不可或缺的。尤其是在知识生产模式Ⅰ向知识生产模式Ⅱ转型，即传统知识生产模式向现代知识生产模式转型的背景下，知识生产越来越市场化、多元化，代表着不同主体的利益和价值取向，不可避免地会偏

① ［西班牙］奥尔特加·加塞特：《大学的使命》，徐小洲、陈军译，浙江教育出版社2001年版，第101页。

离客观性原则和公共利益立场，现代传媒的发展则给这类知识的传播提供了平台，信息技术的发展也使得这类知识的传播存在被人为操纵的风险，相关知识及信息能在短时间内快速传播并获得极大的社会影响力。在这种情况下，特别需要秉持公共利益立场、具有专业性、代表理性声音的公共知识产品，通过为公众释疑解惑，提高人们分析公共问题的能力，加深对公共利益的认识，引导确立正确认识公共问题的立场、观点与方法；同时，提高普通公众对于涉及政策问题知识的辨识能力，消解由于知识生产多元化带来的混乱、对立乃至冲突，为政策制定创造良好的社会环境。

因此，在知识生产日趋复杂的背景下，高校智库可以利用自身的独特优势，立足为公众提供理性、客观且权威性的知识产品。对高校智库而言，这不仅需要将学术话语转变为生活话语，用公众能够听得懂的语言进行对话；同时，要善于利用现代传播手段，更有效地将知识传递给公众，进而为公共领域注入更多的正能量。

第九章　增进公共理性：高校智库的功能超越

智库的功能在于促进政策制定的理性化，但这种理性化具有主体性，即对不同的主体而言，其内涵不尽相同。在行政机构主导具体政策制定的情况下，政策制定理性化主要体现为行政理性。这种行政理性具有自身独特优势的同时，也存在内在的不足，因此，高校智库的功能不能局限于服务行政理性，还要在更加宽广的范围内促进政策制定理性化。

第一节　增进公共理性的重要意义

从根本上看，要克服行政理性的不足，必须增进公共理性。尽管"公共理性"一词被广泛地使用，但其含义被认为是模糊不清的，并且被用来指代不同的理念。① 从字面意义上来看，其是由"公共"与"理性"两个概念组成的，为此，可以采用康德的说法，将之界定为理性的公共运用。② 对公共理性的研究大多局限于政治哲学领域，较少涉及公共政策层面。实际上，相对于抽象的政治理念来说，政策过程是实践公共理性的关键场域，且政策过程优化也以公共理性作为基本指向。它们两者是相互促进的，为此，有研究

---

① 谭安奎编：《公共理性》，浙江大学出版社 2011 年版，第 16 页。

② 谭安奎编：《公共理性》，浙江大学出版社 2011 年版，第 96 页。

者认为，公共理性作为公民的一种政治思维能力，是公民政策参与的基本条件；而公民的政策参与实践则能培养公民的公共理性。① 因此，探讨政策过程中的公共理性有着重要的现实意义。在政策制定过程中，增进公共理性的意义在于以下几个方面。

一、增强价值和利益取向的公共性

在价值和利益取向上，公共理性以公共价值和社会整体利益为出发点，体现更多的公共性。与行政理性在运行中不可避免地会存在工具性价值倾向不同的是，公共理性更直接地指向实质性价值，减少工具理性对价值理性的僭越；同时，可以在更大的程度上避免由于科层制的运行逻辑而导致公共利益被官僚利益、部门利益所削弱甚至取代的情况，减少其他特殊利益对政策制定的干扰。

二、实现不同价值和利益的有机整合

在参与主体方面，公共理性的形成有赖于政策制定者、利益相关者、公众的共同参与，而不是完全由行政机构主导，甚至垄断政策过程，更不是利益集团与政治精英的联盟。在这个过程中，协商民主发挥着重要作用，政策制定的相关各方平等地参与，不同的价值和利益得到充分的表达与尊重。正如詹姆斯·博曼所认为，协商民主延续着"激进"民主的传统，不过，它延续的方式是通过强调"公共讨论、推理和判断"来调和激进参与的观点。② 这一方面满足了公众对于民主参与，尤其是直接参与公共事务、公共决策的需要，"民主决定于参与——即受政策影响的社会成员参与决策"③；另一方

---

① 张宇：《公共理性：公民政策参与的条件》，《社会科学研究》2011年第2期。

② ［美］詹姆斯·博曼：《公共协商：多元主义、复杂性与民主》，黄相怀译，中央编译出版社2006年版，中文版序第1页。

③ ［美］卡尔·科恩：《论民主》，聂崇信等译，商务印书馆1988年版，第12页。

面通过在各自表达基础上的对话、辩论、协商，不同的主体对他人的利益和价值会有更多的了解，并站在他人的立场反观自身，有助于克服交往中的主体间性，促进不同价值和利益相互之间的理解、认同，在此基础上就公共利益和公共价值达成认识上的一致。

三、更好地促进知识的集成

公共理性的形成是不同主体充分参与的过程，也是各种不同的知识之间碰撞、交流的过程。在这个过程中，来自不同主体的、不同类型的知识都得以被发现，并通过论辩的方式去伪存真，这是一种知识再生产的过程，不仅实现了知识总量的增长，也最终导致共同知识的形成。同时，这有助于克服行政主导背景下简单地依赖特定专家参与所存在的不足。这是由于专家往往被专业所限，加上社会科学本身的局限，很多时候仅有"有限理性"，而缺乏全面考察政策问题的"情境理性"，在这种情况下，只有让不同专业背景和代表不同社会群体的专家之间公开质辩，在公共平台而不是封闭政治网络内进行政策技术和价值的讨论，才能避免重大的决策失误或利益分配的明显不公。[1]

在政策制定中知识问题越来越重要的情况下，这种不同类型、不同主体的知识的充分参与和相互作用变得愈加重要，尤其是在风险社会到来，不确定性不断增长的当代社会，"在风险社会中，一度带有技术理性特征的政策分析也需要承认和包容经验知识，而经验知识生成于个体的具体行动中，生成于专家与公民的互动之中，这推动了风险社会中决策的民主化"。此外，地方性知识概念则为普通公众参与决策提供了认识论上的合理性支撑。因此，在风险社会日益复杂的政策议题背景下，"参与式知识管理"的观念有利于促成相关知识与诉求间的理解共识。[2]

---

[1]　郦菁：《政策研究困境与价值缺失的中国社会科学》，《文化纵横》2016 年第 2 期。

[2]　张海柱：《知识与政治：公共决策中的专家政治与公众参与》，《浙江社会科学》2013 年第 4 期。

四、有利于政策共识形成

从形成过程来看，公共理性并不是不同利益、价值和观点之间简单的调和或者折中，而是通过公共推理得以实现。在各方主体平等参与、充分辩论的基础上，最终形成政策共识。这种共识不仅是基于对公共价值和公共利益的认识进而达成的一致，也是对于政策中的知识问题达成一致，其不仅范围广泛，而且基础坚实。这样，各方在政策目标和政策内容上都找到共同点，使得政策制定是建立在各方充分认同的基础上，从而具备实质上的合法性。

从根本上看，在国家治理实践中，行政理性体现出的不足根源于官僚制的运行逻辑，来自对科层理性的过度依赖。"显然，纯粹的国家科层治理，以官僚科层技术取向作为'公共理性'的唯一空间，形成了国家科层理性对公共理性的功能替代。"[①] 其导致的结果是官僚制行政在一定情况下会背离公共的逻辑，从而使得行政管理与政策制定的公共性不足，也影响其科学性。"科学效能管理和公共价值导向与科层制和制度至上原则之间形成了巨大的张力。"[②] 与之相反，公共理性赋予政策制定以更多的公共性，使公共政策的本质属性得到更好实现；同时，其形成过程使理性得以充分运用，提高了政策制定的科学性。在这个意义上，哈贝马斯认为："行政部门应当始终同一种民主的意见形成和意志形成过程保持联系，而这种过程不仅仅要对政治权力之行使进行事后监督，而且也要为它提供纲领。"[③] 因而，在比较理想的情况下，在政策制定过程中，公共理性有助于实现价值和科学的有机统一。

---

① 周佳松：《国家理性与社会公共理性：治理理论的递嬗变迁》，《浙江学刊》2019 年第4 期。

② 罗梁波：《行政理性场景的演变格局：传统、现实与未来》，《学术月刊》2019 年第 5 期。

③ ［德］尤尔根·哈贝马斯：《在事实与规范之间：关于法律和民主法治国的商谈理论》，童世骏译，生活·读书·新知三联书店 2003 年版，第 372 页。

第二节　增进行政主导下的公共理性

虽然行政理性在实践中存在不足，而公共理性具有诸多优势，但要克服行政理性的不足，并非简单地用公共理性代替行政理性。这是由于行政理性是一种实际存在，而公共理性在相当大的程度上是学者描绘出的一幅理想图景，或者说，行政理性是实然状态，公共理性是一种理想化的状态，所以两者并非一个层面的概念，亦非对立关系。

公共理性需要在一定的前提条件下才能实现，脱离了这种前提的公共理性只能是乌托邦。首先，需要公共权威作为秩序的基础。按照哈贝马斯的观点，公共领域的交往权力并不替代政治系统的权力，"它对政治系统的判断过程和决策过程产生作用，但并不想把这个系统占为己有"①，这是因为若脱离了公共权威，在现实中这种公共参与会成为不同主体之间的残酷竞争，极端情况下甚至使得整个社会陷入无政府状态，导致彻底的非理性。其次，需要程序性制度作为实施基础，即不同主体之间的交往只有顺着某种程序的指引，才能达成公共理性。在现实中，由于公共问题的多样性、复杂性等因素的限制，不可能自发形成这样的制度，而在没有这种程序性规则的情况下，不同主体之间的参与会成为无序的竞争与博弈，无法形成期望的结果。最后，需要不同主体的理性能力，然而，这种能力对于不同的个体而言具有很大的差异性，且受到社会经济条件以及教育水平的制约，并受到舆论环境和大众传媒的影响。所以，受到上述因素影响，现实中的公共理性都是有限的。

公共理性的发展及运用也要结合国家治理自身的情况，就我国的情况而言，一方面，行政理性体现了我国的治理传统，符合超大规模国家集中统一管理的需要；另一方面，由于国家的根本制度以及有力的政治领导，在行政

---

① ［德］尤尔根·哈贝马斯：《在事实与规范之间：关于法律和民主法治国的商谈理论》，童世骏译，生活·读书·新知三联书店 2003 年版，第 646 页。

理性之中体现了较高程度的公共性，且理性化程度得到较为充分的发展。在一定程度上可以说，从结果而不是从过程来看，我国的行政理性较好地体现了公共理性的内涵，因此，倡导公共理性并非用它来代替行政理性，而是根据国家治理以及政策制定的现实需要，以及各项条件的具备程度，有步骤、有限度地推进，在政策过程行政主导的背景下进一步增进公共理性。

第三节　高校智库增进公共理性的基本路径

尽管公共理性被认为是公共政策合法性的理想来源，但是，在公共问题复杂性程度不断提升、价值与利益多元化的背景下，如何实现公共理性是一个实践难题，因为公共理性并不等同于公众意见，并非可以通过公众参与或政策辩论自然形成。"公众意见是分散的、多人意见的总和，而公共理性则是一种逻辑的、思辨的、规律性的、反思性的或者说审视性的共识的结果。"[①]基于我国的具体状况，以及高校在现代社会中的基本使命与功能，在促进公共理性的过程中，高校智库可以发挥独特而有效的作用。

一、搭建理性协商的平台

公共理性是通过不同类型主体在公共领域中的交往行为实现的。"公共理性就是公众对公共领域问题的理智思考方式，这种理性的方式是一种相互探讨、相互沟通，以求得共识的理智方式。"[②]但在行政主导政策制定的情况下，政策过程的这种不同主体之间的交往行为是有限的。

之所以如此，一个重要原因在于行政主导决定了政策过程的相对封闭性，相关主体虽然在一定程度上可以参与政策制定，且随着决策民主化的推

---

① 张江、哈贝马斯：《关于公共阐释的对话》，《学术月刊》2018 年第 5 期。
② 曾志敏、李乐：《论公共理性决策模型的理论构建》，《公共管理学报》2014 年第 2 期。

进，吸收公众参与的相关机制逐渐增加，但是，政策制定实践中的公众参与总体程度不高，甚至在相当大的程度上徒有形式，发挥的作用相对有限。在这种情况下，很难有行政机构和公众之间真正的对话，在一些情况下，行政话语甚至是垄断性的独白式话语模式。① 即使互联网为这种对话提供了便利，但其作用并未得到充分发挥，如政务微博平台运营普遍缺乏对话功能的有效利用。② 所以，官僚制行政模式下缺乏对话，其根本原因在于行政机构与民众之间的权力天然不平等。③

同时，在我国的国家—社会关系格局下，由于公共领域发展不充分，不同的利益主体以及公众之间的沟通与对话缺乏有效的平台。"公共领域是介于国家与社会之间进行调节的一个领域。在这个领域中，作为公共意见的载体的公众形成了，就这样一个公共领域而言，它涉及公共性的原则……这种公共性使得公众能够对国家活动实施民主控制。"④ 按哈贝马斯的描述，18 世纪的这种公共领域是由文学领域扩展至政治领域，主要通过有教养的知识分子的写作、出版和演说，通过报纸、期刊、书籍等媒介和咖啡馆、沙龙、宴会等非正式机构来存续和发挥作用的。⑤ 在这个领域，各种不同的主体可以就公共问题平等、真诚地对话。然而，就公共领域的实际发展来看，受国家治理的传统影响，我国公共领域的发育相对滞后，公共空间存在参与性不足的问题。在全球性的市场化浪潮下，有限的公共领域又受到资本和特殊

---

① 韩志明：《从"独白"走向"对话"：网络时代行政话语模式的转向》，《东南学术》2012年第 5 期。

② 宫贺、孙赫宁、顾纯璟：《中国社交媒介情境下"官民对话"的理论建构与初步检视》，《中国行政管理》，2021 年第 7 期。

③ 韩志明：《言说的短路与表达的困境：公共行政的话语危机分析》，《中国行政管理》2012 年第 2 期。

④ ［德］尤尔根·哈贝马斯：《公共领域》，汪晖译，载汪晖、陈燕谷主编：《文化与公共性》，生活·读书·新知三联书店 1998 年版，第 126 页。

⑤ ［德］尤尔根·哈贝马斯：《公共领域的结构转型》，曹卫东等译，学林出版社 1999 年版，第 35—38 页。

利益的冲击。公共讨论和公共意见甚至为利益集团所操纵，导致了公共领域的"重新封建化"。① 与此同时，虽然信息技术的发展，包括互联网，尤其是移动互联网技术的普及，导致了大众传媒的兴起，且以前所未有的规模影响到所有的受众，这实际上为公共领域的兴起提供了技术基础，但是，媒体对于公共问题的关注往往是浅尝辄止，且在商业化的环境下，媒体会迎合受众的需要，甚至直接服务于资本的利益，所以无法承担起建构公共对话平台的任务。

上述状况必然导致各方在政策制定过程中利益表达不够充分、彼此之间沟通与对话不足，结果是对相关利益和价值的考量不够周全、不同主体之间缺乏必要的理解与认同，也必然影响到政策制定的质量。在这种情况下，有学者认为，在中国现在的发展阶段，针对行政体制对政策过程的垄断，可以发挥智库的社会职能，即除了理性决策"外脑"，还有多元政策参与渠道、决策冲突的理性辨析平台。② 实际上，在各种类型的智库中，高校智库是承担这一职能的最佳选择。这是由于高校本身就是典型的公共机构，是现代社会公共领域的重要组成部分。"大学可被视作公共领域的典范机构"③，与其他类型的机构不同，高校的本质属性就是公共角色，主要表现在公共功能、公共参与和公共理性三个方面。④

具体来说，高校在搭建理性辩论平台方面的优势在于：一方面，利益的无涉性。与其他社会机构相比，高校与政府、市场都保持一定的距离，虽然

---

① ［德］尤尔根·哈贝马斯：《公共领域》，汪晖译，载汪晖、陈燕谷主编：《文化与公共性》，生活·读书·新知三联书店1998年版，第132页。

② 薛澜、朱旭峰：《中国思想库的社会职能：以政策过程为中心的改革之路》，《管理世界》2009年第4期。

③ Delanty, G., "The Sociology of the University and Higher Education: The Consequence of Globalization", in *The Sage Handbook of Siciology*, Calhoun, C., Rojek, C., & Turner, B.(eds.), London: Sage, 2005, p.530.

④ 陈涛：《大学本质属性探源：基于三所欧洲中世纪大学的分析》，《高等教育研究》2016年第10期。

有自己的利益，但是在符合公共利益的前提下获取利益，与其他主体很少有利益冲突，因而容易获得不同利益主体的信任。"在构成全球化交流合作关系的所有媒介和网络中，大学可能是最为开放、智识上最为自由，以及最不经常受到特殊利益，包括国家利益所束缚的。"①同时，高校作为公共机构，负有促进公共利益的使命，其有责任搭建理性辨析的平台，使各方在充分表达自身意见的基础上平等地进行对话，而其他的社会机构往往缺乏这样的动机。另一方面，专业化优势。高校学者出于专业知识上的优势，以及对社会的关注，在众多的公共问题中，具有发现重要公共议题的敏锐性，因此理应与其他相关主体一起，在提出重要议题的过程中发挥重要作用。"把这些问题挑出来讨论的是知识分子、关心这些问题的人们、激进的教授、自称的'代言人'等"②，而其他类型的研究机构在这方面则有所欠缺，媒体也显然缺乏这样的能力。

由于上述原因，高校一直是公共领域的积极参与者，高校的学者通过组织或参与各种对话与辩论、学术成果发表与出版、在媒体上阐述自己的观点、对公共问题进行评论，乃至进行社会批判，都是公共参与的重要途径，这些行为所产生的社会影响，有助于公共理性的提升。

所以，在我国的现实情境中，高校可以结合政策过程优化的实际需要，利用自身的优势，适时提出重要的公共政策议题，并搭建各方理性协商的平台，其具体形式可以是传统的学术会议、不同主体参与的学术研讨，或者主持基于各种媒体的公开讨论。这种理性协商不仅可以帮助决策部门更好地了解不同利益群体和价值倾向的诉求，同时也可以化解政府与公众之间存在的不信任，把政府与公众之间的对立博弈转变成为不同利益和不同价值观念的

---

①　Pusser, B., Kempner, K., Marginson, S., & Ordorika, I. (eds.), *Universities and the Public Sphere: Knowledge Creation and State Building in the Era of Globalization*, New York: Routledge, 2012, p.3.

②　［德］尤尔根·哈贝马斯：《在事实与规范之间：关于法律和民主法治国的商谈理论》，童世骏译，生活·读书·新知三联书店 2003 年版，第 470 页。

沟通与妥协。①

二、施加有力的价值引领

公共问题的复杂性不仅体现在事实层面，也体现在利益层面。公共理性并非通过各方平等的对话即可自动实现，由于不同主体在各个方面的差异性，这种对话不能仅仅基于相关参与方各自的利益，而必须有共同的基础，这个基础就是以公共利益为基本指向的公共价值。罗尔斯认为公共理性的公共性表现在三个方面，即"作为自身的理性，它是公共的理性；它的目标是公共的善和根本性的正义；它的本性和内容是公共的。"② 因此，对于各方参与的协商，必须给予有力的价值引领，才能使这种协商建设性地指向公共利益。

高校相对于其他机构具有特有的公共性以及智力上的优势，这赋予高校特殊的使命。"如今在所有的社会组织机构中，能胜任人类远大目标的指导任务和人类未来利益的管理任务的，似以大学最为适宜。"③ 同时，高校是新思想的源泉、倡导者和交流中心，也是一些普遍价值的倡导者和交流中心，为社会提供了伦理道德论坛。④ 高校集中了众多的知识精英，掌握了一定的学术话语权，对舆论导向有着重要的影响。因而，高校可以通过生活于其中的学者著书立说、发表言论以及提供论坛等方式生产、传播社会公正观念，促使大众形成社会公正意识。⑤ 针对具体的公共问题及政策议题，高校可以利用自身的优势积极发声，辨析公共利益及公共价值所在，并通过价值澄清

---

① 薛澜：《智库热的冷思考：破解中国特色智库发展之道》，《中国行政管理》2014年第5期。

② [美]约翰·罗尔斯：《政治自由主义》，万俊人译，译林出版社2000年版，第225—226页。

③ [英]阿什比：《科技发达时代的大学教育》，滕大春、滕大生译，人民教育出版社1983年版，第149页。

④ 罗丁：《大学与文明社会》，《教育参考》2001年第2期。

⑤ 蒋凯：《社会公正与大学角色》，《高等教育研究》2007年第1期。

与价值协商，引导各方在价值取向上达成一致，发挥价值引领的功能。

同时，在社会利益分化的情况下，不同的利益群体的话语权、争取自身利益的能力，甚至对利益的认知能力是不同的，社会中的弱者往往缺乏参与渠道和参与能力，甚至缺乏足够的利益意识，这时，高校还可以基于公平正义，为弱者代言。实际上，高校在我国的社会转型阶段，一直扮演着这样的角色，尤其是在新旧世纪之交，随着社会转型的加速，在经济快速发展的同时，各种社会问题层出不穷，包括社会保障、流动人口、教育公平、环境保护、安全生产、食品安全等，且在市场化的背景下，弱势群体的利益得不到保障的现象较为普遍。而受到全球性的治道变革浪潮影响，以及强烈的发展主义导致的"GDP主义"盛行，行政部门一度对于解决这些问题重视不够，这时高校中的知识分子通过学术发表、媒体发声等积极呼吁各方关注问题的存在，并基于社会整体利益和社会公平的立场，积极建言献策，提出解决问题的基本方向。学者的呼吁不仅引起了社会对这些问题的广泛关注，也引起了政府的重视，从而促进了相关政策的出台。例如，在"收容遣送议题"以及"圆明园防渗议题"引起的公共舆论事件中，代表公众利益、专业知识角度发言的专家学者在促进社会表达以及公共商议，进而引起政府的重视过程中发挥了重要作用。①

在全球性风险社会到来、公共问题复杂性不断提升的情况下，无论是整个人类社会，还是每一个国家，都前所未有地面临复杂的价值问题，需要在诸多不同的，甚至相互冲突的价值中进行选择和平衡。这时需要高校站在人类以及社会整体利益的高度，在对各种价值进行辨析的基础上，厘清其中的公共价值所在，为处理具体政策制定中的价值问题提供方向性指引。因而，高校不能仅仅作为"服务站"被动地满足外部的需要，而要主动运用多学科的智慧，对公共领域的各种价值问题进行理智思考，并发挥价值引领的功

---

① 李艳红：《大众传媒、社会表达与商议民主》，《开放时代》2006年第6期。

能，这有利于克服行政机构制定政策时在价值方面可能存在的偏差，使政策制定更好地促进整个社会根本、长远的利益。

三、提供坚实的知识基础

公共理性除了有价值的维度，还有事实的维度，已有的关于公共理性的研究更多地集中于前者，而对后者论及较少。因为对公共问题的认识涉及知识问题，尤其是现代社会，公共问题愈加复杂，其涉及的知识问题也日益复杂，在这种情况下，理性的协商必须以科学的知识为基础，这也是所谓理性的应有之义。

但在面对复杂性的公共问题和政策议题的时候，对于各方主体，尤其是普通公众来说，会面临知识不足的问题。这就涉及罗尔斯所说的理性的认知之维的限度问题，他用的是一个特别的短语，即"判断的负担"，其主要是主体价值观念的差异、经验的多样性、证据与概念的复杂性等因素所导致的。"我们一些最重要的判断的得出受制于我们的条件，这些条件使得正直而又充分合乎情理的人们即便经过自由讨论，要运用他们的理性能力以达到同样的结论也变得极其不可能。"[1] 尤其是在知识生产的市场机制的驱动下，尽管知识的总量在不断增长，信息技术的发展也使得公众获取这些知识变得更加便捷，但是，也使得政策知识生产受到价值和利益的影响而容易偏离客观性原则，因而知识总量的增加并不能有效减少这种"判断的负担"，反而更加具有误导性。在这种情况下，高校在提供客观而真实的知识方面具有不可替代的地位。

在现代社会，高校一直是最核心的知识生产机构，以探究最为复杂、高深的知识为己任，在提供真理性知识方面发挥了权威性的角色，这是其他类

---

① Rawls, J., "The Domain of the Political and Overlap Consensus", in *Debates in Contemporary Political Philosophy: An Anthology*, Matravers, D. & Pike, J.(eds.), London-New York: Routledge Taylor & Francis Group, 2005, p.163.

型的知识生产机构所不能比拟的。"在认识事物、认识真理与谬误方面，现代世界中还没有什么社团比大学学者社团犯的错误更少。""现在除了学者社团就再没有更加可靠的裁判所了。"① 同时，作为最典型的公共机构，高校从事知识生产并非出于特定群体或自身的利益，而是整个社会乃至人类的利益，并根据后者的需要对这些知识进行传播，这也是其他类型的知识生产者，尤其是私人机构所不具备的。"与私人智库有关的'学者'和'研究员'的欺骗性成果的例子已经足够多……总的来说，我认为我们可以信赖大多数大学学者的诚实性。"② 而体制内研究机构，由于是直接服务于行政机构的需要，其知识生产不可避免会受到权力的影响，因而也会偏离客观性原则。正是在这个意义上，尽管知识生产越来越多元化，在高校之外出现了越来越多的专门化的生产机构，但是，"大学仍可以声称处于一种'知识垄断'的地位，这与大学在定义什么才算是'科学的'知识方面仍然发挥着重要作用有关"③。

因此，高校在承担好教书育人根本职责的同时，为相关公共领域的政策制定提供客观且相对确定性的知识，作为各方开展协商的知识基础。高校一方面通过科学研究来生产和创造知识，保障政策知识的真实性、权威性和有效性；另一方面则通过课堂教学及其他方式，广泛讲授、传播和应用知识，破除无知、误解和谣言，从而为各类公共商谈和民主决策奠定了坚实的知识基础，保障公共领域的良好运作。④

就我国的情况来看，在一些过程比较开放、相关各方参与度较高的政策制定过程中，相对于其他参与者，包括其他类型的政策知识提供者而言，

① ［美］约翰·S. 布鲁贝克：《高等教育哲学》，王承绪等译，浙江教育出版社 1987 年版，第 140 页。

② Molnar, A., "Public Intellectuals and the University", in *Education Research in the Public Interest: Social Justice, Action, and Policy,* Ladson-Billings, G., & Tate, W. F.(eds.), NewYork: Teachers College Press, 2006, p.64.

③ Biesta, G., *Learning Democracy in School and Society: Education, Lifelong Learning, and the Politics of Citizenship,* Rotterdam: Sense Publishers, 2011, p.46.

④ 傅添：《论大学在现代公共领域中的作用》，《清华大学教育研究》2013 年第 6 期。

来自高校的专家学者在提供客观而确定性的知识方面发挥了不可替代的作用。例如，在新医改政策制定过程中，政策研究群体参与医改的主要方式是用"事实"和"论证"说话，其中以学术部门为主体的政策研究群体的优势在于长期从事学术研究，具有深厚的理论修养和良好的方法训练，长期的积累使他们形成了良好的历史与国际比较分析视野，同时，这些政策研究者较少被特殊的利益所左右，这些素质决定了他们在为决策者辨明改革的理论基础、提供多种政策选项方面，具有无可比拟的优势。[1]

因而，在公共商谈中，高校提供的相关知识有利于克服政策制定者、利益相关者和公众在知识上的不足，使他们走出认识上的误区，加深对相关问题的理解，更加理性地对问题进行分析。同时，高校提供的知识还可以激发各方积极思考，并通过发表自己的见解以及与他人辩论，深化对问题的认识，进而促进公共领域的政策知识再生产，使各方主体不仅是知识的被动接受者，还是积极的生产者，这对于风险社会背景下复杂性的政策问题而言，也有着重要的意义。

第四节　促成充分的政策共识

在政策过程中，公共理性是以共识为基本指向的，但这种共识并非各方利益或意见的临时性妥协，或简单的折中，这样的共识是不稳固的；不是一方对其他相关方或各方相互之间的欺骗与蒙蔽，这样的共识是虚假的，也难以持续；也不是抽象、模糊不清的，即仅仅局限于一些总体性目标或笼统的原则，这种共识对政策制定的指导性较为有限，在政策的细化过程中不可避免地会遇到价值、利益和认知方面的冲突问题，因而无法充分发挥作用。

---

① 　王绍光、樊鹏：《中国式共识型决策："开门"与"磨合"》，中国人民大学出版社 2013 年版，第 137 页。

公共理性所指向的共识必须是清晰、稳定而又公正的。为了确保这种共识的实现，公共领域以及政策过程中的对话与协商必须符合一些基本要求。哈贝马斯将其称为交往理性，由于交往行为必须以语言为中介，所以需要遵守一定的原则，即语言涉及客观世界时的"真实性"、涉及社会领域时的"正确性"、涉及主观世界时的"真诚性"，亦即交往活动的"三原则"。同时，他要求交往行为以不使用权力与暴力为前提，"这种交往理性概念的内涵最终可以还原为论证话语在不受强制的前提下达成共识这样一个核心经验"[①]。哈贝马斯的交往理论显然带有理想主义的气质，在现实很难充分实现，但其理念对于改变公共领域的交往行为，促进协商与合作，无疑具有重要的启示意义，为公共政策领域的协商民主的实践提供了理论上的指引。

公共理性的形成还是一个思维的过程，是逻辑推演和系统思考的结果，政策共识是基于严谨的推理，各方参与者的陈述、辩驳、论证必须遵守一些共同的推理规范。如果没有这些规范，不同主体之间的对话就会变成各方各执一词，成为毫无意义的争吵，甚至导致冲突更趋显性化。因此它"最好不是被视为公民之间的一种推理过程，而是给个体、制度和机构应如何就公共问题进行推理施加限制的一种范导性（regulative）原则"[②]。"所有的推理方式——无论是个人的、联合体的或政治的——都必须承认某些共同的要素：判断的概念、推导的原则、证据规则，以及许多其他的东西，要不然的话，它们就不是推理方式，而可能是修辞或劝服的手段。我们关注的是理性（reason），而不仅仅是话语（discourse）。"[③] 在这个意义上，有学者认为，公共理性是指"人类共同的理性规范及基本逻辑程序"，"公共理性的运行范式，

---

① ［德］尤尔根·哈贝马斯：《交往行为理论》，曹卫东译，上海人民出版社 2018 年版，第 27 页。

② Benhabib, S., "Toward a Deliberative Model of Democratic Legitimacy", in *Public Reason*, Agostino. F.D., & Gaus, G.F.(eds.), Aldershot: Ashgate Publishing Company, 1998, p.105.

③ Rawls, J., *Political Liberalism*, New York: Columbia University Press, 1993, p.220.

由人类基本的认知规范给定"。①

在上述背景下，作为最具公共性的机构和最严谨的知识生产场所，在促进政策共识形成过程中，高校可以发挥独特的作用。实际上，以理性精神为指引的交往原则与高校学术活动秉持的基本原则具有高度的契合性，包括相互尊重、自由的表达、平等的对话、基于证据的辩驳等。高校在政策协商的过程中，除了可以提供价值引领与知识基础，还可以在对话的过程中，在各方平等而充分地表达意见的基础上，厘清各方的利益、辨析各方的证据、检验逻辑上的严谨性，并对照政策问题的具体情况，对对话的过程加以引导，确保其在理性而有效的轨道上进行，从而在最大限度上促进共识的形成。在此基础上，高校还可以更进一步，在对相关方的利益、知识进行综合与集成的基础上，提出可行的政策建议，从而直接发挥决策咨询的功能。对于这种情况，有研究者结合自身的实践，提出了"协商式智库"的概念，认为在不同价值与利益主体参与的情况下，要通过公共对话进而形成共识，这是一项非常复杂而又极具挑战性的工作。在这个过程中，涉及利益辨识、证据梳理、技术支持、寻求共识，不仅涉及研究问题，还涉及组织和协调工作，因而并非个别专家可以承担，也不是传统的智库所擅长的，因而需要新型的智库形态——协商式智库来承担，而已有的实践也初步证明其有效性。②

因此，在价值与利益多元化的背景下，智库可以发挥更加积极的作用。智库只有在"民意表达"与"政府回应"之间架起桥梁，才能扮演好协同各方关系的角色，以优化公共政策质量为目标，促进政治目标与科学原则两者之间的耦合。③ 对于高校智库而言，基于严肃的学术思考和特有的公共性对公共问题发表见解，创造条件并引导各方理性地展开对话，进而就采取的行动达成稳定的共识，这无疑是其功能的进一步拓展。在政策制定权力比较

① 张江：《公共阐释论纲》，《学术研究》2017 年第 6 期。

② 李亚：《协商式智库：理论框架与实践探索》，《公共管理与政策评论》2021 年第 6 期。

③ 刘伟：《论智库生产中政治与科学的背反关系及耦合路径》，《学海》2021 年第 5 期。

集中的情况下，高校的这种作用尤为重要，可以避免诸如多元竞争型政策制定体制下众多主体参与可能出现的无序、混乱以及最终可能导致的集体非理性，从而在政策过程有限开放的情况下更为有效地增进公共理性，为政策制定创造良好的社会条件。

需要说明的是，公共领域的协商民主只是政策过程的一部分，在政策制定中，这种协商民主必须与正式的公共权威相结合，在相关的民主框架内得以建构。按照哈贝马斯的设想，协商民主应采取双轨制模式，即公共领域的非正式协商和决策机构的正式协商。公共领域的协商共识只有经过特定机制和途径传递给国家，才能有效发挥作用，因为"通过民主程序而形成的交往权力的公共舆论，是无法亲自'统治'的，而只可能对行政权力之运用指出特定方向"①。对于我国而言，这种协商则是行政主导政策制定框架下的协商，其结果经过不同的途径为行政机构所吸收，为政策制定嵌入更多公共理性的内涵，以弥补行政理性可能存在的不足，进而实现政策质量的提升。

综上所述，为了更加有效地实现高校智库的功能，除了需要采取措施加强高校智库服务决策的能力，还要立足政策过程的实际需要，进一步拓展高校智库的功能，促进政策制定环境优化和政策质量提升，进而实现智库功能与大学使命的内在统一。

---

① ［德］尤尔根·哈贝马斯：《在事实与规范之间：关于法律和民主法治国的商谈理论》，童世骏译，生活·读书·新知三联书店 2014 年版，第 372 页。

参 考 文 献

一、中文著作

1.《马克思恩格斯选集》第一卷，人民出版社 2012 年版。

2.《马克思恩格斯选集》第四卷，人民出版社 2012 年版。

3.《毛泽东选集》第三卷，人民出版社 1991 年版。

4.《邓小平文选》第二卷，人民出版社 1994 年版。

5.《邓小平文选》第三卷，人民出版社 1993 年版。

6.《习近平著作选读》第一卷，人民出版社 2023 年版。

7.《习近平著作选读》第二卷，人民出版社 2023 年版。

8.包何钢：《协商民主：理论、方法和实践》，中国社会科学出版社 2008 年版。

9.陈学飞：《美国高等教育发展史》，四川大学出版社 1989 年版。

10.邓正来、赫雨凡主编：《中国人文社会科学三十年：回顾与前瞻》，复旦大学出版社 2008 年版。

11.郭定平：《政党与政府》，浙江人民出版社 1998 年版。

12.何俊志：《作为一种政府形式的中国人大制度》，上海人民出版社 2013 年版。

13.金耀基：《大学之理念》，生活·读书·新知三联书店 2001 年版。

14.景跃进、陈明明、肖滨：《当代中国政府与政治》，中国人民大学出版社 2016

年版。

15.李刚等主编：《CTTI 智库报告（2018）》，南京大学出版社 2019 年版。

16.刘复兴：《国外教育政策研究基本文献讲读》，北京大学出版社 2013 年版。

17.吕文浩：《中国近代思想家文库：费孝通卷》，中国人民大学出版社 2015 年版。

18.毛礼锐、沈灌群：《中国教育通史》第 1 卷，山东教育出版社 1985 年版。

19.任晓：《第五种权力：论智库》，北京大学出版社 2015 年版。

20.谭安奎：《公共理性》，浙江大学出版社 2011 年版。

21.汤红娟：《中国特色新型高校智库发展现状调查》，中国社会科学出版社 2021 年版。

22.汪锋：《我国高校智库参与决策咨询的制度设计研究》，武汉大学出版社 2019 年版。

23.汪晖、陈燕谷：《文化与公共性》，生活·读书·新知三联书店 1998 年版。

24.王绍光、樊鹏：《中国式共识型决策："开门"与"磨合"》，中国人民大学出版社 2013 年版。

25.吴春波编译：《官僚制统治》，民族出版社 1988 年版。

26.吴宗国：《中国古代官僚政治制度研究》，北京大学出版社 2004 年版。

27.俞可平：《治理与善治》，社会科学文献出版社 2000 年版。

28.张廷骧：《入幕须知五种》，浙江书局 1892 年版。

29.赵德余：《政策制定的逻辑：经验与解释》，上海人民出版社 2010 年版。

30.赵德余：《主流观念与政策变迁的政治经济学》，复旦大学出版社 2008 年版。

31.郑永年等：《内部多元主义与中国新型智库建设》，东方出版社 2016 年版。

32.中国社会科学杂志社编：《社会科学与公共政策》，社会科学文献出版社 2000 年版。

33.朱旭峰：《中国思想库：政策过程中的影响力研究》，清华大学出版社 2009 年版。

34.[波兰] 弗洛里安·兹纳涅茨基：《知识人的社会角色》，郏斌祥译，译林出版社 2000 年版。

35.[德] 彼得·瓦格纳:《并非一切坚固的东西都烟消云散了:社会科学的历史与理论一探》,李康译,北京大学出版社 2011 年版。

36.[德] 费希特:《论学者的使命 人的使命》,梁志学、沈真译,商务印书馆 2013 年版。

37.[德] 哈尔特穆特·罗萨:《加速:现代社会中时间结构的改变》,董璐译,北京大学出版社 2015 年版。

38.[德] 卡尔·雅斯贝尔斯:《大学之理念》,邱立波译,上海世纪出版集团 2007 年版。

39.[德] 马克斯·韦伯:《经济与社会》,林荣远译,商务印书馆 1997 年版。

40.[德] 马克斯·韦伯:《韦伯作品集Ⅲ:支配社会学》,康乐、简惠美译,广西师范大学出版社 2004 年版。

41.[德] 马克斯·韦伯:《学术与政治:韦伯的两篇演说》,冯克利译,三联书店 1998 年版。

42.[德] 尤尔根·哈贝马斯:《公共领域的结构转型》,曹卫东等译,学林出版社 1999 年版。

43.[德] 尤尔根·哈贝马斯:《交往行为理论》,曹卫东译,上海人民出版社 2018 年版。

44.[德] 尤尔根·哈贝马斯:《在事实与规范之间:关于法律和民主法治国的商谈理论》,童世骏译,生活·读书·新知三联书店 2003 年版。

45.[德] 尤斯图斯·伦次、[德] 彼得·魏因加特:《政策制定中的科学咨询:国际比较》,王海芸等译,上海交通大学出版社 2015 年版。

46.[法] 米歇尔·克罗齐埃:《科层现象》,刘汉全译,上海人民出版社 2002 年版。

47.[法] 雅克·韦尔热:《中世纪大学》,王晓辉译,上海人民出版社 2007 年版。

48.[荷兰] 弗兰斯·F.范富格特:《国际高等教育政策比较研究》,王承绪等译,浙江教育出版社 2001 年版。

49.[美] E.R. 克鲁斯克、[美] B.M. 杰克逊:《公共政策词典》，唐理斌等译，上海远东出版社 1992 年版。

50.[美] 阿尔温·托夫勒:《权力的转移》，吴迎春等译，中央党校出版社 1991 年版。

51.[美] 爱德华·希尔斯:《学术的秩序——当代大学论文集》，李家永译，商务印书馆 2007 年版。

52.[美] 安德鲁·里奇:《智库、公共政策和专家治策的政治学》，潘羽辉等译，上海社会科学院出版社 2010 年版。

53.[美] 彼得·布劳、[美] 马歇尔·梅耶:《现代社会中的科层制》，马戎等译，学林出版社 2001 年版。

54.[美] 伯顿·克拉克:《高等教育系统——学术组织的跨国研究》，王承绪等译，浙江教育出版社 1994 年版。

55.[美] 查尔斯·E. 林布隆:《政策制定过程》，朱国斌译，华夏出版社 1988 年版。

56.[美] 德怀特·沃尔多:《行政国家:美国公共行政的政治理论研究》，颜昌武译，中央编译出版社 2017 年版。

57.[美] 多萝西·罗斯:《美国社会科学的起源》，王楠等译，三联书店第 2019 年版。

58.[美] 费勒尔·海迪:《比较公共行政》，刘俊生译，中国人民大学出版社 2011 年版。

59.[美] 弗兰克·J. 古德诺:《政治与行政》，王元译，华夏出版社 1987 年版。

60.[美] 戈登·塔洛克:《官僚体制的政治》，柏克、郑景胜译，商务印书馆 2010 年版。

61.[美] 华勒斯坦等:《开放社会科学》，刘锋译，三联书店第 1997 年版。

62.[美] 杰弗里·M. 贝瑞、[美] 克莱德·威尔科克斯:《利益集团社会》，王明进译，中国人民大学出版社 2012 年版。

63.[美] 卡尔·科恩:《论民主》，聂崇信等译，商务印书馆 1988 年版。

64.［美］拉尔夫·P.赫梅尔：《官僚经验：后现代主义的挑战》，韩红译，中国人民大学出版社 2013 年版。

65.［美］理查德·奥尔森：《社会科学的兴起：1642—1792》，王凯宁译，科学出版社 2018 年版。

66.［美］罗伯特·K.默顿：《社会研究与社会政策》，林聚任等译，三联书店 2001 年版。

67.［美］罗伯特·海涅曼等：《政策分析师的世界：理性、价值观念和政治》，李玲玲译，北京大学出版社 2011 年版。

68.［美］全钟燮：《公共行政的社会建构：解释与批判》，孙柏瑛等译，北京大学出版社 2008 年版。

69.［美］塞缪尔·亨廷顿、［美］琼·纳尔逊：《难以抉择——发展中国家的政治参与》，汪晓寿等译，华夏出版社 1989 年版。

70.［美］托马斯·R.戴伊：《理解公共政策》，谢明译，中国人民大学出版社 2011 年版。

71.［美］托马斯·R.戴伊：《自上而下的政策制定》，鞠方安等译，中国人民大学出版社 2002 年版。

72.［美］亚伯拉罕·弗莱克斯纳：《现代大学论——英美德大学研究》，徐辉、陈晓菲译，浙江教育出版社 2001 年版。

73.［美］约翰·S.布鲁贝克：《高等教育哲学》，王承绪等译，浙江教育出版社 1987 年版。

74.［美］约翰·罗尔斯：《政治自由主义》，万俊人译，译林出版社 2000 年版。

75.［美］詹姆斯·E.安德森：《公共决策》，唐亮译，华夏出版社 1990 年版。

76.［美］詹姆斯·G.麦甘：《第五阶层：智库·公共政策·治理》，李海东译，中国青年出版社 2018 年版。

77.［美］詹姆斯·G.麦甘：《美国智库政策建议：学者、咨询顾问和倡导者》，肖宏宇、李楠译，北京大学出版社 2018 年版。

78.［美］詹姆斯·Q.威尔逊：《美国官僚政治——政府机构的行为及其动因》，

张海涛等译，中国社会科学出版社 1995 年版。

79.[美] 詹姆斯·博曼：《公共协商：多元主义、复杂性与民主》，黄相怀译，中央编译出版社 2006 年版。

80.[美] 詹姆斯·麦甘恩、[美] 理查德·萨巴蒂尼：《全球智库：政策网络与治理》，韩雪、王小文译，上海交通大学出版社 2015 年版。

81.[瑞士] 瓦尔特·吕埃格：《欧洲大学史》第四卷，贺国庆等译，河北大学出版社 2019 年版。

82.[西班牙] 奥尔特加·加塞特：《大学的使命》，徐小洲、陈军译，浙江教育出版社 2001 年版。

83.[英] H.K.科尔巴奇：《政策》，张毅、韩志明译，吉林大学出版社 2005 年版。

84.[英] 阿什比：《科技发达时代的大学教育》，滕大春、滕大生译，人民教育出版社 1983 年版。

85.[英] 安东尼·吉登斯：《现代性的后果》，田禾译，译林出版社 2000 版。

86.[英] 彼得·伯克：《知识社会史：从古登堡到狄德罗》，陈志宏、王婉旎译，浙江大学出版社 2016 年版。

87.[英] 戴维·毕瑟姆：《官僚制》，韩志明、张毅译，吉林人民出版社 2005 年版。

88.[英] 戴维·温伯格：《知识的边界》，胡泳、高美译，山西人民出版社 2014 年版。

89.[英] 康浦·斯密：《康德〈纯粹理性批判〉解义》，韦卓民译，华中师范大学出版社 2000 年版。

90.[英] 罗伯特·科尔维尔：《大加速：为什么我们的生活变得越来越快?》，张佩译，北京联合出版公司 2018 年版。

91.[英] 齐格蒙特·鲍曼：《被围困的社会》，郇建立译，江苏人民出版社 2006 年版。

二、中文期刊论文

1.《公共管理评论》编辑部:《加强中国特色新型智库建设 讲好中国故事——中国公共管理高端讲坛第六讲会议综述》,《公共管理评论》2020 年第 2 期。

2.曾志敏、李乐:《论公共理性决策模型的理论构建》,《公共管理学报》2014 年第 2 期。

3.柴宝勇、石春林:《党的领导体制下的政策制定模式及其特征:基于主体、结构和层级的视角》,《中国行政管理》2022 年第 2 期。

4.陈炳辉:《国家治理复杂性视野下的协商民主》,《中国社会科学》2016 年第 5 期。

5.陈丽:《论我国高校智库建设的三重逻辑》,《高教探索》2016 年第 3 期。

6.陈玲、赵静、薛澜:《择优还是折衷:转型期中国政策过程的一个解释框架和共识决策模型》,《管理世界》2010 年第 8 期。

7.陈玲:《官僚体制与协商网络:中国政策过程的理论建构和案例研究》,《公共管理评论》2006 年第 2 期。

8.陈水生:《中国公共政策模式的变迁:基于利益集团的分析视角》,《社会科学》2012 年第 8 期。

9.陈思丞、孟庆国:《领导人注意力变动机制探究——基于毛泽东年谱中 2614 段批示的研究》,《公共行政评论》2016 年第 3 期。

10.陈涛:《大学本质属性探源:基于三所欧洲中世纪大学的分析》,《高等教育研究》2016 年第 10 期。

11.陈振明:《党中央治国理政政策思想与中国特色政策科学理论构建》,《中国行政管理》2017 年第 2 期。

12.成伯清:《学术的悬浮化及其克服》,《探索与争鸣》2019 年第 4 期。

13.达巍:《确认国际问题政策研究的学术性》,《国际政治研究》2009 年第 3 期。

14.代凯:《注意力分配:研究政府行为的新视角》,《理论月刊》2017 年第 3 期。

15.邓彩霞:《共识建构:环境公共事件中的协商民主——以 XX 事件为例》,《青海社会科学》2017年第4期。

16.刁榴、张青松：《日本智库的发展现状及问题》，《国外社会科学》2013年第5期。

17.丁元竹：《费孝通有关决策咨询思考对新型智库建设的启示》，《中国发展观察》2015年第7期。

18.丁元竹：《新型智库和决策咨询——费孝通〈小城镇　大问题〉的启示》，《西北师大学报（社会科学版）》2015年第2期。

19.樊鹏：《论中国的"共识型"体制》，《开放时代》2013年第3期。

20.费久浩：《专家的决策影响力：评价体系、现实状态与优化路径——基于 G 市政府决策咨询专家库的分析》，《智库理论与实践》2022年第2期。

21.博广宛、白侯军、傅雨飞：《中国古代决策咨询制度：历史沿革、发展特征与现代启示》，《江苏行政学院学报》2013年第4期。

22.博添：《论大学在现代公共领域中的作用》，《清华大学教育研究》2013年第6期。

23.高凛：《论"部门利益法制化"的遏制》，《政法论丛》2013年第2期。

24.宫贺、孙赫宁、顾纯璟：《中国社交媒介情境下"官民对话"的理论建构与初步检视》，《中国行政管理》，2021年第7期。

25.龚会连：《研究成果、传递通道与高校智库治理研究》，《情报杂志》2018年第7期。

26.关琳：《新型智库政策影响力实证分析——基于"CTTI"内参与批示数据的计量研究》，《江苏高教》2019年第10期。

27.郭渐强、寇晓霖：《论公共政策评估中行政决策失误责任追究制的有效实施》，《东南学术》2013年第3期。

28.郭苏建、向森：《从行政吸纳到简政放权——法治政府建设的双重逻辑及其转变》，《探索与争鸣》2018年第10期。

29.郭毅等：《"红头文件"何以言行事？——中国国有企业改革文件研究（2000～2005)》，《管理世界》2010第12期。

30.国务院发展研究中心赴韩国智库专题调研考察团：《韩国智库考察报告》，《中国发展观察》2013年第12期。

31.国务院发展研究中心公管所课题组、王佩亨、李国强：《需要一流智库提供一流思想产品》，《中国发展观察》2013年第3期。

32.韩博天、奥利佛·麦尔敦、石磊：《规划：中国政策过程的核心机制》，《开放时代》2013年第6期。

33.韩春晖：《行政决策的多元困局及其立法应对》，《政法论坛》2016年第3期。

34.韩方明：《中国智库发展不能大跃进》，《决策探索》2017年第6期。

35.韩万渠：《中国高校智库的组织变迁、发展困境与对策研究》，《高教探索》2016年第5期。

36.韩志明：《从"独白"走向"对话"：网络时代行政话语模式的转向》，《东南学术》2012年第5期。

37.韩志明：《言说的短路与表达的困境：公共行政的话语危机分析》，《中国行政管理》2012年第2期。

38.何晓芳、邵英硕：《学科优势与学科之困：新型高校智库的内在逻辑与建设路径》，《高等教育研究》2021年第12期。

39.侯定凯、朱红蕊：《"相互妥协"或"相得益彰"？——反思高校智库与学科发展的关系》，《高校教育管理》2019年第1期。

40.胡鞍钢：《建设中国特色新型智库》，《清华大学教育研究》2013年第5期。

41.胡鞍钢：《中国特色新型智库建设及其思想传播：以清华大学国情研究院为例》，《中国科学院院刊》2016年第8期。

42.胡家聪：《稷下学宫史钩沉》，《文史哲》1981年第4期。

43.胡薇：《社会经济治理视角下日本智库的"独特性"》，《清华大学学报（哲学社会科学版）》2022年第1期。

44.黄丽珺：《中国古代幕僚制度及其对现代智库建设的启示》，《智库理论与实践》2020年第1期。

45.江国华、梅扬：《论重大行政决策专家论证制度》，《当代法学》2017年第5期。

46.姜朝晖：《中国特色新型高校智库：内涵、特征及定位》，《高校教育管理》2016 年第 3 期。

47.姜尔林：《国家之间政策知识生产何以不同？——知识体制理论及其对我国智库研究的启示》，《东南学术》2023 年第 2 期。

48.姜尔林：《行政主导政策制定背景下高校智库的功能困境及其超越》，《高等教育研究》2022 年第 4 期。

49.姜尔林：《西方现代官僚制的困境及中国实践的启示》，《毛泽东邓小平理论研究》2018 年第 6 期。

50.姜尔林：《中国特色新型智库到底"特"在何处：比较知识体制的视角》，《中国行政管理》2022 年第 5 期。

51.蒋俊明：《利益协调视域下公众参与型公共政策机制建构》，《政治学研究》2013 年第 2 期。

52.蒋凯：《社会公正与大学角色》，《高等教育研究》2007 年第 1 期。

53.李刚：《创新机制、重心下移、嵌入决策过程：中国特色新型智库建设的"下半场"》，《图书馆论坛》2019 年第 3 期。

54.李刚：《关于进一步加强高校新型智库建设若干问题的思考》，《江苏高教》2019 年第 10 期。

55.李国强、徐蕴峰：《学习习近平"智库观"，推动中国智库建设健康发展》，《智库理论与实践》2017 年第 4 期。

56.李侃如、孙敏：《弥合鸿沟的倡议》，《国际政治研究》2009 年第 3 期。

57.李侃如：《中国的政府管理体制及其对环境政策执行的影响》，《经济社会体制比较》2011 年第 2 期。

58.李娉：《政策变迁中的知识利用：以"闯黄灯"政策调整为例》，《中国公共政策评论》2020 年第 1 期。

59.李晚成：《中国幕僚制度考论》，《上海师范大学学报（哲学社会科学版）》1988 年第 1 期。

60.李亚：《协商式智库：理论框架与实践探索》，《公共管理与政策评论》2021

年第 6 期。

　　61.李艳红：《大众传媒、社会表达与商议民主》，《开放时代》2006 年第 6 期。

　　62.李兆友、师容：《时间语境中的政府行政决策研究》，《东北大学学报（社会科学版)》2014 年第 4 期。

　　63.李宗建、张翔：《"失衡效应"：政府部门在决策过程中的定位与机制》，《天津行政学院学报》2016 年第 4 期。

　　64.郦菁：《政策研究困境与价值缺失的中国社会科学》，《文化纵横》2016 年第 2 期。

　　65.林辉煌、邓淑宜：《利益动员结构与中国高校智库的兴起》，《经济社会体制比较》2016 年第 6 期。

　　66.林精华：《学术研究泛智库化之后果：作为国际政治学的美国"苏联学"》，《社会科学战线》2014 年第 4 期。

　　67.林尚立：《协商民主是我国民主政治的特有形式和独特优势》，《求是》2014 年第 6 期。

　　68.林尚立：《协商政治：对中国民主政治发展的一种思考》，《学术月刊》2003 年第 4 期。

　　69.刘福才：《大学智库文化的特质及其培育》，《教育研究》2019 年第 2 期。

　　70.刘海峰：《传统文化与中国古代高等教育的特点》，《机械工业高等教育》1994 年第 4 期。

　　71.刘太祥：《中国古代帝王顾问制度》，《南都学坛》2009 第 1 期。

　　72.刘伟、吴友全：《论中国政治过程中的内输入模式》，《江汉论坛》2013 年第 6 期。

　　73.刘伟：《论智库生产中政治与科学的背反关系及耦合路径》，《学海》2021 年第 5 期。

　　74.刘蕴秀：《中国古代高等教育溯源：文献学视角的考察》，《中国人民大学教育学刊》2023 年第 4 期。

　　75.刘祖云：《政府与学府：权威博弈、伙伴关系与责任指向》，《高等教育研究》

2005 年第 11 期。

76.罗丁：《大学与文明社会》，《教育参考》2001 年第 2 期。

77.罗梁波：《行政理性场景的演变格局：传统、现实与未来》，《学术月刊》2019 年第 5 期。

78.孟庆国、陈思丞：《中国政治运行中的批示：定义、性质与制度约束》，《政治学研究》2016 年第 5 期。

79.莫启扬、段芸：《言语行为语力的认知语言学研究》，《外语研究》2012 年第 3 期。

80.倪玉珍：《法国大革命与"社会科学"的诞生：19 世纪上半叶法国思想家重建社会的努力》，《社会科学》2016 年第 10 期。

81.钱再见、王力：《中国特色新型智库在政府决策中的影响力研究——基于多维理论视角的学理分析》，《江汉学术》2020 年第 2 期。

82.强世功：《从"知识／权力"的角度看政治学的重建》，《国际政治研究》2013 年第 1 期。

83.秦惠民、解水青：《我国高校智库建设相关问题及对策研究》，《中国高校科技》2014 年第 4 期。

84.秦前红：《论人大监督重大行政决策的强化》，《东方法学》2022 年第 4 期。

85.邱均平、董西露：《高校智库建设的困境与策略》，《重庆大学学报（社会科学版）》2017 年第 4 期。

86.任恒：《论作为智库雏形的稷下学宫——兼论其对当代中国特色新型高校智库建设的经验》，《社会科学论坛》2017 年第 8 期。

87.任强：《学术与政治：大学智库与政府的互动逻辑》，《教育评论》2015 年第 9 期。

88.商丽浩、谢佳璐：《美国国家科学基金会社会科学研究资助政策：酝酿、启动和影响》，《高等教育研究》2021 年第 9 期。

89.苏长和：《从"政学相轻"到"政学相重"——国际关系研究中的理论与政策之弥合》，《国际政治研究》2009 年第 3 期。

90.眭依凡、王贤娴：《对大学智库建设热的理性思考》，《教育发展研究》2017年第7期。

91.眭依凡：《大学的使命及其守护》，《教育研究》2011年第1期。

92.孙岩、刘红艳：《知识型专家影响空气质量标准政策变迁的中美比较研究》，《科研管理》2019年第4期。

93.唐任伍、张伟群、汪珞：《管理主义行为的价值迷思及其矫正》，《中国行政管理》2016年第1期。

94.童星、任利剑：《论重点大学文科的社会功能与历史使命：改革开放以来南京大学文科部分有重大影响的科研成果回顾》，《南京大学学报（哲学·人文科学·历史科学）》2000年第1期。

95.王传奇、李刚、丁炫凯：《智库政策影响力评价中的"唯批示论"迷思：基于政策过程理论视角的研究》，《图书与情报》2019年第3期。

96.王春光：《我国授权立法现状之分析》，《中外法学》2009年第5期。

97.王栋：《双重超越的困境——中国国际关系理论与政策刍议》，《国际政治研究》2009年第3期。

98.王缉思：《学术研究与政策研究相脱节的症结与出路》，《国际政治研究》2009年第3期。

99.王建华：《如何建设促进政策创新的高校智库》，《江苏高教》2017年第6期。

100.王介勇、李裕瑞：《地理学者主持完成国务院重大政策措施第三方评估》，《地理学报》2015年第10期。

101.王敏、冯秋婷：《党的全面领导：理论逻辑与实践机制》，《党政研究》2018年第6期。

102.王屏：《从研究智库的理论与方法看日本智库的作用及影响》，《日本学刊》2017年第5期。

103.王绍光、樊鹏：《"集思广益型"决策：比较视野下的中国智库》，《中国图书评论》2012年第8期。

104.王绍光：《中国公共政策议程设置的模式》，《中国社会科学》2006年第5期。

105.王文:《抵制假智库，帮助弱智库，提携好智库》，《科学与管理》2017 年第 4 期。

106.王锡锌、章永乐:《我国行政决策模式之转型——从管理主义模式到参与式治理模式》，《法商研究》2010 年第 5 期。

107.王锡锌、章永乐:《专家、大众与知识的运用——行政规则制定过程的一个分析框架》，《中国社会科学》2003 年第 3 期。

108.王锡锌:《自由裁量权基准：技术的创新还是误用》，《法学研究》2008 年第 5 期。

109.王一鹏:《翰林院演变初探》，《内蒙古社会科学（文史哲版）》1993 年第 6 期。

110.王志明:《世界教育史上的双子星座：稷下学宫与柏拉图学园比较论纲》，《山东师范大学学报（人文社会科学版）》2019 年第 5 期。

111.王子晖:《二战期间美国"官智合流"现象探析——以战略情报局研究分析处为中心》，《军事历史研究》2021 年第 4 期。

112.王子晖:《20 世纪五六十年代美国苏联学的发展及其影响》，《世界历史》2014 年第 4 期。

113.王子晖:《论冷战时期美国苏联学与政府决策的关系》，《史学月刊》2014 年第 6 期。

114.韦森:《言语行为与制度的生成》，《北京大学学报（哲学社会科学版）》2005 年第 6 期。

115.文少保:《高校智库服务政府决策的逻辑起点、难点与策略——国家治理能力现代化的视角》，《中国高教研究》2015 年第 1 期。

116.吴明熠:《从听证走向协商：公众参与行政决策的实践反思与程序嬗变》，《甘肃行政学院学报》2020 年第 2 期。

117.肖滨、费久浩:《专家—决策者非协同行动：一个新的解释框架——以 A 市政府决策咨询专家的政策参与为例》，《公共管理学报》2020 年第 3 期。

118.邢国华:《改革中的政策制定原则——邓小平政策思想研究》，《求实》1992 年第 9 期。

119.熊樟林：《重大行政决策目录制度的问题与应对：以〈重大行政决策程序暂行条例〉第 3 条第 3 款为对象》，《行政法学研究》2019 年第 6 期。

120.徐勇、邓大才：《植根实践 着力打造"三农"高端智库》，《中国高校科技》2014 年第 4 期。

121.徐元善：《公众参与公共政策制定过程的问题及对策研究》，《理论探讨》2009 年第 5 期。

122.许玉镇、刘劭睿：《重大行政决策行政问责构成要件文本分析》，《社会科学战线》2021 年第 12 期。

123.薛澜、陈玲：《中国公共政策过程的研究：西方学者的视角及其启示》，《中国行政管理》2005 年第 7 期。

124.薛澜、朱旭峰：《中国思想库的社会职能：以政策过程为中心的改革之路》，《管理世界》2009 年第 4 期。

125.薛澜：《智库热的冷思考：破解中国特色智库发展之道》，《中国行政管理》2014 年第 5 期。

126.阎光才：《大学教师的时间焦虑与学术治理》，《教育研究》2021 年第 8 期。

127.阎光才：《政策情境、组织行动逻辑与个人行为选择：四十年来项目制的政策效应与高校组织变迁》，《高等教育研究》2019 年第 7 期。

128.阎宇红：《日本行政决策咨询体系的多层次、多元化及其对我国的借鉴作用》，《国际关系学院学报》1998 年第 1 期。

129.燕继荣、李修科：《政策协商原则及实施保障》，《学海》2016 年第 2 期。

130.燕继荣：《"从行政主导"到"有限政府"：中国政府改革的方向与路径》，《学海》2011 年第 3 期。

131.杨帆、卢周来：《中国的"特殊利益集团"如何影响地方政府决策：以房地产利益集团为例》，《管理世界》2010 年第 6 期。

132.杨光斌：《以中国为方法的政治学》，《中国社会科学》2019 年第 10 期。

133.杨光斌：《中国决策过程中的共识民主模式》，《社会科学研究》2017 年第 2 期。

134.杨建国、李紫衍:《公共决策专家咨询制度的内容分析:反思与重构——基于28个省级地方政府51份政策文本的调查》,《中共天津市委党校学报》2019年第5期。

135.杨龙、蒋欣然:《中国政策过程中的"双顶层"机制》,《南开学报(哲学社会科学版)》2018年第1期。

136.杨沐、邓淑宜:《"智库热"与政策思想市场》,《智库理论与实践》2016年第5期。

137.姚荣:《大学治理的"项目制":成效、限度及其反思》,《江苏高教》2014年第3期。

138.叶祝弟:《警惕学术研究中的"苏联学难题"——对当前大学智库热的反思》,《社会观察》2015年第11期。

139.于铁军:《世界一流大学智库建设的经验与借鉴》,《中国高教研究》2015年第8期。

140.于铁军:《有助于对外政策制定的几种知识类型》,《国际政治研究》2009年第3期。

141.余万里:《学者参与决策过程的五种角色》,《国际政治研究》2009年第3期。

142.岳经纶:《社会科学、知识分子与和谐社会:美国进步时代的启示》,《公共行政评论》2008年第2期。

143.张保生、朱盛文:《高校社会科学研究三十年发展历程和动力》,《北京大学学报(哲学社会科学版)》2008年第5期。

144.张岱年:《稷下学宫的历史意义》,《管子学刊》1994年第1期。

145.张海柱:《知识与政治:公共决策中的专家政治与公众参与》,《浙江社会科学》2013年第4期。

146.张宏宝:《从"规模扩张"到"内涵提升":高校智库知识供给范式转型》,《教育发展研究》2017年第3期。

147.张江、哈贝马斯:《关于公共阐释的对话》,《学术月刊》2018年第5期。

148.张江:《公共阐释论纲》,《学术研究》2017年第6期。

149.张乾友：《技术官僚型治理的生成与后果：对当代西方治理演进的考察与反思》，《甘肃行政学院学报》2019 年第 3 期。

150.张权：《通往新型智库之路：中国特色新型智库建设的现状、定位与困局》，《长白学刊》2017 年第 5 期。

151.张权：《新型智库建设中的角色异化：成因、妨害及其应对》，《中国行政管理》2017 年第 7 期。

152.张献生、吴茜：《试论中国社会主义协商民主制度》，《政治学研究》2014 年第 1 期。

153.张新培、赵文华：《研究型大学与高水平智库协同发展及启示》，《中国高教研究》2014 年第 8 期。

154.张雅勤：《行政公共性的生成渊流与历史反思》，《中国行政管理》2012 年第 6 期。

155.张杨：《官智合流：冷战时期美国"政治—学术复合体"初探》，《社会科学战线》2012 年第 6 期。

156.张宇：《公共理性：公民政策参与的条件》，《社会科学研究》2011 年第 2 期。

157.张璋：《复合官僚制：中国政府治理的微观基础》，《公共管理与政策评论》2015 年第 4 期。

158.章平、刘婧婷：《公共决策过程中的社会意见表达与政策协商：以新医改政策制定为例》，《政治学研究》，2013 年第 3 期。

159.赵宝煦：《关于加强外国问题研究的一点史料》，《国际政治研究》2004 年第 3 期。

160.赵德余：《政策共同体、政策响应与政策工具的选择性使用——中国校园公共安全事件的经验》，《公共行政评论》2012 年第 3 期。

161.赵德余：《政策制定中的价值冲突：来自中国医疗卫生改革的经验》，《管理世界》2008 年第 10 期。

162.赵静、薛澜：《探究政策机制的类型匹配与运用》，《中国社会科学》2021 年第 10 期。

163.赵全军、季浩:《政策创新与制定失灵:基于"人才争夺战"的场景分析》,《浙江社会科学》2021 年第 11 期。

164.中国行政体制改革研究会课题组:《中国特色新型智库建设的总体思路》,《理论学习》2015 年第 7 期。

165.周川:《试论外国古代"高等教育"的萌芽》,《上海高教研究》1989 年第 3 期。

166.周佳松:《国家理性与社会公共理性:治理理论的递嬗变迁》,《浙江学刊》2019 年第 4 期。

167.周望:《超越议事协调:领导小组的运行逻辑及模式分化》,《中国行政管理》2018 年第 3 期。

168.周望:《领导小组如何领导?——对中央领导小组的一项整体性分析》,《理论与改革》2015 年第 1 期。

169.周振超:《行政主导下的简约治理——省级人大预算监督权悬空的政治逻辑》,《江苏行政学院学报》2012 年第 1 期。

170.周仲高:《智库的科学分类与准确定位》,《重庆社会科学》2013 年第 3 期。

171.周祖成:《论行政主导对我国走向法治的影响》,《社会主义研究》2002 年第 6 期。

172.朱德米:《政策过程的民主化》,《江苏行政学院学报》2009 年第 3 期。

173.朱旭峰、韩万渠:《中国特色新型高校智库的兴起、困境与探索——以中国人民大学智库建设为例》,《高等教育评论》2015 年第 1 期。

174.朱旭峰、田君:《知识与中国公共政策的议程设置:一个实证研究》,《中国行政管理》2008 年第 6 期。

175.朱旭峰:《"司长策国论":中国政策决策过程的科层结构与政策专家参与》,《公共管理评论》2008 年第 7 期。

176.朱旭峰:《构建中国特色新型智库研究的理论框架》,《中国行政管理》2014 年第 5 期。

177.朱旭峰:《中国社会政策变迁中的专家参与模式》,《社会学研究》2011 年第 2 期。

178.朱旭峰:《专家决策咨询在中国地方政府中的实践:对天津市政府344名局处级领导干部的问卷分析》,《中国科技论坛》2008年第10期。

179.祝灵君、张博:《人民政府论的建构——党领导政府体制的百年探索与启示》,《中国行政管理》2021年第7期。

180.邹红:《江苏省专家决策咨询机制研究》,《科技与经济》2008年第4期。

181.邹卫中、苏建国:《地方立法的政府部门路径依赖及其规范化》,《广东行政学院学报》2018年第3期。

三、英文著作

1.Agostino. F.D., & Gaus, G.F.(eds.), Public Reason, Aldershot: Ashgate Publishing Company, 1998.

2.Appleby, P. H., Policy and Administration, Tuscaloosa: University of Alabama Press, 1949.

3.Béland, D., & Cox, R. H. (eds.), Ideas and Politics in Social Science Research, New York: Oxford University Press, 2011.

4.Biesta, G., Learning Democracy in School and Society: Education, Lifelong Learning, and the Politics of Citizenship, Rotterdam: Sense Publishers, 2011.

5.Calhoun, C., Rojek, C., &Turner, B. (eds.), The Sage Handbook of Sociology, London: Sage, 2005.

6.Campbell, J. L., & Pedersen, O. K., The National Origins of Policy Ideas: Knowledge Regimes in the United States, France, Germany and Denmark, Princeton: Princeton University Press, 2014.

7.Evans, P. B., Rueschemeyer, D., & Skocpol, T. (eds.), Bringing the State Back In, Cambridge: Cambridge University Press, 1985.

8.Fischer, F., Miller, G. J., & Sidney, M. S. (eds.), Handbook of Public Policy Analysis: Theory, Methods, and Politics, New York: Marcel Dekker Inc, 2006.

9.Flexner, A., Universities: American, English, German, London and New York: Routledge, 2020.

10.Hamrin, C. L., & Zhao, S. (eds.), Decision-Making in Deng's China: Perspectives from Insiders, New York: Sharpe, 1995.

11.Kelstrup, J. D., The Politics of Think Tanks in Europe, London and New York: Routledge, 2016.

12.Ladson-Billings, G., & Tate, W. F.(eds.), Education Research in the Public Interest: Social Justice, Action, and Policy, New York: Teachers College Press, 2006.

13.Lieberthal, K. G., & Lampton, D. M. (eds.), Bureaucracy, Politics, and Decision Making in Post-Mao China, Berkeley: University of California Press, 1992.

14.Lynd, R. S., Knowledge for What? The Place of Social Science in American Culture, Princeton: Princeton University Press, 1939.

15.Matravers, D., & Pike, J.(eds.), Debates in Contemporary Political Philosophy: An Anthology, London-New York: Routledge Taylor & Francis Group, 2005.

16.McGann, J. G., & Erik C. J., Comparative Think Tanks, Politics and Public Policy. Cheltenham and Northampton: Edward Elgar Publishing, 2006.

17.McGann, J. G., The Competition for Dollars, Scholars and Influence in the Public Policy Research Industry, Lanham: University Press of America, 1995.

18.Menegazzi, S., Rethinking Think Tanks in Contemporary China, Cham: Springer, 2017.

19.Parsons, T., Shils, E., Naegele, K. D., & Pitts, J. R.(eds.), Theories of Society: Foundations of Modern Sociological Theory, New York: Free Press, 1965.

20.Pusser, B., Kempner, K., Marginson, S., & Ordorika, I. (eds.), Universities and the Public Sphere: Knowledge Creation and State Building in the Era of Globalization, New York: Routledge, 2012.

21.Rawls. J., Political Liberalism, New York: Columbia University Press, 1993.

22.Riggs, F. W. (ed.), Frontiers of Development Administration, Durham: Duke

University Press, 1971.

23.Ruser, A., Climate Politics and the Impact of Think Tanks: Scientific Expertise in Germany and the US, Cham: Springer, 2018.

24.Stone, D., & Denham, A. (eds.), Think Tank Traditions, Policy Research and the Politics of Ideas, Manchester: Manchester University Press,2004.

25.Stone, D., Denham, A., & Garnett, M. (eds), Think Tanks across Nations, Manchester: Manchester University Press,1998.

26.White, L.T., Local Causes of China's Intellectual, Legal and Government Reforms, Armonk: Sharpe,1998.

四、英文期刊论文

1.Aymes, J. F. L., "Formation and Evolution of the Knowledge Regime and the Development Process in Korea", Korean Studies, Vol.38(2014), pp.91–123.

2.Braml, J., "US and German Think Tanks in Comparative Perspective", German Policy Studies, Vol.3, No.2(2006), pp.222–267.

3.Campbell, J. L., & Pedersen, O. K., "Policy Ideas, Knowledge Regimes and Comparative Political Economy", Socio-Economic Review, Vol.13, No.4(2015), pp.679–701.

4.Creel, H. G., "The Beginnings of Bureaucracy in China: The Origin of the Hsien", The Journal of Asian Studies, Vol.23, No2(1964), pp.155–184.

5.Dittmer, L., "Revolution and Reconstruction in Contemporary Chinese Bureaucracy", Journal of Comparative Administration, Vol.5, No.4(1974), pp.443–486.

6.Gerken, H. K., & Tausanovitch, A., "A public Finance Model for Lobbying: Lobbying, Campaign Finance, and the Privatization of Democracy", Election Law Journal, Vol.13, No.1(2014), pp.87–90.

7.Hart, P., & Vromen, A., "A New Era for Think Tanks in Public Policy? International Trends, Australian Realities", Australian Journal of Public Administration,

Vol.67,No.2(2008), pp.135–148.

8.Horowitz, I. L., "Social Science Mandarins: Policymaking as a Political Formula", Policy Sciences, Vol.1, No.1(1970),pp.339–360.

9.Jentleson, B.W., "The Need for Praxis: Bringing Policy Relevance Back In", International Security, Vol.26, No.4(2002), pp.169–183.

10.Landry, R., Lamari, M., & Amara, N., "The Extent And Determinants of The Utilization of University Research in Government Agencies", Public Administration Review, Vol.63, No.2(2003), pp.192–205.

11.Lester, J. P., & Wilds, L. J., "The Utilization of Public Policy Analysis", Evaluation and Program Planning, Vol.13, No3(1990), pp.313–319.

12.Maslow, S., "Knowledge Regimes in Post-Developmental States: Assessing the Role of Think Tanks in Japan' s Policymaking Process", Pacific Affairs, Vol.91, No.1(2018), pp.95–117.

13.Melnick, R., "University Policy Centers and Institutes: The Think Tank as Public Service Function.", Metropolitan Universities, Vol.10, No.1(1999), pp.9–19.

14.Nachiappan, K., "Think Tanks and the Knowledge–policy Nexus in China", Policy and Society, Vol.32, No.3(2013), pp.255–265.

15.Nicander, L., "The Role of Think Tanks in the U.S. Security Policy Environment." International Journal of Intelligence and Counter Intelligence, Vol.28, No.3(2015), pp.480–515.

16.Schick, A., "Beyond Analysis", Public Administration Review, Vol.37, No.3(1977), pp.258–263.

17.Schudson, M., "The Trouble with Experts-and Why Democracies Need Them", Theory and Society, Vol.35(2006), pp.491–506.

18.Stone, D., "Recycling Bins, Garbage Cans or Think-Tanks？ Three Myth Regarding Policy Analysis Institutes", Public Administration, Vol.85, No.2(2007), pp.259–278.

19.Wagle, U., "The Policy Science of Democracy: The Issues of Methodology and

Citizen Participation", Policy Sciences, Vol.33,No.2(2000), pp.207–223.

20.Walt, S., "The Relationship between Theory and Policy in International Relations", Annual Review of Political Science, Vol.8, No.1(2005), pp.23–48.

21.Weiss, C., "Research for Policy's Sake: The Enlightenment Function of Social Science Research", Policy Analysis, Vol.3, No.4(1977), pp.531–545.

22.Woodrow, W., "The Study of Administration", Political Science Quarterly, Vol.2, No.2(1887), pp.197–222.

23.Zhu, X., "The Influence of Think Tanks in the Chinese Policy Process", Asian Survey, Vol.49, No.2(2009), pp.333–357.

24.Zhu, X., "Think Tanks in Politically Embedded Knowledge Regimes: Does the 'Revolving Door' Matter in China? ", International Review of Administrative Sciences, Vol.86, No.2 (2020), pp.295–315.

后　记

在中国特色新型智库建设的背景下，我国一度兴起了前所未有的"智库热"，各界参与智库建设热情高涨，对智库功能有着较高的期待，对于智库建设重点领域的高校智库尤其如此。然而，智库的功能并非通过单方面的"建设"即可实现，而是取决于其对于政策制定所能够发挥的实际作用。因此，高校智库服务政策制定，尤其是政府决策的制约因素有哪些、如何有效地应对，这是本书的研究出发点。

高校智库是社会科学研究与政策制定的连接点。社会科学与公共政策的关系是一个现代性问题，随着社会问题的复杂化以及政府愈加重视通过公共政策的方式对之加以干预，社会科学研究越来越多地参与政策制定，并在第二次世界大战之后成为世界范围内的普遍现象。学术界对于这一问题的重视促进了知识运用理论的产生，学术研究如何服务政策制定则是关注的重点，该理论与本书的研究目的非常契合。本书最初的设想是基于知识运用理论考察高校智库服务决策的制约因素。

知识运用理论偏重微观视角，在考察知识运用的影响因素时，其侧重于对具体因素的技术性分析，而对于其背后的决定性因素，尤其是制度性因素关注不够，不仅没有充分考虑到政策过程的特点以及国家之间的不同，对不同类型的知识生产机构在地位和功能上的差异性也不够重视。因此，随着研究的深入，笔者逐渐发现该理论视角对于本书的研究主题存在较为明显的局限。

对决定高校智库功能的制度性根源的探究，使得知识体制理论进入了笔者的研究视野。知识体制理论通过比较政治经济学的独特视角，从国家之间政治经济体制的多样性考察政策知识生产体制及运用机制的差异性，进而追溯到政策知识生产的"国家起源"，尤其是基于知识体制类型学的分析对于考察特定类型智库功能的决定因素极具启示意义，因而为高校智库功能研究提供了新的路径。

为此，本书引入知识体制理论作为宏观研究框架，力图将之与知识运用理论的微观分析有机结合，在国际比较的视野下，从我国政策制定体制的特征考察政策知识生产及运用的特点，并在此背景下考察我国高校智库的功能问题，希望以此加深对于高校智库功能问题的认识，进而更好地探索高校智库建设之路。

由于研究内容涵盖范围比较广，且涉及不同学科领域以及国际比较，对笔者构成了不小的挑战，这也是研究持续时间较长的一个重要原因。本书难免存在疏漏、不够严谨之处，敬请各位读者批评指正！

最后，感谢华东理工大学社会与公共管理学院对本书出版提供的资助；感谢匿名审稿专家严谨负责的态度与中肯的意见；感谢责任编辑的辛勤付出与认真细致的工作。

是以为记。

责任编辑：池 溢

装帧设计：胡欣欣

图书在版编目（CIP）数据

政策制定体制视角下的高校智库功能研究 / 姜尔林
著 . -- 北京：人民出版社，2025. 2. -- ISBN 978 - 7 - 01
- 027038 - 8

I . G649. 2

中国国家版本馆 CIP 数据核字第 2025WL5167 号

政策制定体制视角下的高校智库功能研究
ZHENGCE ZHIDING TIZHI SHIJIAO XIA DE GAOXIAO ZHIKU GONGNENG YANJIU

姜尔林 著

人民出版社 出版发行
（100706 北京市东城区隆福寺街 99 号）

北京九州迅驰传媒文化有限公司印刷 新华书店经销

2025 年 2 月第 1 版 2025 年 2 月北京第 1 次印刷
开本：710 毫米 ×1000 毫米 1/16 印张：15.75
字数：211 千字

ISBN 978 - 7 - 01 - 027038 - 8 定价：59.00 元

邮购地址 100706 北京市东城区隆福寺街 99 号
人民东方图书销售中心 电话（010）65250042 65289539